교과서 밖에서
배우는
역사
공부

교과서 밖에서
배우는
역사
공부

초판 1쇄 인쇄 2014년 7월 17일
초판 1쇄 발행 2014년 7월 27일

지은이 정은교
펴낸이 김승희
펴낸곳 도서출판 살림터

기획 정광일
편집 조현주
북디자인 꼬리별
표지디자인 정보리

인쇄·제본 (주)현문
종이 월드페이퍼(주)

주소 서울시 마포구 서교동 395-27
전화 02-3141-6553
팩스 02-3141-6555
출판등록 2008년 3월 18일 제313-1990-12호
이메일 gwang80@hanmail.net
블로그 http://blog.naver.com/dkffk1020

ISBN 978-89-94445-67-0 03910

교과서 밖에서
배우는

역사
공부

정은교 지음

살림터

참교육은 역사 교육이다

요즘 학교는 안녕하신가? 엄기호 선생이 펴낸 『교사도 학교가 두렵다』라는 책에는 폐허가 된 학교 모습이 생생하게 그려져 있다. 이를테면 고등학교는 수업 붕괴가 널리 만연해 있다고 한다. 수업을 따라갈 의욕이 없는 "널브러진 애들"만이 아니라 "공부하는 애들"도 수업 붕괴에 한몫 거든단다. 입시와 관련 없는 과목은 거들떠보지 않아서다.

우리가 걱정하는 바도 엄 선생과 다르지 않다. "벌떡 교사"가 멸종하고, 교사와 학부모가 서로 믿지 못해도 좋다. 학교에서 교육적 만남이 이뤄지지 않고 교사와 학생이 서로 적대 관계로 바뀌는 것까지도 견뎌보겠다. 교사들이 해준 게 없어, 중고교 시절을 덧없이 흘려보낸 애들이 (어른이 되어서라도 정신 바짝 차려서) 저들 스스로 잘 살아낸다면 말이다. 그런데 그 애들이 과연 커서라도 제 삶을 번듯하게 잘 살아낼까? 널브러진 애들 걱정만이 아니다. 공부하는 애들도 도무지 미덥지 못해서 하는 말이다.

지금은 별세하신 농사꾼 전우익 선생이 예전에 "혼자만 잘 살믄 무슨 재민겨?"라며 사람들을 깨우치는 책을 펴낸 적 있다. 지금의 우리 사회 지배층은 "저마다 열심히 돈 벌어서 마음껏 누려라!"라는 가볍

디가벼운 덕담 말고는 후손들에게 들려줄 얘기가 없는데, 혼자만 잘 살아서야 그 삶에 무슨 재미도 생기기 어려울뿐더러, 저마다 고개를 파묻고 제 삶을 일으키는 데에만 눈길을 들입다 파서야 과연 그 삶들을 제대로 살아낼지도 의심스럽다.

글쓴이는 불안스럽지 않은 10대와 20대를 만나본 적 없다. 누구나 걱정을 달고 산다. 중고교 학업을 성공적으로 마친 학생이 대학에 들어가서 '멘탈 붕괴'에 빠지는 일도 있다. 기성 사회가 시키는 점수 따기 공부만 했을 뿐, 삶의 좌표를 찾아가는 (속 깊은) 공부를 해본 적이 없기 때문이다. 열심히 학업 성적 올리는 것이 최선이라는 단순무식한 가치관만 주입받았던 학생이 교과서 어느 대목에서 '가치(관)의 충돌'을 따지는 내용을 접하고 혼란에 빠진 일도 있다. "정신질환에 걸렸음 직한 애들이 많다"고 탄식하는 선생도 봤다. 자폐증에 가까울 만큼 사회성이 부족한 아이도 주변에 한둘이 아니다. 학교는 솔직히 예비 노동력 임시 대기소일 뿐인가? 이 꼬락서니는 애들을 다들 제 앞가림에만 골몰하게 한 것의 결과가 아닐까? 이 애들이 먹구름 짙게 덮여오는 21세기를 어찌 살아낼꼬!

참교육을 힘껏 실천해오던 이계삼 선생이 "교육이 불가능해!"라고 외친 적이 있다. 학교만 무능하다는 얘기가 아니다. 이 사회 전체가 사람을 키워낼 역량이 없다고 질러댄 비명이다. 권력을 쥐고 자족하는 지배세력은 아예 그럴 안목도 없고, 진취적 사회 운동이나 지식인 집단 등의 시민 사회는 시대의 흐름에 맞설 응전력應戰力이 말라붙었다. 기성 사회는 "좋은 데에 취직해! 그럼 됐지, 뭐!"라며 태평스러운 나팔이나 불러대고 있고, 인류의 길잡이가 되어온 지성들의 가르침은 아이들 가슴에 가 닿지도 않는다. '목구멍이 포도청'이라는 명제가 시키는 명령("번듯한 곳에 얼른 취직하라!")을 따르느라, 또 무미건조한 학업 노동에서 풀려난 시간에는 소비 사회가 퍼부어대는 감각적 자극(스마트폰이 선사하는 멋진 신세계)을 넋 없이 즐기느라, 아이들은 세상을 넓고 깊게 둘러볼 겨를이 없다. 게다가 현대 사회 체제는 "과거와 미래를 다 잊고, 오직 현재에만 매달려라!"라는 사악한 명령을 쉼 없이 발동하고 있다. 길은 어디에 있을까.

글쓴이는 (이것도 잘 들리지 않는 말이겠지만) "역사 공부부터 시작하자!"고 나지막하게 말을 건넨다. 그러면 될 수도 있다. 그럴 근거는 있다. 학생 대부분이 제 앞가림에만 눈을 팔고 살아오긴 했어도 현실에 대해 조금씩 깨달음을 얻어가고 있기 때문이다. 이를테면 세월호 침몰 사건을 접한 학생 중에 '나는 옳게 살아야겠구나!' 하고 깨달음을 얻은 학생이 참 많다. 자본과 관료, 언론과 종교에 이르기까지 우리 사회의 모든 지배세력이 이 사건을, 아니 이 사태를 일으키는 데에 저마다 한몫하지 않았는지, 아이들에게도 의문이 싹터나기 시작했다. 아이들은 현실에 부대끼는 가운데 늦든 빠르든 앎을 얻는다. 그런데 그 앎이 더 단단해지려면 역사에 대한 앎으로 발전해가야 한다. 옛적에 함석헌 선생은 "생각하는 백성이라야 (제대로) 산다"고 늘 사람들을 꾸짖고 다녔는데, 그 꾸짖음도 새겨뒀으면 좋겠다. 함 선생을 패러디하자면, "역사를 아는 청년이라야 산다!" 사실, 이 말을 시급히 새겨야 할 사람은 아이들이 아니고 (이런 사태가 어김없이 일어날 터인데도 미리 막지 못한) 우리 어른들이긴 하지만 말이다.

이 책에 첫 번째로 실린 글 '중2는 이상주의자다'에서는 아직 살아 있는 아이들의 생각을 짤막하게 소개하고 있다. 내가 만난 중학교 2학년생들은 '시험 없는 세상'만 꿈꾸었을 뿐 아니라, '돈도, 법도, 권력도 없어진 세상'이 찾아오기를 바랐다. 아이들의 가슴 밑바닥에는 사람답게 살아볼 세상, 곧 유토피아에 대한 꿈이 다들 깃들어 있다. 상급 학교로 가면서 그 꿈이 차츰 사그라지고 어떻게든 제 밥벌이를 하려고 안간힘을 쓰는 데에 제 눈길을 가두지만 말이다. 지금부터라도 그 꿈들을 희망의 불씨로 살려내기 시작한다면 우리 사회 한 귀퉁이에서라도 '배움의 가능성'을 증명해내는 실천 사례들이 생겨날 것이다.

그렇다면 왜 참교육은 역사 교육인가? 왜 '역사'를 먼저 깨치자고 하는가?

무엇보다 눈앞에 펼쳐지고 있는 심상치 않은 인류 사회의 흐름이 그것을 요구한다. 알다시피 제국주의 열강이 틈만 나면 (21세기 들어 동아시아에서) 국가 간 대결과 전쟁을 부르고 있지 않은가. 일본 지배층은 행정부 멋대로 헌법을 해석해서 '집단적 자위권'을 합법화하고 있다(그들의 배후에는 군수산업으로 재미 보려는 독점자본이 있다). 이는 북한과 중국을 가상의 적국敵國으로 삼는 짓이어서 두 나라의 강경한 반발을 사고 있다. 미국의 지배층은 신사 참배로 주변 나라들과 불화를 빚는 일본을 짐짓 말리는 척하면서, 일본과 한국(남한)을 두루 거느리고 중국을 압박하는 쪽으로 나아가고 싶어 한다. 한편, 남한 지배층은 이참에 '북한에 대한 흡수 통일'이라는 대박을 터뜨리고 싶어서 안달이 났다. 남한 군대는 최근 '4세대 전쟁'을 떠들며 분란전(특수부대 투입)으로 북한의 '급변 사태(붕괴)'를 끌어내겠다는 난폭한 속셈을 버젓이 드러냈다(『한겨레』 2014년 6월 14일 자). 여기서 우리는 일본이나 미국이 떠드는 집단적 자위권은 거짓 구실이고 그 실체는 집단적 공격권(곧, 침략권)임을 놓치지 말아야 한다. 요컨대 전쟁의 먹구름이 서서히 동아시아 쪽으로 몰려들고 있다.¹

---

1. 최근 일본의 가리타니 고진은 『자연과 인간』에서 "지금 동아시아가 청일전쟁(1894년)의 전야前夜와 가까운 상황에 있다"고 경고했다. 그는 자신의 경고를 경청하는 사람이 많지 않다는 푸념을 덧붙였다.

그 시나리오를 한번 들이대보려고 일본은 역사 왜곡이 굳히기 단계에 들어갔고 남한은 뉴라이트 교과서를 학교에 들이미는 작전에 돌입했다. 미국은 애당초 역사 교육이랄 게 없으니 학교 교육을 놓고 신경쓸 것도 없다.[2] 이처럼 당장 민족과 사회의 명운과 안녕이 뒤흔들릴 수도 있는 암울한 세상을 맞아, 그에 대해 올곧은 앎을 전달하는 것만큼 교육자에게 긴요한 실천 과제가 없으리라. 인류가 여태껏 확보해낸 문명적 가치(파시즘과 침략전쟁 반대)를 지켜내는 일이 발등의 불로 떨어졌다. 사회 전체가 나아가야 할 바를 함께 긴급히 고뇌하지 않는 교육자들이 학교 교실에서 무엇으로 제 구실을 하랴! 수업 붕괴를 고뇌하는 것만큼 민족과 인류 사회의 앞날도 더불어 고뇌할 때라야 참교육 운동의 침로針路가 가까스로 열리지 않겠는가.

하지만 교육이 떠맡아야 할 더 원대한 임무도 있다. 아이들에게 미래를 열어갈 상상력을 틔워주는 일이다. 그래야 그 애들이 듬직한 어른으로 크지 않겠는가. 아이들은 (두서없는 낮꿈이나마 어렴풋이) 유토피아를 꿈꾸며 산다. 그런데 인류의 과거와 현재를 통틀어 살피지 않고서는 그 갸륵하고도 안쓰러운 꿈을 풀어줄 해법이 나오지 않는다. 자본과 국가 자체가 사그라진 세상이 어디 만만하게 실현될 수 있는가!

그렇지만 그 꿈을 쏙쏙 품고서 역사를 파고들면 '그 꿈을 실현할수 있다'는 앎도 문득 깨치게 된다. 돈도 권력도 별로 큰소리를 치지못하는 사회가 예전에 있었다면 그런 사회를 다시 본때 있게 만들어내는 것이 왜 불가능하다는 거냐! 온갖 이유를 들이대며 '대안이 없다There is no alternative!'[3]고 서슬 퍼렇게 뇌까리는 놈들은 지금 세상에

---

2. 미국의 영화인 올리버 스톤은 『역사는 현재다』에서 "미국 학생은 규격화된 역사 교과서에서 형편없는 내용만 배웠다. 미국인의 역사적 기억이 희미해져가는 건 당연하다"고 했다. 미국 사회 운동가 스탠리 아로노위츠는 『교육은 혁명의 미래다』에서 "미국 교육 체제가 우리가 누구인지 잊게 하려고 온갖 짓을 저질렀다"고 개탄한다.

서 내로라하고 거들먹거리는 놈들이 아니더냐. 제 뱃속의 이해관계가 강요하는 지령을 무슨 뜻인지도 모르고 중얼거리는, 영혼 없는 패거리들!

역사책을 들추면[4] 우리의 중2들과 똑같은 꿈을 꾸며 설렜던 옛 어른들을 수없이 만난다. 보편종교의 불길을 일으켰던 2,500년 전의 어른들을 비롯하여, 제 목숨을 지푸라기처럼 내던지고 싸웠던 한국 현대사의 선배들에 이르기까지! 뜻이 있는 곳에 길이 꼭 있을 게다. 간절한 뜻을 품은 사람들이라면 없던 길도 뚫어낸다. 길은 본디 사람이 만드는 것 아닌가?

이 책의 1부에서는 청소년들이 어떻게 공부하고 살아가야 할지를 살펴봤다. 왜 어른으로 커가는 데에 '개념을 터득하는 공부'가 핵심 열쇠인지, 찬찬히 새기기 바란다. 그런데 그 개념 공부는 이 세상을 더 트인 곳으로 바꿔나가는 실천으로 이어질 때라야 비로소 쓸모가 생긴다. 그럴 때 인격을 갖춘 사람이 된다. 지금의 인류가 맞닥뜨린 어려운 형편을 헤쳐가려면 청소년들이 어떤 사람으로 커가야 할까? 전태일 열사가 그 길을 보여줬다. 사회의 운명을 제 것으로 받아안는 이타적利他的인 사람의 길을!

2부는 우리 민족의 역사를 살폈다. 미래를 내다보기 위해 거울로 삼아야 할 과거는 '근대가 시작될 무렵'이다. "선배들은 옛 봉건 사회를 어떻게 극복했으며, 근대 사회는 또 어떤 새로운 모순과 맞닥뜨렸던가?" "근대 사회를 극복하려면 근대 이전 사회에서 무엇을 배워야 할까?"가 핵심 화두다. 그런데 교과서는 그런 실천적 문제의식이 증발

---

3. 영국의 수상이었던 마거릿 대처가 1980년 한 인터뷰에서 이 말을 했다. 현재 이 문장의 약식 표기인 티나TINA는 신자유주의를 옹호하는 대표적인 인용구로 쓰인다.
4. 물론 이것은 교과서가 아니라 밑바닥 민중의 처지에서 쓴 우리의 역사책을 가리킨다.

되어 있고 특히 근대와 현대를 서술한 대목이 뒤죽박죽이다. 정작 역사 공부의 근본은 근현대 알기에 있는데도! 요즘 동아시아 정세도 구한말의 나라 꼴을 다시 떠올리게 하므로 역사의 거울을 꺼내어 들 필요가 절실해졌다.

3부는 캐묻고 움켜쥐어야 할 기본 개념을 몇 개 살폈다. 교과서는 법과 도덕, 문화, 경제 체제, 자원…… 등 숱한 일반 개념을 겉핥기로 늘어놓고 있다. 하지만 정작 우리가 씨름해야 할 개념은 국가·이데올로기·시장과 같이 사회 현실을 구체적으로, 압도적으로 주름잡는 것들이다. 이 책에서는 변죽을 울리는 데에 그쳤지만 인류 사회가 공황이나 경제 위기의 늪에서 빠져나올 지혜를 얻으려면 '시장'이라는 개념에 대해 뿌리까지 들이파야 한다. 문학에 관한 논의도 워낙 광범한 얘기라 주마간산으로 훑은 아쉬움이 남는다.

4부는 세계의 역사를 살폈다. '마녀사냥'은 근대 사회를 주름잡은 지배세력들이 잊어버리고 싶어 할 부끄러운 역사다. 교과서가 이 역사를 모르는 체하는 것은 어떻게도 변명할 수 없다. 교과서는 '(식민지) 노예 제도'도 건성으로 훑었는데, 이것은 근대 자본주의의 산물(또는 버팀목)로서 근대 사회가 얼마나 야만스러운 곳인지 섬뜩하게 말해주는 으뜸 증거다. 아프리카 이야기는 지금의 세계 체제가 과연 인류의 희망이 되어줄지 묻는 글이다. 알다시피 자본주의 강대국들은 수백 년간 아프리카에서 실컷 단물을 빨아먹었다. 아프리카로 눈길만 힐끗 돌려도, 교과서가 "혼합자본주의는 괜찮다, 어쩌고." 하고 자본주의를 두둔하는 것이 얼마나 가증스러운 짓인지 금세 드러난다.

참교육은 무엇인가? 그것은 도덕 교육이 아니다. 내 말은 학생들에게 공자님과 예수님, 칸트나 간디의 말씀부터 들이대서는 안 된다는 뜻이다. 그것은 한참 나중에 할 공부이고, 먼저 학생들에게 인류 역사가 어떻게 어느 쪽으로 흘러왔는지를 제대로 일깨워주는 것이 알맹이다. 역사를 알아야 비로소 정치와 경제, 문학과 사회를 보는 눈이 트인다(이때의 역사는 교과서가 숨기거나 억압하고 있는 역사다). 도덕 공부도 공자와 칸트의 말씀을 역사적 맥락에서 읽게 해줘야 살아 숨 쉬는 공부가 된다.

인류 역사의 절절한 기억을 옳게 전해주지 않는, 바꿔 말해 인류 역사가 폭력과 야만으로 얼룩져 있음을 정직하게 성찰하지 않는 학교 교육은 제아무리 든든하게 아이들의 학업 성취도를 높여준다 해도 눈이 멀고 길을 잃은 허접쓰레기 교육일 뿐이다. 그럴 때의 학업 성취도란 낮도깨비 같은 물신物神에 지나지 않는다. 핀란드와 프랑스의 학교 교육이 아무리 성취한 바가 많다 해도, 그들의 역사(와 사회) 교과서가 우민화愚民化하는 내용으로 가득하다면 그 (교육 제도의) 민주화와 진보는 속이 빈 강정일 뿐이다.

이는 현대 자본 체제의 모순이 깊어지고, 유럽 열강이 역사적 앎을 봉쇄해서 그 모순을 덮어 숨기려는 경향이 짙어지고 있기에 하는 말이다. 이런 뜻에서 우리는 참교육이 거의 실종된 나라로 미국과 일본을 꼽는다. 그 나라 대중의 평균적인 역사의식이 어떠한지, 대강 짐작할 수 있어서다(예컨대 일본 지배층이 제 나라 대중에게 줄곧 전쟁 준비를 선동해왔는데, 일본 대중은 그저 넋 없이 따라만 가고 있다).

참교육은 무엇인가? 교육자에게 참교육은 역사에 대해 책임을 지는 일이다. 인생의 선배가 말(수업)과 실천(본보기가 되는 사회활동)을 통해 후배들을 씩씩한 사회적·이타적 개인으로 힘껏 일으켜 세우는 일이다. 어린 사람(후손)들을 하늘로 섬기지 않고서는 이런 선배로 구실을 하기가 여간 어렵지 않다.

학생들에게 참교육은 제 앞가림만 하는 좁은 눈길을 넓혀 인류의 운명을 동병상련으로 받아안는 일이다. 그런데 그동안 학교 기관과 인문사회 교과는, 국가와 지배 체제의 명령에 다소곳이 따르는 수동적인 존재로 학생들을 찌그러뜨리는 데에 공범 노릇을 톡톡히 해왔다. '배 안에 가만히 앉아 있으라!'라는 세월호의 터무니없는 안내 방송에 단원고 아이들이 순진하게 따랐듯이, 한국의 아이들은 현대 사회가 침몰해가는 바깥 광경도 유심히 내다보지 않고 저 높은 데서 내려오는 목소리에 그저 순종해왔다. 그래야 이 사회에 탈 없이 편입되는 줄 알고!

글쓴이 같은 사람은 아이들을 좁은 객실 안에 주저앉힌 지배세력의 졸개요, 허수아비였다. 글쓴이에게 이 설익은 책은 교육자로서 허수아비 상태에서 벗어나려는 몸부림이요, 속죄 행위다. 여러분이 유관순 누나와 전태일 선배, 히틀러의 유대인 수용소에서 죽어간 소녀 안네 프랑크와 굶주림에 허덕이는 아프리카의 어린이들을 기억하는 데에 조금이라도 보탬이 되기를 바라며 이 책을 썼다.

그런데 아직도 안내 방송을 의심할 눈과 귀를 틔우지 못했다면 그런 사람이야말로 솔직히 바보요, 머저리가 아닐까? 머저리 상태에서 벗어날 길은 알파도 역사 공부요, 오메가도 역사 공부다. 인류 역사의 동력은 그 앎과 깨우침에서 생겨나고, '아는 것이 힘!'[5]이라는 격언은 그럴 때 써야 할 말이다.

50년 전에 황명걸 시인은 아이들에게 이렇게 당부했다. "배가 고파 우는 아이야 / 울다 지쳐 잠든 아이야 / ……/ 혈혈단신의 아이야 / 너무 외롭다고 해서 / 숙부라는 사람을 믿지 말고 / 외숙이라는 사람을

---

5. 1600년 무렵 영국의 프랜시스 베이컨이 자연과학의 발달을 자랑하며 한 말이다. 그런데 이 말은 근대(과학기술의 시대)의 본질도 나타내지만, '사람들의 앎이 역사 발달의 동력'이라는 더 큰 뜻도 나타낸다.

믿지 말고 / 그 누구도 믿지 마라 / 가지고 노는 돌멩이로 / 미운 놈의 이마빡을 깔 줄 알고 / 정교한 조각을 쪼을 줄 알고 / 하나의 성을 쌓아 올리도록 하여라 / 맑은 눈빛의 아이야 / 빛나는 눈빛의 아이야 / 불타는 눈빛의 아이야." 그때의 아이들 처지가 고단했던 것 못지않게 요즘 아이들이 맞닥뜨린 처지도 고달프다. 다들 제 밥벌이 길을 찾느라 안간힘으로 살아간다. 그러니 너무 힘들다고, 가까운 몇몇끼리 고독의 성城을 쌓지 말고, 이 세상에 맞서는 법과 분노하는 법을 배워서 부디(!) 더 너른 세상을 열어가기 바란다. 아아, 맑게 불타는 눈빛의 아이야! 한국의 아이야!

> **덧대는 말**
> 이 책은 교과서가 들여다보려고 하지 않은, 곧 사회 지배층이 감추고 싶은 '인류의 어두운 역사'를 밝히는 데에 주로 몰두했기 때문에, 다 읽고 나면 세상에 대해 어둡고 슬픈 정조情調에 휩싸일 수도 있다. 역사에는 세상을 조심스레 낙관할 근거, 이를테면 노동해방·인간해방의 굳센 역사도 있는데, 이 책은 거기까지 충분히 다룰 지면이 없었다. 이 점을 유념하고 읽기 바란다.

차례

|일러두기|
일반 단행본·장편소설·신문·인터넷 신문은 『 』를, 논문·문서·기사·시·희곡이나 중·단편
소설은 「 」를, 음악·영화·드라마 등의 작품명은 〈 〉를 붙여 표시했다.

1부

어떻게 살아야 할까?

1 중2는 이상주의자다[6]

비틀스 멤버였던 존 레논은 1970년대 초에
유토피아를 꿈꾸는 노래 〈이매진〉을 불렀다.

엊그저께 중학교 2학년 학생들에게 글쓰기를 시켰다. 제목은 '우리
가 바라는 세상.' 아이들의 생각이 어떠한지, 그 글들을 조금 옮기고
살폈다. 당연하게도 모든 아이가 시험 없는 세상을 바랐다. "1년에 네
번 보는 시험을 두 번으로라도 줄여다오." "공부까지는 괜찮다. 시험은
조마조마해서 싫다." "나는 공부에 집착하는 가족들 때문에 많이 울
었다." "공부하는 모범생들은 다 죽여야 한다. 모가지를 비튼 다음에
상자 안에다 넣어서 묻어준다. ㅋㅋㅋ"

정이 넘치는 세상에서 살기를 바라는 희망도 많았다. "전 세계의 유
기견, 버려진 개들을 내가 다 구해서 키워주고 싶다. 죽지도, 늙지도,
병들지도 않는 세상에서 인간과 동물과 식물이 어우러져 아름답게 살
아갈 것을 꿈꾼다." 아이들에게서 뭉클한 낱말이 튀어나올 때가 있다.
한 아이는 "산과 들에 사는 동물과 식물은 모두 인류 탄생 때부터 함
께한 동지들"이라고 썼다. 동지同志, 같은 뜻을 품고 손을 맞잡는 사람

6. 이 장은 여러 해 전에 끄적거린 글이다. 이상주의자라는 낱말은 칭찬도 되지만, 보통은
(이상은 좋은데 현실은 모른다는) 비판이나 비아냥으로 쓰이곤 한다. 그러니 꿈을 이루려
고 애쓰지 말라는 얘기다. 그들이 그러거나 말거나 우리는 이상을 보듬고 살자. 그래야
훌륭한 사람이 된다. 이 낱말은 communist를 둘러서 나타낸 '노예 언어'다.

이라…….

그들은 무엇을 바라는가? 어떤 것에도 억눌리지 않으며 가슴을 열고 살고 싶어 한다. 인류가 보편적으로 갈구하는 인간해방의 세상. "하고 싶지 않은 것은 하지 않고, 하고 싶은 것은 만날 하는 세상이 왔으면 좋겠다." "우리를 어리다고 하지만 우리에게도 자유가 있다." "부자도, 가난한 사람도 없는 곳에서 자연스러운 삶을 살고 싶다."

그런데 돈을 밝히는 세상이 이들을 짓누른다. 대부분의 아이들이 돈 걱정을 한다. "돈의 비중이 조금 줄어들었으면 좋겠다." "경쟁과 모든 범죄의 원인인 돈이 없어졌으면 좋겠다." 돈에 가위눌리는 문제는 교육학에서 무겁게, 제대로 숙고해야 할 물신주의 극복의 과제다. 자본주의가 돈지랄의 만화경까지 연출하는 지금, 무엇을 추구하며 세상을 살아야 하는지, 사람됨의 근본을 다시 살피지 않고서는 인류의 미래를 그릴 수 없다.

돈을 내쫓자는 아이들의 발언은 황금 숭배 사회에 대해 단지 무턱대고 반발하는 것이 아니다. 그들은 세상의 무엇이 변혁되어야 하는지, 핵심을 꿰뚫어 보기도 한다. "권력이 없는 세상이 되면 좋겠다. 그냥 착한 마음씨로 나라를 다스려야 한다." "법이 없는 세상이 왔으면 좋겠다. 사람들의 도덕적 양심이 깊어져서 자율적으로 살아가는 곳."

"하늘나라는 어린이의 마음과 눈을 가진 사람만이 들어갈 수 있다"고 성경에 쓰여 있는가? 일종의 비유로 읽어야 하는데, 바람직한 세상이 어떤 곳인지는 어린이들에게 물어봐야 한다는 뜻이다. 중학생들은 "돈과 권력과 법이 없는 세상"을 바랐다. 이 말을 '문자 그대로' 읽자. 오랜 옛날부터 인류 사이에 가냘프게 전해온 '유토피아(이상향)에 대한 소망'을 무명無名의 아이들이 거리낌 없이 표현한 것이다.

자신을 진보적인 사람이라 여기는 사람들은 아이들의 바람 앞에서 자신의 세계관을 돌아보자. 우리는 법과 권력과 돈이 없어진 사회를 소망이나 해왔던가? 세상을 바꿀 엄두가 나지 않다 보니, 그런 생각 자체를 잊어버리지 않았는가? 한국의 진보적 학자들마저도 대개 사민주의적인 개량이나 추구할 뿐이고 근본적인 사회 변화는 불가능하다고 체념하는 태도로 돌아섰는데, 소시민으로 살아가는 우리 대부분의 사정도 이와 같지 않은가? 우리는 혹시 현실의 형편을 구실 삼아, 아이들의 꿈을 압살하는 데에 보이지 않게 가담해온 것은 아닐까?

지금 사회에서 "화폐를 없애자"고 누가 부르짖으면 대부분의 사람들에게 미친 사람 취급을 받을지 모른다. "권력과 법을 없애자"는 말도 마찬가지다. 그러나 긴 앞날을 내다보며 사람의 사회를 설계한다면 이것이 불가능한 그림이라고 속단할 수 없다. 아이들은 미치지 않았다. 그런 꿈을 품는 게 오히려 정상이요, 그런 꿈도 없이 살아가는 사람들이 오히려 미친 것 아닌가? 아이들은 인류의 정신이 다들 성숙해지면 넉넉히 실현할 수 있는 사회에 대한 소망을 소박하게 품었을 뿐이다.

1968년 유럽 사회에 68혁명이 터지고 진보에 대한 열정이 대중 속에 끓어올랐던 때, 비틀스의 한 성원이었던 존 레논은 '상상해봐요'라는 뜻의 〈이매진Imagine〉이라는 노래를 지어 불렀다. 그는 감미로운 멜로디로 "천국도, 지옥도, 국가도 없는 세상"을 상상해보자고 권유했는데, 그 노래를 알 리 없는 아이들이 존 레논과 똑같은 꿈을 꾸고 있다.

아이들의 바람을 건성으로 외면할 수 없는 까닭은 이미 그들이 절규하고 있기 때문이다.

"나는 지금 세상이 모두 뒤집혀야 한다고 생각한다. 불우 이웃을 돕는 할머니, 할아버지들이 국회의원을 해야 한다. 모든 권력은 다 나누어야 한다. …… 학교에서 돈 뜯어먹는 교장은 다 죽어야 한다."

그 절규를 우리가 받아안으려면 세상을 근본적으로 꿰뚫어 살펴서 참교육의 길을 찾아야 마땅하다. 프랑스 철학자 알랭 바디우는 이런 말을 했다. "오직 '소비자'가 돼서 흥청망청 배 불리고 살라는 명령 말고는 다른 아무런 가치도 내놓을 줄 모르는 자본주의를 탈피해서 새롭고 보편적인 가치와 삶의 방식을 찾아야 하지 않을까?" 인문학 교육의 목표는 그렇게 원대해야 한다.

아이들의 글 중에는 믿음직한 글도 있었다.

"착한 사람들이야말로 정말 강한 사람들이다. 세상에 흔들리지 않고 정직한 마음을 이끌어가기 때문이다. 이 세상에는 착한 사람들도 많다."

어떤 어려움을 무릅쓰고라도 세상을 고치겠다고 나설 만큼 굳세게 착한 사람들이 늘어날 때라야 세상은 가까스로 바뀐다. 이기가 아닌 이타의 사람을 길러내는 것이 인류의 최대 과제다. 그런데 사람답게 살아갈 미래 사회의 주체가 우리 아이들 가운데 이미 자라나고 있다. 그 싹들을 정성껏 보살피고 북돋울 책무가 기성세대에게 있지 않은가. 쪼가리 같은 제 삶만 붙들고서 불안에 떨며 살아온 우리 늙은 것들을 그 아이들이 꾸짖는다.

"떼기! 기성세대야, 정신 차려라!"

2 학생들아, 개념을 터득해라

러시아의 교육심리학자 비고츠키는 개념의 터득이 왜 중요한지 밝혀냈다.

다들 알다시피 5월 5일은 어린이날이다. 꽃들이 화사하게 피어나는 이날, 한국의 어버이들은 다들 제 자식의 고사리손을 잡고 과천 대공원으로, 에버랜드로, 또 어디 산과 들로 놀러 간다. 이날은 자식을 즐겁게 해줘야 할 의무가 부과되는 날이다.

어린이날은 뜻있는 청년 방정환이 1922년 천도교 서울지부 소년회에서 기념일을 정해 어린이잔치를 벌인 데서 처음 비롯되었다.[7] 방정환은 일본의 지배와 전통 가부장 제도 밑에서 억눌려 살아가는 어린이들의 감성을 해방하고자 애쓴 어린이문학의 선구자였다. 우리는 방정환이 동학의 얼을 이어받았다는 사실과 더불어 어린이날이 3·1운동의 열기에 힘입어 태어났다는 것을 기억해둬야 한다(당연히 그도 "독립 만세!"를 외쳤다). 천도교는 동학교도였던 손병희가 1905년에 창시한 것으로, 동학농민혁명의 전투적인 기백은 많이 꺾였어도 아무튼 민족 자주와 평등 사회에 대한 꿈을 얼마쯤은 표현해내려고 애쓴 종교였다. 우리 근대사가 '동학'으로부터 시작된다는 것이 여기서도 확인된다

7. 1925년에는 전국에서 30만 명의 어린이들이 이 잔치에 참가했다고 한다. 일본이 전쟁으로 날뛰던 일제 말기에는 금지되었다가 해방이 되고서는 국가가 지정한 행사가 되었다.

(뒤에 실린 글 '동학을 통해 역사를 내다본다'에서 더 이야기하겠다).

어린이날이 근대에 들어와서 근대를 만들어가는 실천의 하나로 생겨났음을 기억하라. 이 말을 뒤집으면 근대 이전 사회에서는 어린이와 청소년을 따로 배려하고 존중해주는 문화가 (별로) 없었다는 얘기다. 어린이나 청소년이나, 그저 작은 어른일 뿐이었다. 유럽에서는 계몽사상가 장 자크 루소[8]가 1762년에 펴낸 교육학 고전 『에밀』에서 처음으로 '어린이'를 발견(!)하고 그 권리를 옹호했다.[9] 그는 그때 사람들이 당연한 것으로 여기던, 책읽기 위주의 주입식 교육을 비판하고 전인全人 교육의 이상을 펼쳤다.

옛날 어린이들은 어떤 삶을 살았던가? 밑바닥 민중의 아들딸은 어릴 때부터 고된 노동에 시달렸다. 양반의 자제는 노동을 면제받았지만, 연좌제緣坐制[10]로 아버지와 정치적 운명을 같이했다. 아버지가 역적으로 몰리면 나이 어린 자식도 같이 죽는 것이다. 중세 유럽에서는 스무 살이 넘은 어른과 일곱 살 꼬마를 한데 모아 같은 교실에서 가르쳤다. 어린이를 따로 배려하지 않았으므로, 꼬마도 어른과 똑같이 매서운 체벌을 받았다. 그런 지경이니, 어린이와 청소년을 구분해서 배려하려는 생각이야 더더욱 있을 리 없었다.

교육학 연구는 어린이를 존중하는 계몽사상과 더불어 싹터 나왔다. 인간 마음은 백지 같아서 세상을 받아들이기 나름이라고 생각한 존

8. 루소는 "자연nature으로 돌아가라"는 명언을 남겼는데, 맹목적인 기계 법칙이 작동하는 인간 바깥의 세계로 돌아가라는 뜻이 아니다. 그는 "사람은 자유롭게 태어났지만 사회 속에서 쇠사슬에 묶인다"고 했으니, 사람의 가장 자연스러운 본성이 꽃피는 세상을 만들자는 뜻으로 읽을 일이다. nature에는 '본성'이라는 뜻도 있다.
9. 이 이야기는 구체제에 대한 비판으로 이어지는 것이라서, 루소는 교회와 정부의 탄압을 받아 긴 방랑 생활을 견뎌야 했다.
10. 1894년에 이 제도가 폐지되었으나 남북 분단으로 부활했다. 그래서 좌익의 후손들이 피눈물 나는 삶을 살았다. 지배계급의 복수는 잔인했다. 박정희가 죽고 나서야 헌법 제13조 3항에 '연좌제 폐지'가 들어갔다.

로크를 비롯하여, 인간은 원래 평등하게 태어났다고(그러니 누구나 배울 수 있다고) 확신한 장 자크 루소가 그 조상뻘 된다. 그 연구가 깊어짐에 따라, 어린 시절을 세분해서 파악하는 것도 가능해졌다. 어른이되기 전의 시절을 네 단계로 구분해 파악한 장 피아제의 이론이 나온것은 20세기에 들어와서다. 피아제의 이론으로는, 어린이는 감각운동기(신생아~2세), 전前조작기(2~7세), 구체적 조작기(7~11세), 형식적 조작기(11세 이후)를 거치며 커나간다.

이 글은 그 가운데 형식적 조작기에 접어든 청소년에 한정해서 살핀다. 청소년은 부모에게 완전히 기대서 살아가는 어린이에서 독립된어른으로 옮아가는 과도기의 존재를 가리킨다. 언제부터 언제까지의나이인지 엄밀하게 규정하기는 어렵고, 대강 말해서 10대라 하겠다. 이때의 신체 특징은 무엇인가?

1990년대까지만 해도 학자들은 두뇌의 성장과 발달이 5~6세에서멈추고, 10대의 두뇌는 어른의 두뇌와 똑같아서 어른처럼 행동할 수있다고 봤다. 10대가 보여주는 변덕스럽고 비非이성적인 행동들은 그무렵에 호르몬이 급격하게 늘어나기 때문으로 여겼다. 두뇌 자체의 변화는 없다고 봤으니 무엇을 어떻게 가르칠까 하고 크게 궁리하지 않아도 되었다.

하지만 최근의 두뇌 연구가 밝혀낸 바로는, 어린이는 청소년기(10대)를 거치면서 두뇌가 엄청난 변화를 겪는다. 청소년의 두뇌가 어떤 메커니즘과 과정을 거쳐서 발달하느냐는 것까지 (연구자들이) 밝혀내지는 못했지만 두뇌의 가장 수준 높은 기능이라 할 창조성에 대한 연구결과는 사람에게 학습이 얼마나 중요한지를 새삼 확인케 해준다.[11] "사

---

11. 이 글 상당 부분은 손지희의 「청소년 발달론」을 간추렸다. 전교조가 펴낸 『2013참교육연구보고 모음집』 참고.

람은 충분한 학습량이 있어야 창조성이 비로소 발휘된다"는 것을 구체적 조사로써 밝혀냈던 것이다. 그렇다면 무엇을 어떻게 얼마나 배우느냐에 따라 그 결과가 크게 달라진다는 결론이 나온다.

최근의 연구자들은 청소년들이 충동적 행동을 벌이거나 심리적 불안을 보이는 것도 호르몬의 영향 탓이라기보다 두뇌 발달이 아직 끝나지 않았기 때문이라고 파악했다. 특히 두뇌 가운데 이성적 판단을 떠맡는 전두엽前頭葉이 청소년들은 아직 완성 단계가 아니고 활발하게 형성되어가는 도중이라고 한다.

10대의 두뇌는 급속한 흐름 한복판에서 정신없이 뒤엉킨다. 그게 당연하다. 가장 까다롭고 추상적인 개념, 이를테면 정직이나 정의 같은 개념과 씨름하기 시작할 때가 이때다. 또 발달 중인 뇌 속 신경세포의 틈바구니에서 감정 이입이 싹튼다.[12]

개념적 사고가 '발달'을 이끈다

어린이에서 청소년으로 넘어갈 때에 질적으로 완전히 다른 새로운 인지認知 양식이 생겨난다는 데에 주목한 심리학자는 러시아의 레프 비고츠키다. 그는 언어가, 곧 낱말이 이 과정에서 열쇠가 된다고 봤다.[13] 그리고 체계적인 협력과 본뜨기에 바탕을 둔 학교의 교수-학습이 개념적 사고가 꼴을 갖추는 역동적 과정을 이끌 수 있다고 봐서,

---

12. 바바라 스트로스가 쓴 『10대의 뇌에서 무슨 일이 벌어지는가』에서 인용. 요즘 유행하는 '뇌기반 교육'은 새 내용은 별로 없지만 교사가 학생자와 학습과정에 대해 더 깊이 이해할 것을 권유하는 것은 분명하다.

학교 교육의 중요성을 우리에게 다시 일깨워주었다.

비고츠키의 설명을 간추리자면 이렇다. 청소년 시기는 과도기로서, 인격이 총체적으로 발달할 때다. 그런데 그들의 지성과 사람됨이 커가는 과정을 앞장서 이끄는 것이 개념적 사고다. 이것은 청소년 나이가 돼야 비로소 발동이 걸리고, 청소년 때 터득해야 할 핵심이 바로 이것이다! 이 사실을 그는 실험을 통해 밝혀냈다. 청소년은 기호(낱말, 언어)를 매개로 해서 남들과 사회 속에서 교류하는 가운데, 능동적 주체로 커나간다. 그는 기호를 단순히 대상에 이름 붙이는 것으로만 사용하지 않고 세상 사물을 '상징하는 것'으로도 쓸 줄 알게 된다.

〈일 포스티노〉라는 영화가 있다. 칠레의 민중시인 파블로 네루다와 이탈리아의 외딴섬에 사는 우편배달부의 우정을 그린 영화다. 사랑에 눈이 떠서 제 마음을 시로 나타내고 싶었던 우편배달부가 네루다 시인에게 은유가 무엇인지를 배운다. 이를테면 '하늘이 운다'는 말은 '비가 온다'는 말을 멋스럽게 빗대어 나타낸 은유다. 이 깨달음이 순박한 우편배달부를 대뜸 시인으로 만들었다. 그의 가슴속에는 시의 고동소리가 두근두근 퍼져나가기 시작했다.

이와 비슷하게, 청소년이 개념을 터득하는 것도 놀라운 깨우침이요, 지적知的 혁명이다. 개념적 사고는 서 말의 구슬을 하나로 꿰게 해주는 실이요, 삼천 코의 그물을 하나로 합치게 해주는 벼리와도 같다. 그물이 삼천 코라도 벼리가 으뜸!

지각(知覺, 알아들음)과 주의(注意, 마음에 새기기), 기억과 자아의식('나'는 누군가), 세계관(세상 보는 눈)과 상상하기 같은 낱낱의 정신활동

---

13. 존 듀이는 반대로, 삶 속에서의 배움을 강조하고 언어를 경시했다. 민주와 진보의 가치를 북돋운 것은 좋으나, 앎의 발전에 어두웠다. 피아제도 교수-학습이 발달을 선도한다는 데에 주목하지 않았다.

의 질이 높아지게끔 앞장서서 이끌고, 그 갖가지 정신활동을 하나로 묶어세우는 것이 바로 개념적 사고다. 세상을 개념으로써 생각할 때라야 자아(생각과 마음을 하나로 묶는 '나')가 자리 잡고, 세상 보는 눈이 틔어서 세상을 알게 된다. 그래서 개념을 부려 쓰는 것이 인격 형성[14]의 열쇠가 된다.

이를테면 어린이는 아무리 '생각한 것'을 말하라고 타일러도 '기억한 것'을 그대로 말한다. 어린이는 겪어서 알게 된 심상(心象, 이미지)을 기억하고 기억을 통해 생각한다. 이와 달리, 청소년은 알게 된 것을 이치에 따라 하나로 종합해서 기억한다. 이미지가 아니라 관념을 머리에 새겨둔다. 개념을 통해 기억한다.[15]

일상적 낱말은 학교 밖에서 저 혼자 터득할 수 있다. 그러나 이것은 자기 경험과 관련해서만 의미를 얻는 것이지, 보편적인 경우로 일반화하기 어렵다. "이렇게 했더니 저렇게 되었더라!"라는 데서 그친다(예컨대 도라지 즙을 먹었더니 가래 기침이 가라앉았더라). 그런 경우에만 들어맞는다.

이와 달리, 과학적 개념은 짜임새 있는 학습을 거치지 않고서는 습득할 수 없다. 그 개념은 저 혼자 굴러가는 게 아니라 전체 체계(이론틀) 속에서 작동한다. 이를테면 한국의 시장경제는 세계 자본주의 체제라는 전체 체계 속에서(또한 역사적으로) 파악하지 않고서는 그 굴러가는 방향을 헤아릴 수 없다. 전자와 원자핵의 개념은 현대 물리학의 전체 이론틀 속에서만 파악된다. 그러므로 개념은 낱말을 정의하는 데서 출발해서, 그 대상을 의식적으로(집중해서) 파악하는 정신노동을

---

14. 마음씨와 뜻과 생각하는 힘이 한데 어우러져서 사람 됨됨이를 빚어낸다.
15. 나이 먹은 수학 선생은 기억력이 줄어서 복잡한 수학 공식이 금세 떠오르지 않는다. 그러나 그 공식이 왜, 어떤 조건에서 만들어지는지를 되살피면 공식을 다시 머리로 불러낼 수 있다. 개념을 기억하고 있었으므로.

해내지 않고서는 깨칠 수 없다. 그리고 사람이 이치를 따지는 힘은 과학적 개념을 습득했을 때라야 생겨난다.[16]

사회 공부에서 터득해야 할 개념은

수학이나 물리학, 생물학 등 자연과학의 개념을 어느 나이에 얼마만큼 터득해야 할지도 (교육학자와 교사들이) 따져봐야 할 구석이 많다. 하지만 그를 둘러싸고 학자들이 자질구레한 입방아는 찧어댈지라도 크게 골머리를 썩일 것은 없다고 보인다. 인문학(문학과 철학, 사회학과 역사학) 분야와 견주자면 말이다.

중학교 사회책이나 도덕책을 펼쳐보면 한숨부터 절로 나온다. 갖가지 낱말이 야단법석을 떤다. 도덕의 의미를 알라. 바람직한 국가는 무엇이뇨? 다양한 문화와 시장경제와 근대의식과 시민 사회, 법과 정의 어쩌고저쩌고……. 허허허, 세상모르는 애들한테 막 떠먹이는구나!

이러저러한 낱말의 간단한 뜻풀이를 할 줄 안다고 해서 그게 '개념을 아는 것'은 아니다. 그런 겉핥기 공부를 하는 데에 굳이 학교의 도움을 받을 필요가 있을까? 어린 나이에는 좀 서투르다 해도, 커서는 스스로 너끈히 해낼 수 있다. 학교를 믿지 못하고 홈스쿨링을 선택하는 청소년이 생겨나는 까닭을, 그래서 우리는 넉넉히 이해한다.

우리가 갖가지 (인문사회) 개념을 깨쳐야 하는 까닭은 세상을 더 잘 알기 위해서다. 그렇다면 세상에서 절실하게 알아야 할 사회 현실이

---

16. 공자는 "많은 것을 알기보다 하나의 이치로써 모든 사물을 꿰뚫는 것(곧, 일이관지—以貫之)이 핵심"이랬다. 이는 이론理論의 구실을 가리키는 말이지만, 그 이론의 한 단위인 개념에도 해당한다. 이를테면 인류 역사를 일이관지하는 개념은 '계급투쟁'이다.

무엇인지부터 살피는 것이 순서다. 법과 도덕과 정의와 문화와 시민 사회의 일반적인(!) 뜻을 새기는 것은 한가로운 일이다.

예를 든다. 세계 경제는 1970년대부터 차츰차츰 불황의 늪으로 빠져들었다. 2008년에는 세계 전체가 대공황의 도가니 속에 빠져버렸다. 무너지려는 자본에 돈을 무더기로 쏟아부어서 은행이 문을 닫는 위기를 넘겼다. 이제 경제가 다시 회복될 것처럼 언론은 떠들지만, 자본 경제가 떠안고 있는 모순이 사라지지 않았으니 돈다발 들이붓기는 문제의 폭발만을 막았을 뿐이다.

우리는 2008년 세계 경제에서 벌어진 사태를 '공황'으로 파악한다. 자본주의 경제에서 생산과 소비 사이, 자본의 과잉축적과 대중의 과소소비 사이의 모순이 격렬하게 터져 나오는 것! 한쪽은 돈을 산더미처럼 쌓아놓고 있는데, 다른 쪽(대중)은 지갑이 말라붙어서 상품을 소비할 힘이 없다. 그래서 시장이 파리를 날릴 위기에 빠진다. 자본가들은 어디 돈벌이할 데가 없으니 갖가지 거품을 일으켜 간신히 목숨을 잇고 있다. 이렇게 공황이라는 개념으로 파악할 때라야 19세기 중반부터 21세기 초반까지, 세계 경제가 어떻게 오르락내리락하며 우여곡절을 겪어왔는지가 설명된다.

그런데 부르주아 경제학자들은 2차 세계대전이 끝난 뒤인 1950년대부터 자기들 책에서 공황이라는 낱말마저 삭제해버렸다. "공황, 그딴 거? 더는 없어! 자본주의 시장경제, 끄떡없어!"라고. 그 뒤로 그들은 20세기 후반부터 21세기 초반까지, 계속 요동친 세계 경제를 변변히 설명해내지 못했다. (금융공황이라 부르든, 대공황이라 일컫든) 심상치 않은 사태가 터질 것으로 미리 예견한 경제학자가 아무도 없었다. 그 헛똑똑이들이 세상을 자기들 배꼽 꼴리는 쪽으로만 살피기로 마음먹었던 탓이고 물질적인 이해관계에 눈이 멀었던 탓이다.

인문사회의 개념은 세상을 사람답게 살 만한 곳으로 만들자는 실천적인 과제에 힘쓸 때라야 뜻있는 개념이 된다. 지금 인류 대부분이 앞날의 살림살이에 대해 불안을 떨치지 못하고 있는데, 그렇다면 그렇게 된 원인이 무엇이고 어떤 해결책을 마련해야 할지 지혜를 모으는 것만큼 우리에게 막중한 일은 없다.

그렇다면 중고교 사회 공부도 훨씬 긴박하게 현실과 대결하는 것이 되어야 한다. 학생들이 온 정신을 모아 깨쳐야 할 것은 "지금의 세계 자본주의 경제, 무엇이 문제이고 무엇이 해결책인가?" 하는 문제다. 근대 사회의 핵심 개념은 자본주의 체제다. 이것을 제대로 알아내려면 자본주의 이전의 사회 체제와 자본주의 사회 체제가 어떻게 다른지도 견줘야 한다. 요컨대 근대 자본주의 사회를 역사적인(곧, 생겨났다가 스러지는) 것으로 헤아릴 때라야 그 개념을 제대로 잡아낸다.

공동체와 개인, 그리고 사회

깨쳐야 할 더 근본적인 개념도 있다. 세상의 우울한 풍경을 더 들여다보자. 부끄럽게도 한국 사회는 자살률이 세계에서 으뜸가는 나라로 손꼽히고 있다.[17] 가난한 사람들의 절반 가까이 우울증에 휩싸일 위험이 크다는 통계도 있다. 한국은 자본 경제의 발전을 뽐내는 나라인데, 그에 정비례해서 우울증 환자도 늘어났다. 한편, 세계에서 자살률이 가장 낮은 나라들로 네팔·필리핀·타지키스탄·아르메니아·요르단·이집트 등이 꼽힌다. 이 나라들은 부유하지도 않고 산업과 도시의 발달

---

17. 세계 2위라는 통계도 있다. 몇 등인지 엄밀하게 따질 일은 아니겠고, 한 손 안에 꼽힌다고 알아두자.

도 불충분하다. 굶주림에 허덕이는 사람도 적지 않다. 그런데도 그들은 절망하지 않는데, 왜 한국인들 가운데는 절망감과 우울증에 빠진 사람이 그렇게나 많을까?

근래 들어서는 더 심상치 않다. 1970~1990년대에 전태일 열사를 비롯해 숱한 노동 열사, 민주 열사가 스러져갔다. 그들은 절망해서 제 목숨을 끊은 것이 아니라, 사람을 사람으로 대접하지 않는 야만스러운 사회에 항의하고 저항하는 행동으로서, 제 목숨을 내던진 것이다. 시대정신이 민주화를 향하고 있었을 때(1970~2000년대)에는 우리 사회가 이들의 죽음을 웬만큼 기억하고 애도했다. 그러나 21세기에 들어서자 이런 소식은 신문에 아예 실리지 않거나 짤막한 단신으로만 올라왔다. 이전까지만 해도, 제 목숨을 버리면서까지 우리 사회에 어떤 말을 전하려는 사람을 얼마쯤은 대접하는 분위기 또는 성향이 우리 사회에 있었는데, 은연중에 그런 분위기가 가라앉아버렸다. 왜 이렇게 되었을까?

중국과 인도 사이에 있는 작은 나라인 네팔의 민중이 굶주림에 허덕이면서도 절망하지 않는 까닭은 힘없는 이웃을 붙들어 일으켜 세워주는 '공동체'가 살아 있기 때문이다. 거꾸로, 우리 사회에 남의 죽음을 무덤덤하게 외면하는 분위기가 당연한 것처럼 자리 잡아가는 까닭은 자본주의 체제를 서둘러(폭력적으로) 건설하느라 옛 공동체들을 마구잡이로 파괴했을 뿐만 아니라, 이웃의 불행을 자기 책임으로 받아안는 성숙한 근대적 개인도 우리 사회가 길러내지 못했기 때문이다.

사람들은 텔레비전 뉴스 시간에 아나운서가 불우한 이웃을 돕자고 대중에게 말을 건넬 때, 우리에게는 그늘진 곳의 사람들을 보듬어 안는 "사회가 있다"[18]고 무심결에 느낀다. 내가 지독하게 억울한 일을 당했을 때 비빌 언덕이 되어줄 사회가! 그 시간에 뉴스 아나운서가 우리 사회를 대표해서 말했다고 믿는다. 그런데 신문과 방송은 권세 있는 사람들 이야기로 가득하고, 누가 무슨 일로 죽어도 거들떠보지 않는 세상 꼬락서니가 짙어지고 있는데, 과연 지금의 한반도 남녘에 사회라는 것이 있는가? 아나운서는 마치 이곳에 사회가 있는 것처럼 거짓된 겉모습을 연출했던 것 아닌가?

세상을 더 뿌리 깊이 파헤치려면 근대 이전과 근대의 경제 체제가 어떻게 달라졌는지만 살필 일이 아니라, 사람이 더불어 사는 공동체가 무엇이며 자주적인 개성을 발휘하는 개인이 무엇인지, 사람들에게 기댈 언덕이 되어주는 사회라는 놈은 무엇인지, 더 기초적인 범주까지 들이팔 일이다. 학생들이 사회책에서 정작 들이파고 새겨야 할 개념은 "법이 어떻고, 문화와 도덕이 어떻고……"가 아니라 사회 그 자체다. "사회책이 이것저것 잔뜩 외우라고 던져주고 있는데, 정작 이 세상에 사회라는 놈이 있을까? 이 세상에는 힘센 놈이 힘 약한 것들을 마구 짓밟는 정글만 있지, 어쨌든 믿고 기댈 사회는 없는 것 아닐까?" 앞의 글에서 소개했듯이, 법과 권력이 없어진 세상을 바라는 중학교 2년생이야말로 본능적으로 이런 의심을 품은 것 아닌가. 우리의 공부는 그 의심에서 출발해야 한다. 교과서 맨 앞에는 "(이 책에 실린 내용까지도 포함해서) 모든 앎을 의심하라!"는 글귀가 적혀야 정직한 교과서가 된다.

18. 2014년 4월의 '세월호 침몰 사건'은 한반도를 비춰준다. 민중이 믿고 기댈 국가가 없으며, 따라서 믿고 기댈 사회도 없다는 끔찍한 사실, 정신분석학 용어로는 실재實在를 이 사건이 속속들이 드러냈다.

참교육은 역사 교육이다!

개념을 말하다 말고 (중간 제목이) 생뚱맞게 역사라니? 수학 공부나 인문사회 공부와 별도로, 역사 교과 공부에도 힘쓰라는 말이 아니다. 주나라와 로마 제국에서 이어져온 숱한 국가들의 자취를 소상하게 꿸 필요는 없다. "우리가 무슨 가치를 소중히 계승할 것이며, 인류 사회가 앞으로 어떤 길로 나아가야 할지 (여럿이) 지혜를 모으자"는 얘기를 들이대려는 것도 아니다. 그 얘기도 긴요하지만, 그것은 결론에 가서 짤막하게 덧붙일 말이다. 그 얘기에 앞서 더 먼저 깨쳐야 할 대목이 있다.

내 얘기는 공동체든 개인이든, 봉건 사회든 근대 사회든 다 역사적인 것, 다시 말해 시간의 흐름 속에서 태어난 개념임을 깨치자는 것이다.[19] 무엇이든 세상이 시작될 때부터 있었던 것이 아니라면, 다시 말해 언제 어떤 형편에서 어떤 필요가 있어서 생겨난 것이라면, 세상 형편이 달라질 때 또 어김없이 소멸하기 마련이다. 영원한 것은 없다! 세상의 어떤 사물이든 역사의 흐름 속에 놓고 봤을 때라야 그 온전한 뜻이 드러난다. 그러니 무슨 앎이든 결국에는 역사에 대한 깨달음으로 귀결된다.

이를테면 요즘의 한국 사회는 사유재산을 신성한 것으로 떠받든다. 누구에게 돈을 빌려줄 때, 이자를 받는 것도 당연한 권리로 여긴다. 태곳적부터 그랬나? 불과 100년, 200년 전만 해도 그것들은 신성하지

---

19. 칸트와 헤겔은 역사가 곧 끝날 것이라 예견했고, 후쿠야마라는 얼치기는 1990년대 초에 '역사가 끝났다'고 못 박았다. 앞의 두 사람은 근대 시민혁명 덕분에 봉건 사회의 모순을 대부분 없앴으니 머지않아 큰 걱정 없는 세상이 될 거라고 섣부르게 낙관했다. 후쿠야마는 소련이 망했으니 자본주의 말고 다른 꿈일랑 꾸지 말라고 떠들었다. 정작 망해가는 체제는 자본주의였고 사회주의의 몰락도 그 때문이었음을 그는 까맣게 몰랐다.

도, 당연하지도 않았다. 세상이 왜 달라졌으며 이렇게 달라진 것이 과연 바람직한지를 따져 물을 때라야 우리는 그 문제를 폭넓게 살필 수 있다.

그런데 사회도덕 교과서는 그 문제를 이렇게 역사 속에서 살피지 않는다. 정부 당국과 교과서 필자들이 품고 있는 생각, 사회관을 그저 주입하려고 들 뿐이다. 역사를 알라는 내 얘기는 모든 인문사회 개념들을 역사의 흐름 위에 올려놓고 바라보라는 말이다. 역사 교육이라는 낱말은 그 뜻을 강조해서 내건 수사법이다.

또 다른 예를 들자. 한국 사람들은 수십 년간 학교에서 점수를 매겨서 학생들을 한 줄로 세우는 시험을 치르며 자랐다. 그것이 없었던 200년 전의 한국 사회나 그것을 없앤 나라, 이를테면 핀란드의 학교를 경험해보지 못했으니 점수 매기기 시험(곧, 일부는 뽑고 일부는 떨어뜨리기)이 천년만년 갈 것 같은 느낌 속에 살아간다. 한국은 성공한 자본주의 국가라는 자랑이 그동안 요란했기에, 사람들은 점수 매기기 시험도 어쨌든 한국의 산업화에 보탬이 된 유익한 교육 제도이려니 하고 무심결에 긍정적으로 받아들인다.

얼마쯤 유익한 구석도 있었을지 모른다. 그렇다고 앞으로도 줄곧 유익한 구실을 할까? 시간의 흐름에 깜깜무식인 사람이나 그런 맹문이 노릇을 한다. 시험에서 좋은 점수를 얻은 학생들 상당수가 밥벌이를 넉넉히 보장받아서 보람을 느낀다면 그들이야 그 힘든 시험을 그럭저럭 견딜 수도 있다. 그런데 한국의 시장경제가 갈수록 삐걱거려서 젊은이들에게 일자리도 변변히 마련해주지 못한다면 학생들이 그 비정한 시험을 견뎌야 할 이유가 없다. 학생들 일부만 뽑아가려는 선발시험(곧 대학 수능고사)을 없애야 할 사회적 필요가 훨씬 커진다. 사회가 그 지경이 되었는데도 옛 제도를 붙들고 지켜내려는 세력은 민중에게 희생을 강요하면서 일부 부유층의 이익에 봉사하는 반동 세력일 뿐이라는 사실이 더 분명해진다. 이것도 사회의 변화, 곧 시간의 흐름 속에서 사물을 바라보는 태도다.

간추리자. 왜 개념을 터득(!)해야 하는가? 그래야 세상을 똑바로 알고 똑바로 대응한다. 동료와 협력해서 세상을 더 살 만한 곳으로 만들 수 있다. 그렇게 능동적인 주체로 커나갈 때라야 그의 사람됨도 더 넉넉한 그릇으로 만들어진다.[20]

왜 과학적인(!) 개념을 터득해야 하는가? 그래야 자기 눈앞에 보이는 좁은 (지역) 사회에 갇히지 않고, 다시 말해 제 좁은 경험에만 의지하지 않고 인류 전체가 살아온 큰 흐름을 통 큰 눈으로 헤아릴 수 있기 때문이다.

왜 참교육은 역사 교육인가? 그 이유야 여러 가지지만, 여기서 강조하고 싶은 것은 역사의 흐름, 다시 말해 우리가 어디서 왔고 어디로 가야 할지를 알아야 우리가 해야 할 일을 분별한다는 사실이다. 먼저 깨칠 것은 그 앎이다.

20. 개념을 배워야 훌륭한 인격이 형성된다고 했다. 자연과학 개념을 잘 터득한 결과 우리 사회에 성실한 과학기술자가 많다. 그런데 우리 사회의 불평등은 깊어지고 민주주의는 오히려 후퇴하고 있다. 인문사회에 대해서 대부분이 헛공부를 했다는 증거다. 그리고 학교가 그 공부를 헛공부로 이끄는 주범이었다. 독일 초등학생은 소수자 차별에 대해 공부한 뒤에 소수자 차별 반대 데모를 하러 간다고 한다. 우리 학생들은 실천과 아무 연결고리도 없이 공부를 하니 머릿속에 남는 것도 없고 지겨울 수밖에.

3 학교는 어떤 곳인가

풀무학교는 참교육의 가능성을 일군
몇 안 되는 학교 가운데 하나다.

　대부분 나라의 민중이 '모두' 학교에 다니기 시작한 것은 최근의 일
이다. 근대 이전만 해도 민중에게 학교는 자기들과 상관없는 낯선 곳
이었다. 그뿐만 아니라 취학 통지서가 왔을 때 제 자식을 학교에 보내
는 것을 마뜩잖아하는 부모도 한동안 참 많았다. 아직 도시(의 일자
리)가 충분히 발달하지 않았던 근대화 초기, 농민은 제 자식을 굳이
학교에 보낼 필요를 느끼지 않았다. "내 자식들이 같이 농사일을 해줘
야 우리가 밥을 먹는데, 왜 너희(곧 나라)가 끌고 가서 아무 쓸모도 없
는 공부를 시키는 거냐! 너희가 정말 싫다!" 근대에 와서 민중에게 제
자식들을 의무적으로 취학시키는 학교 제도가 강제되었다는 말인데,
대중교육을 복지 혜택으로만 알고 있는 사람은 의무의 강제적 부과라
는 측면도 놓치지 말아야 한다. 이 얘기는 나중에 좀 더 덧보태겠다(3
부의 '근대 문학의 앞날'을 참고하라).
　학교는 따뜻한 보금자리도 아니었다. 학교 내 체벌을 법으로 금지
한 것이 언제인지를 살펴보면 이 사실을 알 수 있다. 유럽의 선진국이
라 하는 독일에서 체벌이 금지된 것은 겨우 1983년부터다. 그 비슷한
무렵에 유럽 여러 나라를 비롯해 일본, 남아프리카공화국 등에서 체

벌 금지법을 마련했지만 지금도 아프리카와 동남아시아, 몇몇 서아시아 나라는 체벌이 허락된다. 심지어 미국 남부의 몇몇 주에서도 체벌이 남아 있다. 우리나라는 2000년대 후반에 들어서야 체벌 금지가 자리 잡았다.

인류는 오랫동안 상하의 위계질서가 뚜렷한 사회를 살아왔다. 그러므로 그런 사회의 영향을 받아, 학교도 규율과 처벌이 엄격한 곳이었으리라고 넉넉히 짐작된다. 근대 사회에 접어들어, 그런 엄격한 상명하복의 질서를 못 견뎌 하는 사람들의 저항이 차츰 싹텄다. 청소년 성장소설 『데미안』의 작가 헤르만 헤세는 100년 전, 학교를 숨 막히는 곳으로 체험한 실존적인 기록을 『수레바퀴 아래서』라는 소설로 써냈다. 줄거리는 다음과 같다.

공부를 잘했던 독일의 어느 시골마을 소년 한스 기벤라트는 명예욕에 사로잡힌 아버지와 교장 선생이 닦달하여 기숙 신학교 입학시험을 치른다. 2등으로 붙었다. 이 학교는 인간의 자유의지를 빼앗고 오직 신의 존엄만을 찬양하는 숨 막히는 곳이었다. 한스는 시인 기질이 있고 성향이 반항적인 동급생 하일너와 가까워진다. 하일너는 결국 학교에서 탈출을 꾀하다가 퇴학처분을 받았고, 하일너에게 빠져 있었던 한스는 학교에서 고립되고 성적마저 떨어지고 신경쇠약까지 앓게 되어 고향으로 돌아온다. 학교에서도 퇴학당했다. 한스는 시계 부품공장의 수습공이 되지만, 몸이 약하고 노동 경험이 없어서 공장 생활도 따라가지 못한다. 마을 사람들도 한스가 신학교에 입학했을 때는 "우리 마을의 자랑, 신동"이라며 칭찬 일색이었지만, 공장에 들어간 뒤로는 "신학교 대장장이"라고 비아냥거리기 일쑤다. 친구 아우구스투스와 가정부 안나 아줌마만이 그를 위로한다. 그러던 어느 날, 한스는 술에 취한 채 강가를 걷다가 물에 빠져 (자살인지, 사고인지 모를) 의문의 죽음을 맞는다. 이튿날 시체가 발견되었고, 장례식장에서 구둣방 주인이 교장과 학교 선생들을 가리켜 "한스를 죽인 공범"이라며 비판한다.

이 소설은 규격화된 인간만을 양성하는 학교를 매섭게 비판한다. 세상을 굴리는 수레바퀴에는 감수성 여린 젊은이들을 위한 꿈과 사랑과 기쁨 따위는 흔적도 없고 오직 신으로 상징되는 기존 질서, 권위, 명예와 욕망의 가마니만 잔뜩 실려 있다. 이 소설은 기성 사회의 수레바퀴에 깔려 죽은 소년(바로 작가의 분신이다)을 기리는 진혼곡, 또는 씻김굿이다. 그런데 이 얘기는 19세기 말 중산계급의 자녀가 다닌 엘리트 양성 학교에서 벌어진 일이다. 20세기 말 노동자의 자녀가 다니는 학교에서는 어떤 일이 벌어졌는가?

베르나르 15살에 왜 학교를 그만뒀니? 좀 참고 다니지 그랬어?

알베르 학급에 학생이 너무 많아서 뭘 배우기가 힘들었어요. 선생님은 학생들이 해야 할 일을 20명 학생에게 일일이 말할 수 없어요. 언제나 공부 잘하는 애 위주로 가르치고, 못하는 애들은 무시했죠. 우리를 미워한 것은 아니지만 게으름뱅이로 취급했어요.

베르나르 그때 일이 기억나니?

알베르 랭시 공업학교에 있을 때였어요. 선생님은 기계 부품에 어떻게 줄질을 해야 하는지 딴 애들에게 설명하고 있었지요. 그 때문에 저는 제 마음대로 해버린 거예요. 선생님 설명이 너무 빨랐어요. 제가 하는 것을 보고 선생님은 제 머리채와 다리를 잡아당겼어요. 제 줄을 집어 들고 제 손가락을 때리면서 잔소리를 늘어놓았지요. "줄질은 그렇게 하는 게 아니야!" 저는 줄을 쥐고 선생님의 팔을 마구 내리쳤어요. …… 그 일이 있은 뒤부터 저는 학교에 갈 용기가 나지 않았어요. 학교에 다니는 척하면서 두 달을 보냈어요. 결국 퇴학을 당했지요.

베르나르 학교를 그만둬서 좋니?

알베르 그때는 선생님들을 안 봐서 좋았지만, 지금은 시간 낭비한 게 후회돼요. 딴 학교를 알아봤어야 했어요. 파티나 공원에서 어슬렁대거나 캄캄한 데서 여자애와……. 그러지 말았어야 했어요. 학교에서 일을 배우는 편이 훨씬 나았어요.[21]

교육이 대중화된 20세기의 학교는 사회민주화의 흐름에 발맞춰서 '억압'이 많이 줄어들었다. 그 대신에 공부를 따라가지 못하는 아이들을 제쳐놓고 따돌리는 소외와 배제의 현실이 더 큰 문제가 되었다. 따돌림의 설움을 안으로 삭이던 아이들이 욱하는 마음으로 저도 모르게 폭력을 휘두르고, 그래서 그 사회에서 쫓겨난다. 하층계급이 만들어지는 과정이 교실 공간에서 연출된다.

한국 학교도 겉에 보이는 억압이 많이 줄어들기는 했다. 그러나 대학입시에만 목을 매다는 경쟁 교육은 오히려 더 늘어났다. 자본주의의 성장이 멈춰버리니까 미래가 불투명한 비정규직 노동자와 실업자가 늘어났다. 더 좋은 취업 기회를 얻기 위해서가 아니라, 사회 밑바닥으로 추락하지 말아야겠다는 두려움 때문에 취업 기회를 둘러싼 선발 경쟁이 더 치열해지고, 당연히 대학입시 경쟁도 멈출 수 없었다.

그래서 예전부터 성적 경쟁에 시달리고 마음이 억눌리다 못해 제 목숨을 스스로 끊는 청소년이 적지 않았다. 스트레스가 얼마나 심했을까? "한국 학생들이 세계 최고로 스트레스를 겪는다"고 단언하는 사람도 있는데, 그렇다고 세계 최고일지는 모르겠다. 어느 자료에 따르

---

21. 프랑스의 교육자 베르나르 드프랑스가 지은 『학교에서의 폭력』 69~70쪽.

면 1980년대 초 프랑스 청소년이 자살을 꾀한 경우가 한 해에 3만 건, 실제로 자살한 청소년이 4,000명이라고 하니, 어쩌면 그들이 더 스트레스에 시달렸는지도 모르겠다.

아무튼 우리는 성적 스트레스를 겪는 아이도 걱정스럽지만, 인생의 긴 미래를 생각하면 아예 학교에서 밀려나는 아이들의 사정이 실제로는 더 딱하다. 중고교를 자퇴하고 학교와 인연을 끊는 아이들 숫자가 차츰 늘고 있어서 우리 사회의 장래가 어둡다.

하지만 세상에는 어둠이 있으면 밝음도 있다. 국가가 떠맡아 관리하는 학교 제도는 수많은 학생을 감당하지 못해 늘 몸살을 앓고 있고 무사안일한 관료주의 행정이 그 사정을 더 악화시키지만, 국가 행정의 바깥에 있는, 민중 스스로 앎을 찾아가는 교육 공간에서는 억압과 소외에 짓눌리지 않은 건강한 삶의 모습을 목격하게 된다.

1930년대 농촌 계몽 운동의 현장을 그려낸 심훈의 장편소설 『상록수』에는 제 삶의 열정을 온통 바쳐서 교실을 꾸려가는 젊은 교사들의 이야기가 감동적으로 그려져 있다. 소설 속의 아이들은 글 한 자를 더 깨치려고 교실 밖 창가에 매미처럼 매달리기까지 한다. 원래 1930년대 조선의 뜻있는 지식 청년들은 19세기 말 러시아의 브나로드('인민 속으로'라는 뜻이다) 운동에서 큰 영향을 받았다. 19세기 러시아와 20세기 식민지 조선에서는 일부 떵떵거리는 귀족계급·유산계급 대對 궁핍하고 배움을 얻지 못한 대부분의 민중으로 날카롭게 나뉜 구체제를 허물겠다는 사회변혁의 열정이 지식 청년들 사이에 샘솟았다.

이 열정이 가장 치열하게 타오른 나라를 찾아가보자. 1960년 중남미 카리브 해의 작은 섬나라 쿠바는 민족혁명이 성공하자마자 대대적인 '문맹 퇴치 운동'을 벌였다. 몇몇 엘리트 지식인만이 아니라, 초등학교를 갓 졸업해 배운 것이 많지 않은 청소년들까지도 이웃 주민을 가르치는 문맹 퇴치 선생으로 나섰다. 100만 명의 젊은이가 100만 명의 청소년과 성인을 가르쳤다. 나라 전체가 들썩거렸다.

민중 전체가 일떠난 '공부하기 운동'은 글을 모르던 주민들이 불과 1년 만에 글자를 모두 깨치는 결과를 낳았지만 그것으로 멈추지 않았다. 학교 문턱도 밟지 않은 민중이 이번에는 모두 초등학교 공부에 들어갔다. 또 중학교 공부에도 나섰다. 가르쳐줄 교사도 딱히 없었다. 문맹 퇴치 운동에 참가한 10대의 소년소녀들 자신이 먼저 중고교 공부를 시작해 중고교 교사가 되었고, 그리하여 온 민중이 앞서거니 뒤서거니 배움의 세계로 나아갔다.

요즘 쿠바 초·중학생의 학업 성취도가 중남미 대륙에서 으뜸이라고 하는데 이 나라에 교육 기자재가 넉넉했던 것이 그 비결이 아니다(쿠바는 아직 가난하다). 수십 년간 민중이 다 같이 공부하기 운동을 벌여온 것이 비결 아닌 비결이다. 우리도 아이들 공부를 북돋울 비결이 딴 데 있지 않다. 부모와 어른이 공부하는 모습을 먼저 보여주면 된다.

민중 스스로(국가의 보살핌 없이) 공부하는 자랑스러운 전통은 우리에게도 있다. 1970년대에 쓰인 어느 나이 어린 여성 노동자의 일기를 하나 읽어보자.

엄마가 보고 싶다. 엄마 생각만 하면 눈물이 앞을 가린다. …… 다리미에 손을 데어서 쓰리고 아프다. 난 참지 못해 울어버렸다. …… 미싱사 언니가 심부름을 시켰다. 다음에 또 심부름을 시키면 가만있지 않겠다. …… 점심시간에 어느 분들이 회사를 방문했다. 야학이 생겼으니 배우라는 권고다. 난 직장을 옮겨서라도 야학에 다니기로 결심했다. …… 사장님께 '야학에 가야 한다'고 말하러 갔다. 사장님 친구분이 "직원이 사장한테 직접 말하는 것은 좀 언짢은 일이거든." 하고 참견하는 것이다. 그래, 하찮은 직원이 감히 사장을 찾아갈 수 없다는 말이지! 왜! 왜! 난 울면서 회사를 나와버렸다. 그리고 사직서를 내버렸다. …… 시집살이를 하는 언니 신세를 지는 것은 어려운 일이다. 사돈어른은 내가 밤늦게까지 공부하는 것을 싫어한다. 밤 10시에 공장일을 끝내고 돌아와서 밤 12시 반까지는 불을 켜야 하는데, 하루 이틀도 아니고 매일같이 불안 속에 공부하는 이 신세. 밖에 나가 가로등 밑에서 공부할까?[22]

1970~1980년대에 지식 청년들이 멍석을 깔아서, 노동자들에게 '배움의 길'을 열어준 야학 운동이 일어났다. 1930년대 농촌 계몽 운동의 현대판이다. 선생과 학생이 상하 관계로 나뉘지 않고, 배우겠다는 학생들의 자발적 의지가 알파요 오메가인 곳만이 사람을 씩씩하고 진취적인 사람으로 만드는 교육 공간이 아닐까? 그 공간에 체벌이 있을 리 없고 억압과 소외(따돌리기)가 있을 리 없다. 이 들불 같은 야학 운동을 기리는 노래가 그 시절에 나왔다. 〈상록수〉.[23]

"저 들에 푸르른 솔잎을 보라 / 돌보는 사람도 하나 없어도 / 비바람 불고 눈보라 쳐도 / 온누리 끝까지 맘껏 푸르다……."

하나 물어보자. 이름도 없고 교사校舍도 없었던 야학 운동 말고, 제법 번듯한 땅과 건물을 갖춘 학교 중에, 철학이 있고 우리 가슴에 물결을 일으킬 그런 학교가 어디 없을까?

공립학교의 빈곤한 교육 내용에 실망해서 따로 문을 연 대안 학교

---

22. 1979년에 청년사에서 펴낸 10대 노동자들의 이야기책 『비바람 속에 피어난 꽃』에서 인용.
23. 지금은 공업 도시가 된 경기도 안산시는 심훈의 소설 『상록수』에 나오는 여주인공 채영신의 실제 모델인 최용신이 살았던 동네의 전철역을 상록수역이라고 이름 붙였다. 안산시는 영화 〈파이란〉의 무대이기도 하다.

가 한국에나 유럽에나 여럿 있지만, 제법 묵직하게 진짜배기 교육을 일궈온 학교로는 풀무학교가 꼽힌다. 충남 홍성에 있는 허름하고 작은 학교. 지금은 학교 사정이 어떤지, 여전히 씩씩하게 꾸려가는지 잘 모르겠지만 아무튼 하나의 역사를 만들어낸 학교다. '풀무'라, 학교 이름부터 범상하지 않다. 그 학교 선생님들은 학생을 박사·의사·판검사가 아니라 농사꾼으로 키우겠다는 용감한(!) 목표를 내걸었다. 평범한 농사꾼이 아니라 '위대한 평민'으로 커달라는 요청이다. 지금 우리 사회가 가장 긴급하게 요구하는 것은 그런 야무진 철학이 아닐까?

물론 하나의 역사가 탄생하는 것은 간단치 않은 일이다. 뒤처지는 학생을 돌볼 여유도 별로 없는 지금의 공립학교에서 진짜배기 교육이 이뤄지기는 쉽지 않다. 수많은 선생님들에게 "당신, 진짜로 참교육을 하고 있소?"라고 대뜸 들이댄다면 선뜻 "그렇소!"라고 대꾸할 교사들이 많지 않으리라. 그 까닭이 제도와 여건 탓이건, 교사의 의지 탓이건! 하지만 인간의 변화라는 근사한 결과를 눈앞에 보여주지는 못해도, 순간순간 본때 있게 교사 노릇을 하려고 애쓰는 사람은 세계 곳곳에 있다. 어떤 문제든 피하지 않고 정면으로 맞서는 것, 지금은 거기에 희망을 걸 수밖에 없다. 프랑스의 한 여선생 얘기를 여기 옮긴다.

저는 '사회보장'에 관해 가르치려고 어느 악명 높은 반에 들어갔어요. 선생들이 다들 치를 떠는 15세 남학생 반. 아우성과 휘파람, "꺼져!" 하는 야유가 터져 나왔지요. 거기까지는 좋았어요. 칠판을 봤더니 여자의 성기 그림이 그려져 있었어요. 저는 멍하니 보다가 잠깐 조용해진 틈을 타서 이렇게 말했지요. "이것 보세요. 여러분은 중요한 걸 잊고 있어요." 갑자기 쥐 죽은 듯 조용해졌지요. "좋아요. 설명하죠. 복잡한 것은 아니에요. 알아두면 좋은 것이지요. 하지만 저는 여러분에게 '사회보장'을 설명하려고 왔어요. 그것도 필요한 공부예요. 짤막하게 그 수업을 하고서 이 그림을 설명하겠어요." 그러고 나서 앞줄에 앉은 학생에게 칠판지우개를 내밀었어요. 그 뒤로 나는 전혀 흐트러지지 않고 수업을 했고, 학생들은 열심히 귀를 기울이고 이따금 질문도 했지요. 한참 지난 뒤 말했어요. "좋아요. 10분이 남았군요. 아까 칠판에 그림을 그렸던 학생이 다시 그리겠어요?" 학생들이 웃으면서 한 학생을 가리켰는데, 그 학생이 얼굴이 빨개져서 결국 일어섰어요. 그가 그림을 그렸지요. "빼먹은 것 없어요?" 하고 제가 학생들에게 질문했어요. 아무도 대답을 못 하더군요. "좋아요. 음핵이 빠졌어요." 제가 그것을 그려넣고는 음핵의 기능을 설명했어요. 뒤이어 학생들 사이에 토론이 있었는데 정말 대단한 말들이 오가더군요. 저는 듣기만 했어요. …… 남자 아이들이 야한 잡지나 포르노를 보고 품는 생각이 여자에 대한 두려움, 불안, 거북스러움이었지 뭐예요. 놀라운 일이었어요![24]

24. 앞의 책 『학교에서의 폭력』에서 인용.

4 인류의 미래를 열어젖힐 사람됨

한국의 노동자들은 전태일의 삶을
자기 삶의 좌표로 삼고 있다.

이 글은 인간 전태일을 알린다. 짧은 글 하나로 그의 삶에 담긴 뜻
을 온전하게 알리기도 어렵고, '그래, 본받아야겠구나!' 하는 감동을
(여러분에게) 불어넣기는 더 어렵다. 왜 그를 기억해야 하는지 간단히
일러줄 수나 있겠지. 먼저 『브리태니커 백과사전』을 찾아보자.

1948년 경북 대구 출생. 1970년 11월 13일 열악한(형편없는) 노동 조
건에 항거해 분신자살한 평화시장[25] 재단사 출신의 노동자이다. 1964
년 17세의 나이로 평화시장 피복공장 미싱사 보조[26]로 취직했다.
1969년 재단사들의 친목 모임인 '바보회'를 조직하는 한편, 근로기
준법[27]을 탐독하면서 평화시장의 노동 실태를 철저히 조사, 그 개선
방안을 노동청(지금의 노동부)에 제출하기도 했다. 이러한 일련의 행
동으로 해고를 당했지만 1970년 9월 다시 재단사로 취직해 '삼동친

25. 서울 청계천5가, 동대문에 밀집한 옷 도매시장이다.
26. 재봉틀로 바느질해 옷을 만드는 이. 보조는 초보 일꾼. 옛날엔 '시다'라 했는데 이 말은
    일본말 찌꺼기다.
27. 근로 조건의 최저 기준을 정하여 노동관계 일반에 적용하는 노동보호법. 1953년에 처
    음 제정되었다.

목회'를 결성했다. 이들은 곧바로 설문지를 돌렸으며, 그 결과를 분석해 노동청에 '평화시장 피복제품상 종업원 근로 개선 진정서'를 제출, 선처를 약속받았다. 그러나 개선을 약속한 날짜인 11월 7일에도 아무런 소식이 없자, 그는 동료들에게 "아무짝에도 쓸모없는 근로기준법 책을 불태우자"고 제의하여 13일을 시위 날짜로 잡았다. 1970년 11월 13일 피켓 시위를 벌이기 직전에 경찰에 의해 강제 해산을 당하게 되자 전태일은 분신을 감행했다. 화염에 휩싸인 채 "근로기준법을 지켜라", "우리는 기계가 아니다"라고 울부짖으며 병원으로 옮겨졌으나 숨을 거두었다. 이 사건을 계기로 11월 27일 청계피복노동조합이 결성되었다.

그는 언제 적 사람인가? 요즘 젊은이들은 1960~1970년대를 겪지 않아서 그를 '옛날 사람'으로 치부하기 쉬운데, 그와 동년배 사람들이 2014년 지금 60대 중반이 되어 있다. 예전 같으면 환갑을 넘긴 사람은 노인이라 일컬었지만, 평균 수명이 늘어난 요즘(20세기 초까지는 평균수명이 40세 남짓이었다) 환갑잔치는 쑥스러운 행사가 되었고 청년이 귀한 시골에서는 60대가 '청년' 소리를 듣는다. 그의 삶은 지금 진행되고 있는 우리 현대사의 일부라는 얘기다.

왜 그의 삶을 떠올리자고 권유하는가? 그의 존재가 한국 노동자들과 노동 운동의 미래를 밝히는 횃불이요, 상징이 되었기 때문이다. 그의 죽음에 한국 사회는 커다란 충격을 받았다. '독재 반대'만을 외쳐온 대학생과 지식인들이 (전태일이 알려준) 비참한 노동 현실에 충격을 받아, 노동해방 문제에 주목하기 시작했다. 몇몇은 야학을 만들어 노동자들을 가르쳤고,[28] 몇몇은 공장에 취업해서 직접 노동조합의 조직에 나섰다. 1970~1980년대의 대학생은 지금보다 숫자도 적고 엘리트로서의 출세 길이 어느 정도 보장된 계층이라서 이들이 공장에 들어가는 것은 큰 결단이 뒷받침되어야 할 일이었다.

노동자들 사이에서도 사회적 깨우침이 움터 나왔다. 청계피복노조 말고도 1970년대에는 동일방직, 콘트롤데이타, 반도상사, 원풍모방, YH무역 등 수많은 공장에 노동조합이 세워져 노동자들의 권리를 찾는 운동이 시작되었다. 이들이 첫 물꼬를 터서 1987년 7~9월 노동자 대투쟁이 일어났다. 이 노동자들에게 삶의 좌표는 전태일이다. 해마다 한국의 노동자들은 전태일이 제 몸을 불사른 11월 13일에 그의 뜻을 계승하자고 다짐하는 대회를 연다. '전태일 열사 정신 계승 전국노동자대회'다.

그는 우리 사회를 이끌었다

중학교 사회책에는 전태일의 분신 사건이 달랑 한 줄 소개되어 있다. "1970년 11월 13일 전태일 분신자살 사건은 노동 운동의 새로운 국면을 가져왔다"고!

이 문장은 딱 한 줄에 불과하지만 거저 생겨나지 않았다. 한국의 노동자들이 자기 삶의 권리를 찾는 싸움을 수십 년간 치열하게 벌인 덕분에 비로소 교과서(곧, 국가)가 그 사건을 의미 있는 것으로 받아들였다. 시민 사회에서는 그의 훌륭한 뜻을 받아들여 현실을 개선할 노력이 드문드문 생겨났지만, 당시의 국가는 전태일과 그의 동료들을 곱게

---

28. 초등학교나 중학교만 마치고 공장에 다닌 그때 나이 어린 노동자들은 가로등 밑에서 책을 읽을 만큼 배움에 대한 한(恨)과 열정이 눈물겨웠다. 요즘 청소년들이 졸업장 따려고 억지로 공부하는 것과 대조된다.

보지 않았다. 박정희 정권은 전태일의 죽음조차 덮어 가리려고 돈다발로 그의 가족을 매수하려고 했다. 그들이 만든 청계피복노조는 경찰의 감시와 탄압의 대상이었다.[29] 1970년대의 한국 정부는 자본가들의 치부致富를 도우려고 노동 운동을 억누르는 것이 기본 방침이었기 때문이다.[30] 노동자들이 눈물겨운 싸움 끝에 우리 사회에서 얼마쯤이라도 발언권을 얻고 나서야 비로소 전태일의 존재가 교과서에 실리게 되었다.

하지만 교과서에 실린 것은 달랑 한 줄뿐이다. 아이들 눈길은 이 한 줄을 건성으로 스쳐 지나가기 십상이다. 아이들은 노동 운동의 성장이 우리 사회를 민주화하는 데에 얼마나 긴요한 것인지, 교과서를 읽어서는 충분히 알아듣지 못한다. 학교의 교육 과정을 짜는 국가는 노동 운동을 그저 '우리 사회에 있었던 일의 하나'쯤으로 마지못해 알려 줄 뿐이다. 사회책은 학생들에게 경제 성장과 세계화가 뭔지, 에너지 자원과 문화 다양성이 뭔지, 잡다하고 시답잖은 지식을 주입하느라 무척 바쁘다. 뭔가 주저리주저리 잔뜩 늘어놓았지만, 개인과 사회가 어떻게 어우러져서 살아가야 옳은지, 깨닫게 해주는 바가 전혀 없다.

우리 사회에 민주항쟁의 물결이 거세게 일어나던 1987년 어느 여름 날, 거대 군중이 모여 민주주의를 외치던 서울시청 광장의 집회에서 문익환 목사는 죽어간 사람들 이름을 하나하나 외쳐 불렀다. "전태일 열사여!"로 시작해서, 불과 한 달 전에 죽은 "이한열 열사[31]여!"에 이

---

29. 청계피복노조가 민주노조로 커나가자, 1977년 그의 어머니 이소선을 감옥에 가두고 1981년 전두환이 노조 해산 명령을 내렸다. 노동자들이 싸워서 1987년 민중항쟁 때 합법성을 다시 쟁취했다.
30. 이때의 노동자들 처지를 고발하는 문학으로는 조세희의 『난장이가 쏘아올린 작은 공』을 읽어보기 바란다.
31. 독재 반대를 외치다 최루탄을 맞아 죽은 연세대 학생. 그의 죽음이 87년 대항쟁의 도화선이 되었다.

르기까지. 문 목사는 죽어간 사람들의 이름만 목 놓아 부르고는 연설을 끝냈는데, 이 짤막한 외쳐 부름에는 수많은 파란만장한 사연이 담겨 있다. 이들 죽어간 사람은 '진짜 사람'이다. 이들이 제 목숨을 던져 진실을 외쳤기에 수많은 대중이 두려움과 안일함을 떨치고 민주주의를 위한 싸움에 함께 나설 수 있었다. 이들은 하늘의 별이 되어 우리에게 삶의 이정표를 선사해준다. 그렇게 우리 현대 민중의 역사에서 등불이 되어준 사람들의 선두에 전태일이 있다.[32]

그로부터 30년, 한 세대가 흘렀다. 사회학자 김홍중은 그렇게 열사들이 우리의 길라잡이를 해줬던 시대를 '진정성의 시대'라 일컫는다. 진짜배기 삶을 추구했던 시대.[33] 진정성이란 '참된 나'가 되어 올바른 삶을 살려는 태도를 가리키는 말이다.[34] 그런 마음들이 사회를 움직이는 힘이 되었던 시대를 우리 역사에서는 평범하게 민주화 시대라고 일컫는다.

그런데 세월이 하도 수상하여 진정성의 시대가 시나브로 저물어갔다. 1987년의 민중항쟁에 맞서, 1990년대 들어 자본의 반격이 시작되었다. 노동자들의 임금을 크게 올려줘서 그들이 배고픈 소크라테스보다 배부른 돼지로 만족하도록 꼬드기는 한편, 전노협으로 대표되는 노동자들의 견결한 사회 운동을 집요하게 무너뜨렸다.[35] 1997년 IMF

---

32. 김상진 열사여! 장준하 열사여! 김경숙 열사여! 박종철 열사여! 박영진 열사여! 이재호 열사여! 광주 2천 영령이여! …… 마석 모란공원과 광주 망월동과 양산 솥발산에 묻혀 있는 수많은 넋들이여!

33. 우리 옛 소설에 '진인眞人'이라는 낱말이 나온다. 브레히트는 살아남은 자의 슬픔과 부끄러움을 자신의 시 「살아남은 자의 슬픔」에서 이렇게 노래했다. "물론 나는 알고 있다. 오직 운이 좋았던 덕택에// 나는 그 많은 친구들보다 오래 살아남았다. 그러나 지난 밤 꿈속에서/ 이 친구들이 나에 대하여 이야기하는 소리가 들려왔다. '강한 자는 살아남는다.'/ 그러자 나는 자신이 미워졌다."

34. 넓게 보자면 근대 사회를 치열하게 모색한 세계의 수많은 지성들을 '진정성'의 개념으로 읽을 수 있다.

외환위기를 맞자, 자본은 노동 운동 지도자들을 사납게 닦달했다. "정리해고, 곧 노동자들을 합법적으로 잘라내는 것을 찬성하라!" 민주노총은 부끄럽게도 '정리해고, 해도 된다'는 데에 찬성하고 말았다. 그 이전까지만 해도 고용주가 피고용자를 제멋대로 자를 수 없게 법으로 노동자들을 보호하고 있었는데 말이다.

언제 어떻게 회사에서 잘릴지 모르는 신세가 되자, 노동자 대부분의 가슴이 참새의 그것처럼 오그라들었다. 경쟁의 승리자가 경쟁의 열매를 독차지하는, 이를테면 명문대 학생만 좋은 직장에 들어가는 '적자생존'의 사회가 되자, 이 사회에서 살아남는 것이 최고의 가치가 되고 사회진화론이 상식이 되었다.

민주화 시대에는 나 혼자 떵떵거리며 사는 것이 부끄러운 일이었지만, 지금은 이 사회에 편입돼서 제 밥벌이를 하는 것이 가장 자랑스러운 일이다. "부자 되세요!"가 자연스러운 인사말이 되었다. 개같이 벌어도 좋으니 정승처럼 호강을 누리고 싶다고 다들 외친다. 어찌 재산을 굴릴지, 재테크와 부동산 투기와 자기 계발, 스펙 쌓기에 여념 없는 신자유주의적 속물들의 시대다! 사람들은 자기 앞날이 어떻게 먹구름에 뒤덮일지 늘 불안하기만 하다. 그 불안을 잊으려고 쫓기듯이 일해서 일 중독에 빠져든다. 건강해야 무슨 일이 닥치더라도 헤쳐나갈 터이니 다이어트와 운동이 섹스보다 더 멋진 일이 된다. "그렇게 해서 끝끝내 살아남은 생존자여! 그대가 진짜 영웅이니라!" 그렇게 넋 나간 세상이 되었다!

전태일이 불꽃처럼 사라져간 지 40여 년이 흘렀다. 노동자들은 그

---

35. 정권은 1990년 전노협 투사 김창수를 고문·살해했다. 그는 변절을 거부해 전노협 정신을 지켜냈다. 그러나 노동 운동 지도자들이 자본의 꼬드김에 넘어가 전노협을 포기하고 개량적 민주노총 건설로 옮아갔다.

의 살신성인도 보람 없이, 노동 현실이 한참 더 후퇴해버린 데에 대해 탄식을 감추지 못한다. 자본가는 노동자를 제멋대로 쫓아내고, 일자리가 보장되는 정규직 대신 파리 목숨 같은 비정규직 인생이 늘어났다.[36] 그뿐 아니라 다들 제 앞가림에만 골몰하는 세태로 바뀌어갔다. 김홍중의 표현으로는, 진정성의 시대가 저물고 '귀여운 속물들'의 시대가 시작된 것이다.[37] 그는 진정성을 쉽게 불러낼 수 없는 지금 이 시대의 흐름에 대해 선뜻 대안의 길을 제시하기 어렵다면서, 옛날의 진정성이 어떤 한계를 갖고 있었는지 깊이 성찰해서, 더디더라도 새로운 주체 형성을 모색하자고 말한다.

　그런데 그의 성찰에는 빠진 대목이 있다. 지금 같은 속물[38]의 시대는 한국의 노동 운동과 사회 운동이 역사적으로 패배한 결과로 나타났다는 사실에 대한 확인이 그것이다. 진정성이 아무리 넘쳐났다 해도 세상을 바꾸겠다고 나선 사람들의 눈길이 좁고 생각이 얕았기 때문에 시대의 흐름이 도로 꺾여버렸다. 우리는 '전태일의 뜻을 계승하자'고 되뇌기는 했어도 그가 목 놓아 울부짖은 절규의 참뜻을 온전히 다 헤아렸다고 보기는 어렵다. 다들 생존의 불안에 쫓기는 지금 이 시대를 헤쳐나갈 길의 하나는 그의 삶이 남긴 자취를 다시 더듬어 우리의 지혜를 보강하는 길이다. 그에게서 무엇을 배울 것인가?

36. 2013년 봄에 비정규직의 설움을 그린 텔레비전 드라마 〈직장의 신〉이 사람들에게 큰 공감을 샀다.
37. 김홍중의 책 『마음의 사회학』 참조.
38. 국어사전은 "교양과 식견이 부족하고 세속적인 일에만 신경을 쓰는 사람을 흠잡는 말"이라고 '대충' 정의했다. 저 혼자 잘 먹고 잘사는 데만 정신을 파는 사람이라는 뜻이다.

이타의 사람들이 세상을 바꾼다

누구는 전태일에게서 '풀빵 정신'을 배우자고 말한다. 힘겹게 살아가는 이웃을 불쌍히 여겨 제 삶의 안락함을 포기하고서라도 그들을 돕는 그 착한 마음을 배우자는 것이다. 평화시장에 취업한 전태일(취업 당시는 고등학교에 다닐 나이였다)은 저보다 어린 여공들이 쫄쫄 굶으며 일하는 모습을 차마 보아 넘길 수 없었다. 집에 갈 차비 30원을 탈탈 털어 풀빵 서른 개를 사서 여공들에게 나눠줬다. 그렇게 제 주머니를 털고는 서너 시간을 걸어서 귀가하는 날이 허다했다. 노동에 지쳐 고단한 몸으로 청계천 6가에서 도봉산까지![39]

전태일은 요즘의 유복한 우리로서는 상상도 못할 만큼 험난한 어린 시절을 살았다. 부모와 헤어져 길거리의 밤이슬을 맞기 일쑤요, 새털만큼 많은 날을 굶주린 배를 움켜쥐고 살았다. 고난의 생활이 남을 동정하는 마음을 길러냈다.

나는 언제부터인지 모르지만 감정에는 약한 편입니다. 조금만 불쌍한 사람을 봐도 마음이 언짢아 그날 기분이 우울한 편입니다.

수기의 한 대목을 보면, 그는 제 밥벌이에 골몰하기보다 남들의 삶을 제 마음속에 받아안는 일에 더 힘썼다. 건축 공사장에서 일하던 때의 마음이 일기책에 기록되어 있다.

---

39. 전태일은 어머니에게 어린 여공들이 졸린 눈으로 일하다 다리미에 화상을 입은 일, 먼지 많은 곳에서 폐병에 걸려 피를 쏟은 일, 작업반장에게 욕먹고 훌쩍인 일 등을 만날 들려줬다.

뚱뚱한 중년 남자와 마주 보고 삽질을 했지. 그의 러닝셔츠는 구멍이 벌집처럼 뚫렸고, 다 해어진 목장갑을 끼었네. 얼굴은 언제나 마도로스가 지평선을 바라보는 것처럼 늘 무표정일세. …… 얼마나 불쌍한 현실의 패배자냐! 얼마나 위로해야 할 나의 전체의 일부냐!

"너 살아갈 궁리나 똑바로 해라!" 현대 자본주의 사회는 사람들에게 이기利己를 가르친다. 이타利他는 이기에 아무 지장이 없을 만큼만 살짝 곁들이란다. 이타는 '해도 그만이고, 안 해도 그만'이란다! 그런데 다들 이기, 곧 자기 앞가림에만 골몰한 결과, 지금 같은 세계적 양극화의 사회가 만들어졌다. 이타의 사람들이 생겨나 이 사회를 뒤바꿔내지 못하는 한, 인류에게 미래는 없다.

잠깐 곁길로 빠지자. 아프리카 사자는 서너 마리 암사자가 협동해서 먹잇감을 얻는다. 사슴을 쓰러뜨려놓으면 덩치 큰 수사자가 어슬렁어슬렁 나타나 기름진 살코기를 제일 먼저 포식한다. 암사자들은 노동자요, 수사자는 자본가인 셈이다. 사냥 성공률은 30%에 불과하다. 한편, 아프리카 들개는 서른 마리가 너른 들판과 산을 둘러싸고 일제히 협동 작전을 벌인다. 이놈들은 하이에나보다 작다(30㎏에 불과하다). 저희가 잡아놓은 사슴을 사자가 뺏어가려고 하면 몸무게 200㎏의 사자한테 감히(!) 달려든다. 물어뜯길 것을 각오하고! 그들이 그렇게 용감해질 수 있는 비결은 제가 다쳐서 누워 있어도 동료가 먹을 것을 가져다주기 때문이다. 새끼도 함께 기른다. 들개 우두머리는 사냥을 지휘하는 데에 우두머리일 뿐, 먹을 것을 먼저 포식하는 지배자가 아니다. 들개의 사냥 성공률이 90%인 비결은 (그들 개체는 나약하고 왜소한 존재인데도) 철저히 이타의 사회적 삶을 살고 있기 때문이다. 인류는 사자 무리를 본받아야 할까. 아프리카 들개의 사회를 본받아야 할까?

다시 돌아오자. 전태일은 이 나라의 첫 노동자 세대였다. 일제강점기 때부터 산업 노동자가 일부 생겨나 노동해방과 민족해방의 올곧은 싸움을 벌이기도 했지만, 해방 정국(1945~1950년)과 한국전쟁(1950~1953년)을 겪은 결과, 남한에서 이 사회를 이끌어갈 노동자계급은 씨가 말라버렸다. 그러고 나서 1970년대 산업화 과정을 통해 첫 노동자 세대가 등장했다. 이들은 아직 노동자를 기계의 볼트와 너트, 곧 부품으로 부려 먹는 잔인한 자본주의 체제에 길들지 않았기에 제 영혼을 잃어버리지 않았더랬다. 자본가들에게 제 품을 파는 데에 감지덕지하는 굴종적인 임금노예의 근성에 아직 절어 있지 않은 때였다. 이들은 "힘없는 동료들끼리 서로 돕고 어깨를 겯는 사람이라야 사람답다"고 여기는 공동체적 품성을 고이 간직하고 있었다. 그 품성들이 전태일을 길러냈다(학교가 해준 것은 아무것도 없다).

전태일은 우리가 자본주의 체제와 맞서 어떻게 사회를 꾸려야 하는지 우리에게 첫 모범을 선보인 사람이다.

"사회적이고 공동체적인 삶으로써 자본주의의 야만과 맞서라!"

한편, 전태일의 깊은 기독교 신앙심을 본받자고 말하는 사람도 있다. 독실한 신앙심을 품은 사람들은 착한 일을 할 때가 많다. 전태일은 어머니를 따라 교회에 다닌 적도 있었다. 그의 일기 중에는 하느님을 살짝 불러본 대목도 있기는 하다. 기독교를 열심히 믿는 일부 사람 중에는 전태일처럼 이웃 사랑과 노동해방의 높은 사명감을 품은 사람도 없지는 않다. 하지만 한국 기독교인들 대부분은 자기 마음의 평화를 위해 신을 믿었지, 이웃 사랑의 투철한 과업을 받아안은 사람이 드물었다. 오히려 전태일한테서 깨달음을 얻은 기독교인이 많았지, 그에게 무슨 감화를 준 기독교인은 없었다. 전태일이 잠깐 교회에 다녔다는 사실을 교회 자랑의 구실로 써먹어서는 안 된다. 그의 일기는 오직 불쌍한 이웃들에 대한 근심 걱정으로 가득했지, 종교 신앙에 탐닉하는 얘기는 전혀 없다.

전태일을 "노동자 예수"라 칭송하는 이도 있다.[40] 그저 불쌍한 이웃을 도왔다고 해서가 아니라 제 목숨을 기꺼이 던질 만큼 그의 마음씨가 거룩하다는 것이다. 그의 마음은 유서에 잘 나타나 있다.

이 결단을 두고 얼마나 오랜 시간을 망설이고 괴로워했던가. …… 나는 꼭 돌아가야 한다. 불쌍한 내 형제의 곁으로, 내 마음의 고향으로. 내 이상의 전부인 평화시장의 어린 동심 곁으로. 나를 버리고, 죽이고 가마. …… 너희 곁을 떠나지 않기 위해, 나약한 나를 다 바치마.

전태일은 진정성의 화신이기도 하다. 진정성 있는 사람이란 깊은 내면을 갖고 있고, 마음속 성찰을 통해 드높은 사회적 도덕성을 길러낸 사람이다. 그는 수많은 일기를 썼다. 일기가 자기를 돌아보고 세상을 똑바로 살피는 내용으로 가득하다.

내가 얼마나 바보였던가. 장사 광주리를 이고 그 만원 버스를 타려고 안간힘을 다하시는 어떤 부인을 보고, 나는 그만 나 자신을 책망하지 않을 수 없었네. 보라. 얼마나 정직한, 충실한, 거짓이 없는, 생존 경쟁의 한 인간이냐?

---

40. 젊어서 노동 운동을 하다가 변절해서 새누리당에 들어간 전前 경기도지사 김문수도 "전태일은 노동자 예수다. 자기를 위해 죽지 않았다. 우파도 전태일처럼 불쌍한 여공들을 도와야 한다"고 말한 적 있다.

그는 노동해방·인간해방의 사상을 선취했다

그에 대한 이런저런 칭송의 말이 다 근거가 있지만, "그는 참된 사람이요, 그래서 혁명가"라고 말하는 것이 가장 무게 있는 비평이다. 전태일은 온몸에 화상을 입어 죽어가면서 어머니에게 이런 말을 남겼다.

캄캄한 암흑 속에서 연약한 시다(미싱사 보조)들이 배가 고픈데, 이 암흑 속에서 일을 시키는데, 이 사람들은 좀 더 가면 전부 결핵 환자가 되고, 눈도 병신 되고 육신도 제대로 살아남지 못해요. 이걸 보다가 나는 못 견뎌서, 해보려고 해도 안 되어서 죽는 거예요. 내가 죽어서 좁쌀만 한 구멍이라도 캄캄한 데가 뚫리면, 그걸 보고 학생하고 노동자하고 같이 끝까지 싸워서 구멍을 조금씩 넓혀서 그 연약한 노동자들이 자기 할 일을, 자기 권리를 찾을 수 있는 길을 엄마가 만들어야 해요. …… 목사들은 이웃을 사랑한다 하면서도 사랑하지 않아요. 말로만 했지 실천은 안 한다고요. 그런 예수는 믿지 마세요. …… 엄마, 배고프다…….[41]

그는 자신이 할 수 있는 것을 '다' 했다. 제 목숨을 던져서까지. 이렇듯 온몸으로 사랑을 밀고 나가는 사람을 우리는 '혁명가'라 일컫는다.

그는 배움에 목말랐다. 먹고살기 어려워 초등 4학년을 중퇴한 그는 열다섯 살에 다시 청옥고등공민학교(학력을 인정받지 못하는 야학 기관이었다)에 다녔을 때를 인생에서 가장 행복한 시절이라고 했다. 삶이 너무 무거워 이곳도 1년밖에 다니지 못했다. 그런데 그가 남긴 글을 보

---

41. 전태일의 어머니인 이소선 씨의 삶을 기록한 책 『지겹도록 고마운 사람들아』 참조.

면 그 짧은 학교 교육을 받고도 놀라운 사상을 스스로 깨쳤음을 알
수 있다.

> (나는) 인간을 물질화하는 세대, 인간의 개성과 참인간적 본능의 충
> 족을 무시당하고 희망의 가지를 잘린 채 존재하기 위한 대가로 물질
> 적 가치로 전락한 인간상을 증오한다. 어떠한 인간적 문제이든 외면
> 할 수 없는 것이 인간이 가져야 할 인간적 문제이다. 한 인간이 인간
> 으로서 모든 것을 박탈당하고 박탈하고 있는 이 무시무시한 세대에
> 서 나는 절대로 어떤 불의와도 타협하지 않을 것이며, 또한 어떤 불
> 의도 묵과하지 않고 주목하고 시정하려고 노력할 것이다. 인간을 필
> 요로 하는 모든 인간들이여. 그대들은 무엇부터 생각하는가? 인간의
> 가치를? 희망과 윤리를? 아니면 그대 금전대(돈주머니)의 부피를?

자세한 개념적 고찰이 뒷받침되지는 못했어도 이 글은 이미 근대
사회를 넘어설 변혁 사상(사회주의 이념)을 직관直觀으로 선취했다. 전
태일의 사상은 단순히 연대(풀빵 정신)와 사랑(노동자 예수)에만 머물지
않았다. 김홍중은 진정성의 시대가 그 내적 한계로 말미암아 저물었
고, 그 진정성을 역사적으로 지양해야 한다고 말한다. 하지만 그때, 지
양되고 넘어서야 할 것은 1980년대 학생 운동의 진정성이지[42] 전태일
이 우리에게 던져준 메시지가 아니다. 전태일의 삶은 단순히 진정성으
로 포괄할 수 없는 치열한 것이었다. 오히려 한국의 노동 운동은 "돈
이 아니라 사람이 으뜸"이라는 그의 변혁 사상을 충분히 밀고 나가지

---

42. 민주화 운동을 이끈 1980년대 학생 주체들을 386세대라 부른다. 이들은 '파쇼 독재 반
대'에 머물렀지 전태일의 노동해방·인간해방 사상을 충분히 받아들여 실천하지 못했다.
1970~1980년대의 노동 운동도 마찬가지로 전투적 치열함은 있었지만 근대 사회를 뿌리
부터 비판하는 안목과 전망을 확보하지는 못했더랬다.

못했다. "그의 사상은 한계가 있다"고 말할 일이 아니다.

그는 우리 곁에 살아 있다

전태일은 죽지 않았다. 예수가 기독교인의 마음속에 성령으로 살아 있듯이, 전태일도 그를 기리는 사람들에게 살아 있다. 잠깐, 미국의 노동자들이 불렀던 노래를 옮긴다.

지난밤 꿈속에서 조 힐을 만났지.
너와 나처럼 살아 있었네.
내가 말했지. "아니, 조, 10년 전에 죽었잖아?"
"나는 결코 죽지 않았네." 조의 말씀.

"구리회사 사장 놈들이 너를 죽였어, 조!
너를 쏴 죽였잖아, 조!" 내가 말했지.
"사람을 죽이려면 총 이상의 것이 필요하지."
조의 말씀. "나는 죽지 않았어."

거기 생명처럼 크게 서 있었지.
두 눈으로 미소 지으며
조가 말했지. "저들이 잊어버리고 못 죽인 것이
계속해서 조직하지."

"조 힐은 죽지 않았어." 그가 내게 말했지.

"조 힐은 결코 죽지 않는다네.

노동자들이 파업을 벌이는 곳이면 어디든

조 힐이 그들 편에 있을 것이네."[43]

조 힐은 20세기 초 미국에서 투철한 사회 운동을 벌인 '세계산업노동자연맹IWW'의 탁월한 조직가다. 미국 지배세력이 노동자들의 기세를 꺾으려고 허무맹랑한 구실을 들어 그를 죽였다. 하지만 그의 영혼은 미국 노동자들 마음속에 길이길이 살아남았다. 그는 미국판 전태일이다. 전태일과 조 힐과 또 누구누구는 서로 다르지 않은, 창공의 별들이다.

전태일이 우리에게 나직이 물었다. 나를 잊을 거냐고!

나를 아는 모든 나여. 나를 모르는 모든 나여. 부탁이 있네. 지금 이 순간의 나를 영원히 잊지 말아주게. …… 뇌성 번개가 이 작은 육신을 태우고 꺾어버린다고 해도 …… 그대 소중한 추억 속에 간직된 나는 조금도 두렵지 않을 걸세. …… 그대들이 아는, 그대 영역의 일부인 나. …… 힘에 겨워 힘에 겨워 굴리다 다 못 굴린, 그리고 또 굴려야 할 덩이를 나의 나인 그대들에게 맡긴 채, 잠시 다니러 간다네, 잠시 쉬러 간다네. 어쩌면 반지(돈)의 무게와 총칼의 질타(위협)에 구애되지 않을지도 모르는, 않기를 바라는 이 순간 이후의 세계에서, 내 생애 못다 굴린 덩이를, 덩이를 목적지까지 굴리려 하네. 이 순간 이후의 세계에서 또다시 추방당한다 하더라도 굴리는 데 굴리는 데 도울 수만 있다면, 이룰 수만 있다면…….

43. 이 노래는 1925년에 만들어져서 노동자 집회 때마다 두고두고 불렸다. 자본가들이 죽이지 못한 조 힐의 영혼이 널리 사람들 마음속에 퍼져서 노동자들의 조직을 만들어냈다.

그래서 우리는 그를 잊지 않기로 했다. 우리는 고유명固有名의 정치를 추구한다. 바꿔 말해, 우리가 벌이는 모든 사회활동은 다 '그의 것'이다. 전태일(을 따르는) 노동 운동이다. "우리 모두는 쓰레기요, 눈물 없는 볼트와 너트이지만, 또 우리 모두는 전태일이 될 것이다!"

인간의 역사는 어떤 무지개 같은 이념이 굴려 가지 않는다. 신에게서 권한을 위임받은 왕이 만들어가거나(왕권신수설王權神授說), 무슨 "세계정신"(헤겔철학의 표어)이 이끌어가거나 하는 것이 아니다. 역사는 사람들이 만들어내는 것이고, 어떤 참사람들이 앞장선다.

반지와 총칼을 움켜쥔 사람들의 자기 보존 욕망은 워낙 거세고 완강한 것이라 이를 물리치는 싸움은 지독하게 어렵다. 성경의 요한계시록에 나오는 아마겟돈의 전쟁(하느님과 마귀 간의 싸움)이 그토록 신비롭고 난해한 것도 그것이 세계 제국이었던 로마 제국의 반지와 총칼에 정면으로 맞서는 비장하고 처절한 싸움을 상징하여 나타낸 것이기 때문이다.

그래서 우리는 'OO주의主義가, OO정당이, OO종교가 인간 세상을 굴려 간다고 말하지 않는다. 그 대신에 '고유명사'인 예수와 시몬 볼리바르[44]와 전봉준과 호찌민[45]과 전태일이 "세상을 이끌었다"고 말한다. 악령의 나라는 워낙 완강하게 뿌리내린 열대우림의 원시목 같은 것이어서, 참사람의 영혼이 피투성이가 되어 그 첩첩 밀림을 헤치고 나아갈 때라야 가까스로 돌파되기 때문이다. 전태일이 앞장서 뚫어낸 한국 노동자들의 역사는 지금도 현재진행형이다.

전태일의 삶이 얼마나 열렬했는지는 인권변호사 조영래가 그의 수

---

44. 19세기 초 라틴아메리카의 독립운동을 선두에서 이끈 지도자.
45. 20세기 초중반 베트남의 민족해방 운동을 이끈 지도자. 베트남의 '국부國父'라 불린다.

기를 모으고 해설을 곁들여 1983년에 전기문(『어느 청년노동자의 삶과 죽음』)을 펴내고서야 널리 알려졌다. 1990년대에는 영화 〈아름다운 청년 전태일〉, 『만화 전태일』도 나왔다. 그의 어머니 이소선의 말씀을 기록한 최근의 책 『지겹도록 고마운 사람들아』는 전태일을 계승한 사람들의 이야기다. 어머니 이소선은 전태일이 "엄마, 배고프다……"면서 마지막 눈을 감는 순간, 정신을 잃었다. 대학생들이 찾아와 그 대학생들에게 아들의 인생 이야기를 들려줄 때에도 또 (말을 다 마치고는) 어김없이 정신줄을 놓았다. 그래서 여러분에게 가만히 말을 건넨다. "여기, 이 바보를 봐라! 이 진짜배기 사람을 봐라!" 하고.[46]

46. 작가 오도엽이 그의 어머니 이소선의 말을 전한 적 있다. "한번 태일이 이야기를 꺼내면 미쳐버려서 사흘을 아파서 누워 있어야 해." 신성神性이란 특별한 게 아니라, 진실한 인간성을 우러러 일컫는 말이다.

2부
우리의 역사

1 '동학'을 통해 역사를 내다본다

한국의 근대 역사는
동학농민혁명에서 출발한다.

새야 새야 파랑새야
녹두밭에 앉지 마라
녹두꽃이 떨어지면
청포장수 울고 간다[47]

동학농민혁명이 회갑을 두 번 맞았다. 사람 동네에서 회갑 잔치를 여는 까닭은 그분이 여태껏 사신 삶을 기뻐해드리고, 머지않아 삶을 마감하실 그분과 헤어질 마음의 준비를 미리 하려는 데에 있다. 그렇다면 회갑을 두 번이나 맞은 동학농민혁명도 나라 곳곳에서 성대하게 기념식을 치른 뒤 그 역사의 의의를 재빨리 잊을 만도 하지 않을까?

하지만 어디 요즘 사람이 회갑을 맞는다고 노인 대접을 받을까. 게다가 후손이 번성하고 잘 살아야 그 잔치도 떵떵거리게 차릴 수 있거늘, 요즘 그 혁명의 후손들이 살아가는 꼬락서니가 영 볼품이 없다.

---

47. 전봉준은 녹두장군이라 불렸고, 청포장수는 우리 백성을 가리킨다. 이 노래는 아이들 입을 빌려 세상을 말하는 참요(시대 상황을 암시하는 민요의 일종)다. "가보세, 가보세, 을미적 을미적 병신 되면 못 가리"라는 노래도 있었다. 을미년, 병신년까지 기다리지 말고 갑오년에 전쟁을 서둘러 끝내자는 속뜻이 들어 있는 참요다.

동학농민전쟁의 목표는 "봉건제도 없애라! 외세는 물러가라!"였거늘, 한 세기를 훌쩍 넘긴 요즘 오히려 외세는 더 기승을 부리고 있으니, 옛 선조를 추앙하거나 애도하고 재빨리 잊을 일이 아니라, 혁명에 실패했을망정 그분들의 부족한 지혜라도 빌려야 할 판이다. 그때의 역사가 지금도 진행형이므로 아직 우리는 잔치, 기념식을 벌일 때가 아니다.

옛 역사를 왜 불러내야 하는가?

왜 우리는 "우금치 마루에 흐르던 소리 없는 통곡"[48]을 다시 떠올려야 하는가? 동아시아의 정치 지형이 100년 전으로 되돌아가려고 꿈틀대고 있기 때문이다. 일본이라는 나라의 처지에서 이 역사를 보자. 일본 제국주의는 조선 농민군을 깨부수는 것을 시발점으로 하여 대외 침략을 개시했다. 세계 민중은 1937~1938년 일본군이 중국 난징의 무고한 시민 수십만 명을 학살한 것을 전쟁범죄로서 규탄한다. 그런데 일본군이 피 맛을 처음 본 것이 조선 농민과 맞닥뜨려서부터다. 일본 근대사는 그때부터 빗나가기 시작했다.

일본군 후방예비부대 19대대 1중대 2소대 2분대에 속한 어느 일본군의 진중일기가 최근에 발굴되었다. 그는 1895년 1월 전남의 나주, 해남에서 겪은 체험을 이렇게 기록했다.

우리 부대는 적(농민군)을 뒤쫓아 48명을 때려죽였고, 10명을 붙들어

---

48. 젊어서 죽은 가수 김광석이 부른 노래 〈이 산하에〉의 한 구절로, 동학농민군을 추모하는 말이다. 우금치 마루는 동학농민군이 패배한 곳이다.

서 숙소로 돌아가 고문하고 불태워 죽였다. …… 동학 잔당 7명을 붙잡아 (해남의) 성 밖에 있는 밭에 한 줄로 세워놓고 일제히 총검으로 찔러 죽였다. 구경하던 조선인들이 몹시 놀랐다. …… 나주성 남문 밖에 버린 주검이 680명에 이르렀다. 근처는 악취가 코를 찔렀고 땅이 사람 몸에서 나온 기름으로 하얗게 뒤덮였다.

그때 일본군은 조선인을 5만 명이 훨씬 넘게 죽였다. 같은 해에 벌어진 청일전쟁에서 죽은 일본인(2만 명)이나 중국인(3만 명)보다 훨씬 많다. 이때부터 일본은 동아시아의 패권을 움켜쥐었고 한반도는 사실상 식민지 신세로 굴러떨어졌다.[49]

교과서는 동학농민전쟁이 끝나고 나서 조선·대한제국이 벌인 정치 개혁이나 시민운동을 주저리주저리 읊조리고 있는데, 이는 역사의 흐름을 영혼 없이 겉핥기로 받아들이는 짓이다. 교과서는 동학이 있은 지 2년 뒤(1896년)에 독립협회가 『독립신문』을 펴내고 만민공동회를 여는 등 근대적 자유 민권 운동을 벌였고, 그 이듬해에는 대한제국이 광무개혁을 단행했다고 자세히 읊었다. 1905년 을사조약이 맺어진 뒤로는 항일 의병 운동이 일어났고, 신민회의 활동과 국채 보상 운동이 있었다고 끄적거렸다.

이것이 의미 있는 사건들인가? 『독립신문』이 한글로 발간된 것이나 민권 사상의 보급이 나름으로 뜻있는 것이기는 하다. 하지만 의미 있는 발전은 한 움큼밖에 되지 않는다. 조선 국가는 이미 일본군의 총칼 밑에 들어갔는데, 그 꼭두각시에 불과한 정부에서 무슨 세상을 바꾸는 정치 개혁이 나올 것이며, 일본 세력을 쫓아내지 않고서 무슨 자

49. 조선 민중이 제국주의에 격렬하게 맞섰고, 이를 진압함으로써 일본이 동아시아의 패권을 장악할 수 있었다는 점에서 이는 세계사적 사건이다.

유 민권 사회를 만들 것인가. 그때 독립협회나 신민회 활동을 벌인 사람들 가운데 나중에 친일파로 돌아섰거나 일본과 타협한 사람이 수두룩하다. 일본의 침략에 맞선 의병 운동만이 뒷

일본군에게 붙들려 죽임을 당한 독립군들.

날 우리 민족을 일으키는 데에 실질적인 선구자가 되어주었다. 동학군이 일본군에게 패배하면서 세상이 어느 꼴로 흘러갈지는 이미 정해졌더랬다. 교과서는 오히려 민중 속에서 어떤 정치적 각성들이 있었고, 그래서 훗날의 민족해방을 어떻게 준비했는지, 더 깊이 살폈어야 한다. 일본이 침략의 발톱을 들이밀건 말건 조선 정부가 무슨 훌륭한 정치를 벌일 수 있었던 것처럼 교과서는 서술하고 있는데, 이는 세상이 어찌 굴러가는지 똥오줌도 가리지 못하는 얘기다.[50]

동학농민혁명으로부터 51년이 지나, 일본 제국주의가 2차 세계대전에서 패배하고 일본은 자신의 역사적 잘못을 뉘우치며 평화를 다짐하는 새 헌법을 마련했다. 다시는 침략과 식민지 지배를 하지 않겠다고 전 세계에 공약한 것이다. 이 평화헌법은 누가 세웠는가? 일본 제국주의에 희생당한 2,000만 아시아 민중의 주검이 일본 국가로 하여금 새 헌법을 만들도록 강제했다. 이 사실을 잊으면 안 된다.

그런데 알다시피 그동안에도 일본 지배층은 아시아인들의 따가운 눈길을 무릅쓰고 걸핏하면 신사 참배에 나서서 국제적인 비난을 받았거니와, 근래에는 전후 체제에서 벗어나겠다며 아예 노골적으로 헌법

---

50. 21세기도 마찬가지다. 미국을 비롯한 외세가 우리 사회를 어떻게 옥죄고 있는지는 까맣게 외면하고서 한국 현대사를 서술하는 것은 세상을 수박 겉핥기로 살피는 것이다.

9조(군대 보유와 전쟁을 하지 않겠다는 조항)의 개정과 폐기를 부르짖는 자민당 세력이 정권을 잡았다. 70년 전에 전 세계에 했던 약속을 깨겠다는 말이다.[51] 근래 들어 중국과 일본은 틈만 나면 서로 으르렁대기 시작했다. 동아시아 여기저기에서 이미 포연이 모락모락 피어나고 있다.

엄밀히 말하면 한국전쟁 때 일본은 소규모 부대이긴 해도 남몰래 전쟁에 끼어들었다. '자위대' 자체가 그때 미국의 요청으로 만들어졌다. 이른바 일본의 집단적 자위권 행사를 세계 각국이 수긍한다면 앞으로는 미국의 요청만 있어도 일본 군대가 한반도에 들어올 수 있다. 한국 정부에는 전시戰時 작전권이 없기 때문이고, 그렇게 되면 한국군은 미국과 일본의 지휘를 받게 된다. 이 나라가 예속 국가임이 노골적으로 드러나는 것이다.

그러니 우리는 동학농민전쟁에서 죽어간 숱한 영령들을 구천으로 떠나보낼 수 없다. 아니, 제국주의 침략전쟁은 이제 옛일이 되었으려니 하고 여기며 구천에서 쉬고 있을 넋들을 부랴부랴 이승으로 불러내야 할 판이다.

'동학'은 우리에게 어떤 영향을 끼쳤는가

이승만 정권 시절(1948~1960년)만 해도, 교과서는 1894년의 농민전쟁을 '동학란'이라 불렀다. '란亂' 또는 '난'이란 세상을 옳게 바꾸는 혁명이 아니라 한갓 권력 쟁탈에만 열을 올리는 옳지 못한 짓이라는 뜻이

---

51. 일본 정부가 집단적 자위권을 선포하자 일본 고등학생들 사이에 두려움이 퍼져나갔다. "이제 우리가 전쟁터에 나가야 해요?"

다. 이 용어는 이승만 정권의 역사 인식이 어땠는지를 말해준다. 그가 민주주의자라는 탈은 썼을망정 '봉건 반대'의 대의도 무시했고, 어업 보호를 둘러싸고 일본과 마찰을 빚으며 마치 반일 투사인 양 뽐냈을 망정 속으로는 민족 저항의 역사도 수긍하지 않았다는 얘기다. 박정희 시대에 들어와서야 '동학'은 비로소 찬양의 대상이 되었다. "나는 동학을 복권할 줄 아는 훌륭한 혁명가올시다! 동학과 5·16은 둘 다 혁명이오!"라며 자기를 자랑하려는 마음에서 벌인 일이긴 해도 아무튼 그 복권이 다행스러운 일이기는 하다. 하지만 '동학농민혁명 참여자 등의 명예 회복에 관한 특별법'은 건국한 지 반 세기가 넘은 2004년에 와서야 비로소 제정되었다. 이는 자주(외세에 대한 저항)과 민주(반봉건 평등사상)에 대한 우리 사회의 인식이 한참 더디게 자리 잡았음을 말해준다.

글쓴이는 어린 시절에 주변에서 동학 관련 얘기를 들은 적 없다. 동학 참가자나 그 후손들은 오랫동안 자기들의 정체를 철저히 숨기고 숨어 살았기에, 일반 사람들에게는 그 역사에 대한 기억이 별로 전파되지 못했다. 하지만 동학이 활발했던 전라도·충청도·경상도의 삼남 지역에서는 "누구네 할아버지는 동학을 쫓아다녔다더라." 하는 자랑스러운 전설이 귓속말로 전해오기도 했다.[52] 그런 전설을 물려받은 후손이 박정희 반대 데모에도, 87년 민주 항쟁에도 더 참여했을 것이다. 과거의 역사가 지금의 역사를 만들어내는 힘으로 1세기 뒤에도 미약하나마 작동한다는 얘기다.

동학농민전쟁이 터진 지 25년쯤 지난, 20세기 초에는 어땠을까? 그때 민중은 동학을 어떻게 받아들였을까? 우리는 어떻게 해서 3·1운동

---

52. 『노동자, 자기 역사를 말하다』에 실린 노동 운동가 민종덕의 인터뷰 참고.

이 그렇게나 치열하게 터져 나올 수 있었는지를 따져 물어야 한다. 잠깐 3·1운동을 돌아보자.

대한민국 헌법 전문前文은 "유구한 역사와 전통에 빛나는 우리 대한국민은 3·1운동으로 건립된 대한민국 임시정부의 법통과 불의에 항거한 4·19 민주이념을 계승하고……"라는 글로 시작한다. 우리 국가의 뿌리가 3·1운동에 있다는 뜻이다. 반면에, 동학농민전쟁은 같은 해에 벌어진 갑오개혁과 동격의 사건쯤으로 별것 아니게 교과서에 서술되어 있다. 학생들은 3·1운동을 더 큰 사건으로, 동학은 작은 사건으로 받아들인다.

그런데 갑오'개혁'과 동격이라면 혁명이나 전쟁이 아닌 셈이다. 이 둘은 사회적 영향력이 훨씬 큰 것이니 개혁보다 훨씬 큰 비중으로 서술돼야 마땅한 것 아닐까? 그런데 나중에 더 언급하겠지만 "혁명이라 할 수 없다"고는 말할 수도 있다. 하지만 농민군이 일본과 조선, 두 나라의 연합군에 맞서 피투성이의 전투를 벌이고 수만 명이 죽어나갔는데 이를 전쟁이라 아니 부를 수는 없는 노릇 아닌가? 지금의 교과서는 민족의 역사를 이치에 맞지 않게 그처럼 주관적으로(!) 서술한 데에 대해 엄하게 비판받아야 한다(그렇게 서술한 데에는 은밀한 정치적 속뜻이 깔려 있다).[53]

3·1운동은 영국 언론인 프레더릭 매켄지가 보도해서 외국에 많이 알려진 반면, 동학농민전쟁은 그렇지 못했다. 다른 나라들은 그런 사실이 있었는지 모를 정도였다. 조선의 지배층은 동학교도들을 '비적(도

---

53. 대한민국은 '임시 정부'의 후예임을 못 박아야 북한과의 체제 대결에서 점수를 딸 수 있다. 또 동학은 거대한 계급투쟁인데(민족 저항의 성격은 일본군 개입 이후에 생겨났다), 사회 지배층은 피지배계급의 격렬한 도전을 싫어한다. 대놓고 말은 안 해도 동학은 은연중에 부담스러운 느낌으로 그들에게 다가간다. 반면에 3·1운동은 민족 운동일 뿐이었으니 얼마든지 칭찬해줘도 된다.

적)의 무리'라고 헐뜯어 선전했고, 조선 땅에서 무엇을 훔쳐갈까 하고 침만 흘리던 유럽 열강들은 조선 지배층과 한통속이었으니 말이다. 제국주의에 반대하는 뜻있는 지식인들이 유럽 사회에 변변히 생겨나지 않았던 때라서, 일본군의 한반도 침략을 고발할 이도 없었다. 동학의 역사는 자칫 은폐될 뻔한(!) 역사였다.

앞의 질문으로 돌아가자. 3·1운동이 터져 나온 비결은 어디에 있을까? 1926년에 시집 『님의 침묵』을 써서 굳센 독립정신을 퍼뜨린 민족 시인 한용운을 불러온다. 그는 일제 말 방귀깨나 뀌고 글깨나 쓴다는 사회 지도층이 너나없이 일본 군국주의의 앞잡이로 돌변해 조선 청년들에게 일본의 침략전쟁에 총알받이로 나가라고 선동하는 부끄러운 짓들을 벌일 때에 끝까지 절개를 지켜 젊은이들에게 본보기가 되었다.

대한민국 임시정부의 주석을 지냈고, 1948년 초에는 남한 단독 정부 수립에 반대하고 남북 협상을 이끌다가 암살당한[54] 민족 지도자 김구도 불러오자. 그 두 사람이 목숨이 다할 때까지 일제에 맞서 싸우게 만든 열정의 원동력은 언제 어디서 생겨났을까? 어렸을 때에 조선 농민 전체가 혁명과 전쟁에 일떠나선 동학농민혁명의 거대한 에너지를 몸으로 터득한 것이 그들의 삶을 평생 외곬으로 치닫게 했다! 김구가 쓴 자서전 『백범일지』의 한 대목을 옮긴다.

우리 동네 사람이 충청도 최도명 선생에게 동학을 배웠다는 얘기를 듣고 그를 찾아 나섰다. …… 갯골 오 씨 집에 다다르니 무슨 글 읽는 소리가 들리는데 마치 노래를 합창하는 것 같았다. …… 선비가

---

54. 당시 정부는 안두희가 암살했다는 것만 밝혀냈다. 그 배후에 누가 있을지는 코흘리개도 짐작할 수 있다.

내게 공손히 맞절을 해서 나는 황송해했다. 그러나 그는 선생의 훈계를 지켜 빈부귀천에 차별을 두지 않고 누구나 평등하게 대접하는 것이니 미안해할 것 없다고 했다. 나는 이 말을 들으니 딴 세상에 온 것 같았다. ······ 상놈 된 한이 골수에 사무친 나는 동학의 평등주의가 더없이 고마웠다.

한용운도 열일곱 살 때 동학의 세례를 받은 것이 그의 인생 서막이었다. 탄압을 피해 살아남으려고 그는 인적 드문 설악산 오세암에 들어가 머리를 깎았다. "아아, 님은 갔지마는 나는 님을 보내지 아니하였습니다. 제 곡조를 못 이기는 사랑의 노래는 님의 침묵을 휩싸고 돕니다." 학생들은 이 시 속의 님이 부처님이기도 하고 잃어버린 조국이기도 하다는 것을 무턱대고 외운다. 그분이 3·1운동 때 민족 대표 33인의 하나라는 것도 건성으로 기억한다. 그리고 3·1운동 때의 감격을 주체할 수 없어 이 시를 썼으려니, 지레짐작한다. 하지만 1919년에 그가 한 일은 서울의 종로2가 파고다 공원에 나가 기미독립선언서를 여럿이 같이 읽은 것뿐이다.

오등吾等은 자茲에 아我 조선朝鮮의 독립국獨立國임과 조선인朝鮮人의 자주민自主民임을 선언宣言하노라. 차此로써 세계만방世界萬邦에 고告하야 인류평등人類平等의 대의大義를 극명克明하며, 차此로써 자손만대子孫萬代에 고誥하야 민족자존民族自存의 정권正權을 영유永有케 하노라.[55]

55. 이 글투에 숨어 있는 뜻을 읽어보자. 일찍이 『독립신문』에서 한글 쓰기 운동까지 벌였는데, 최남선은 왜 이따위 알아먹지 못할 한문 투로 선언서를 썼을까? 널리 민중에게 읽힐 마음이 없었다는 뜻이다. 3·1운동에서 이른바 민족 대표 33인이 해낸 구실은 거의 없다. 선언서 내용도 민중을 들끓게 할 결기가 전혀 없다.

그리고 '민족 대표' 33인은 점잖게, 스스로 종로경찰서로 걸어 들어가 자수했다. 물론 철창 밖에서 들려오는 민중의 데모 소식에 가슴이 뛰기는 했으리라. 하지만 한용운 자신이 목숨을 걸고 3·1운동에 뛰어든 것은 아니다. 저희 몇 사람끼리 글 하나 읽은 것뿐이라 오래 갇혀 있지도 않았다. 오히려 그가 목숨을 걸었던 것은 어릴 적의 동학농민전쟁이요, 이것이 그가 세상으로 나아가 맞은 첫 싸움이었다. 이 체험에 비춰서 살펴야, 우리는 조국과 부처가 둘이 아니라는 뜻을 알 수 있다. 그에겐 세상을 뒤엎는 모든 민중의 싸움이 먼저요, 부처는 이 싸움을 이끌고 갈 등불로서 그에게 나중에 찾아왔다.

동학은 "우리 민중이 세상의 주인이 되겠다"고 나섰던 훨씬 담대한 싸움이요, 3·1운동은 식민지의 종살이를 거부하겠다는 의기는 드높았어도 갇혀 있던 민중의 소극적인 반발에 머물렀다. 김구의 사례에서 알 수 있듯이, 동학 때 수많은 민중은 세상이 뒤집혀서 새 세상이 열렸다는 감격에 다들 들떴다.

여기서 잠깐, 우금치(충남 공주) 마루에서 벌어진 전투 장면을 떠올려보자. 1894년 11월 초, 농민군 2만여 명은 관군 2,500명과[56] 일본군 200여 명이 버티는 우금치 고개로 진격했다. 농민군은 말이 군인이지, 군사 훈련을 받은 적도 없고 무기랬자 대나무를 깎아 만든 죽창과 쇠스랑 따위가 고작이었다. 일본군이 무서운 총과 대포를 갖고 있다는 것도 그들은 알고 있었다. 총알 튀는 소리는 몹시 무섭다. 농민들은 싸움터로 나아가면서 두려움을 누르려고 주문을 열심히 외웠다.[57] 아브라카다브라 또는 수리수리마수리 하는 주문이 아니다. "시천주 조화

---

56. 관군이 일본군과 합세해 민중을 적으로 돌린 순간, 조선 왕조는 목숨이 끊어졌다. 그 뒤로 한일병합조약까지 왕이랍시고 벼슬아치랍시고 행세한 놈들은 다 허깨비에 불과했다.

정 영세불망 만사지(侍天主 造化定 永世不忘 萬事知, 하늘님을 모시고 서로 잘 어울리면 세상일을 다 알게 된다)!"라고 되뇌었다.

하지만 그들이 진짜로 더 열심히 믿었던 것은 무엇일까? 바로 숫자의 힘이다! 적군이 아무리 무기가 강해도 떼거리로 달려드는 우리 민중 앞에는 당해내지 못한다! 그러니까 승리의 여신은 우리 편이다! 그때 나돌았던 "앉으면 흰옷으로 뒤덮인 백산白山, 일어서면 죽창이 하늘을 찌르는 죽산竹山"이라는 말이 이들의 기백을 말해준다.

농민전쟁 초기에 그들은 숫자의 힘이 얼마나 위대한지, 다들 겪어서 알았다. 하지만 우금치 고개로 기어오르는 동료들이 대포와 총알에 맞아 연거푸 자빠져 죽는다. '아, 나도 죽겠구나.' 하는 두려움이 전류처럼 온몸에 퍼진다. 그런데 왜 대장은 중간에 퇴각 명령을 내리지 않았을까? 왜 농민들은 죽을 줄 알면서 고개 위로 계속 기어올랐을까? 나는 죽어도 우리는 끝끝내 승리를 얻어 새 세상을 열어젖힐 것을 믿었기 때문이다. 또 우리에겐 돌아갈 길도 없다! 가슴 서늘하게도, 농민군 대부분이 죽고 나서야 전투가 끝났다.

농민군이 참혹하게 패배하고 민중 사이에 패배감이 휩쓸었을 것은 당연하다. 다들 숨죽이고 살았다. 하지만 그렇다 해서 그들이 맛본 새 세상, 곧 평등 세상의 기쁨이 뇌리에서 잊힐 리 없다. 목숨을 잃는 한이 있더라도 새 세상을 맛보고 싶다는 간절한 소망이 민중의 가슴속에 휴화산처럼 잠자고 있다가 25년 뒤에 다시 터져 올라왔다. 그러니까 동학의 뜨거운 분출이 없었더라면 3·1운동도 생겨날 수 없었다. 우리 민중에게 민족 자주의 굳센 의기를 불어넣어준 결정적인 싸움은

57. 실제로 있었던 이야기 하나. 농민군은 지도자의 신통술을 믿었다. 대장을 가마에 태우고 다녔는데, 계속 싸움에서 밀리기만 했다. "대장님! 어떡하면 좋을까요?"라고 누가 묻자, 대장이 한숨을 쉬며 "난들 알겠느냐"며 대꾸. 대장에게 아무런 신통술도 없음을 퍼뜩 깨달은 부하들은 놀라서 가마를 내려놓고 다 도망가버렸다고 한다.

3·1운동이 아니라 동학이다. 일본 지배층 놈들이 온갖 역사 왜곡을 일삼아왔지만, 가장 악착같이 오리발을 내미는 대목이 바로 1894년의 조선 침략 사건이라는 것도 기억해두자.[58]

동학은 전쟁인가, 아니면 혁명인가?

커다란 역사적 사건은 그 이름을 뭐라고 붙이느냐가 몹시 중요하다. 누구 한 사람의 죽음도 그것이 개죽음인지, 뜻있는 죽음인지 가리는 일이 유족에게는 목숨처럼 중요한 문제이거늘, 민중 전체에게 영향을 미친 사건은 더 말할 것도 없다.

동학을 놓고는 갖가지 이름이 나돌았다. 동학란, 동학운동, 동학혁명, 동학농민혁명, 갑오농민전쟁! 동학은 농민들을 싸움터로 불러낸 한갓 계기일 뿐이라고 여기는 학자는 갑오농민전쟁이라 일컫는다. 그런데 실상을 들여다보면 그 당시 민중은 농민군과 동학교도를 구분해서 보지 않았다. 동학교도만이 아니라 전통 유교를 믿는 사람도 싸움에 가담하긴 했지만(전봉준은 동학교도가 아니더라도 일본 놈들과 맞서 다 같이 싸우자고 호소했다), 그렇다 해서 동학이라는 이름을 뺄 것까지는 없다. 동학이 사람은 누구나 평등하다고 가르쳐서 밑바닥 백성에게 새 세상에 대한 꿈을 꾸게 한 것은 분명하니까 말이다. 동학사상은 유럽에서 들이닥친 제국주의라는 해일로 말미암아 중국 중심의 천하 질서가 무너졌던 커다란 시대적 충격을 주체적으로 감당하려 한, 그 나름으로 치열한 철학이었다. 또한 그 일깨움은 수많은 사람들이 새 세상

58. 일본 정부는 "동학은 조직적인 반일 저항이었다"고 써넣은 어느 역사 교과서를 채택 여부를 가리는 '검정'에서 퇴짜 놓은 적이 있다.

을 위해 싸우러 나서게 했다.[59]

싸움의 주체는 농민이다. 두 나라 군대와 대담하게 맞짱을 떴으니 전쟁이라 일컫는 것도 별다른 이견이 없다. 하지만 이것을 혁명으로 일컫는 게 옳은지를 두고는 학자들의 의견이 갈린다. 물론 혁명이라 해도 관군과 일본군에 패했으니 실패한 혁명이긴 하지만, 그들이 내놓은 청사진이 혁명이라 부를 만큼 원대했느냐 하는 질문이다. 전봉준이 대원군과 협력할 생각을 품었고 조선 왕조를 뒤엎을 역심逆心도 품지 않았으니 혁명에 미치지 못한다는 의견도 일리가 있다. 하지만 농민군 중에는 김개남처럼 왕조 교체를 부르짖는 지도자도 있었다.

사회변혁 프로그램으로 내건 것도 빈약하기는 하다. 하지만 동학군과 조선 정부가 휴전에 들어간 뒤로, 나라 땅 대부분(동학은 전라도와 충청도에서만 활약했던 것이 아니다)에서는 기존의 양반층이 누렸던 권세와 권위가 꺾이고 농민군이 새로운 사회 주도 세력으로 등장했다. 동학군은 제폭구민(除暴救民, 못된 탐관오리에게서 백성을 구제함)과 척왜양(斥倭洋, 일본과 유럽을 물리침)의 큰 뜻에 동의하는 사람은 누구나 동지로 받아들였으므로 양반 사대부 가운데서도 동조하는 사람이 늘어났다. 평민들에게는 신분 질서를 깨뜨리는 평등 세상이 감격으로 다가갔고,[60] 생각 깊은 양반들에게는 오랑캐를 막아내자는 대의가 무겁게 다가갔다. 나라를 위해 떨쳐 일어선다는 명분이 드높아 '새 세상'이라 부를 만하고, 실제로 나라의 지배 질서를 확 바꿔버렸다. 물론 농

---

59. 김상봉은 "한울이 곧 나이며 내가 곧 한울"이라는 동학이 한국 철학의 출발점이라고까지 단언한다. 동학사상의 후계자인 함석헌도 "눈에 눈물이 어리면 그 눈물 렌즈를 통해 하늘나라가 보인다"며, 역사를 만드는 민중이자 한울과 통하는 '참 나'를 가리키는 '씨알'의 사상을 부르짖어 잠자는 민중을 일깨웠다.
60. 동학군은 평민이 대접받도록 일상 문화를 바꿨다. 선비와 종놈이, 남녀노소가 서로 '접장'이라는 존칭을 쓰고 서로 공대했다. 평민과 종놈에게는 이런 세상이 바로 낙원이다.

민군이 패퇴한 뒤로는 도로아미타불이 되었지만, 아무튼 사회 지배층을 몰아내 사회 주도 세력을 바꾸는 것만큼 확실한 혁명이 어디 있겠는가.

역사를 읽을 때에는 '벌어진 일'만 고정된 것으로 받아들여서는 안된다. 여건만 좀 달랐더라면 이뤄낼 수도 있었을 일까지 풍부하게 상상해야 한다. 기록으로 남긴 것만이 아니라 백성이 부른 노래나 전설, 그림과 생활풍속까지 들여다봐야 한다. 농민군이 승리했더라면 그 역동적인 과정을 통해 세상이 어찌 바뀌었을지, 우리는 자세히 모른다. 설사 조선 왕조가 그대로 이어져가고 왕이야 남아 있다 해도, 신분 제도가 철저히 타파된다면 그것 자체가 시민혁명이다. 동학이 민중이 간절히 바라던 평등 세상에 대한 염원을 폭발적으로 끌어낸 것은 분명하므로 혁명이라는 칭호가 아까울 것이 없다.[61]

지배층의 눈길로 세상을 보지 마라[62]

역사를 읽는 눈길은 두 방향이 있다. 하나는 조감도鳥瞰圖처럼 높은 데서 세상 전체를 내려다보는 것이고, 또 하나는 낮은 땅 위에서, 그것도 대부분의 사람들 무리 속에 섞여서 주변을 둘러보는 것이다. 조감도를 들여다보면 세상이 다 보이는 것 같다. 동아시아에는 진나라와

---

61. 벌어진 일만 따지자면 4·19는 '의거(의로운 행동)' 수준에 머물렀다. 하지만 그 의거가 변혁 주체들이 일어날 공간을 열어준 것이 소중하여 '(미완의) 혁명'이라 부른다고 해서 틀렸다고 할 수는 없다. 하물며 민중이 새 세상을 꿈꾸며 폭발적으로 떨쳐 일어난 갑오농민전쟁이야 더 말해서 무엇하리.
62. 그 가장 극렬한 형태가 극우파 문창극처럼 식민지 역사를 "하나님의 뜻"으로 둘러대는 것이다.

한나라, 송과 당, 원과 명과 청이 있었으며, 유럽에는 그리스와 로마 제국과 프랑코 왕국이 태어났다가 스러졌으며 어쩌고저쩌고……. 세상 일을 다 알 것 같다. 잔뜩 외워두면 참 유식해져서 똥배마저 불러오는 것 같다. 물론 이런 앎이 있어야 세상 돌아가는 꼴을 웬만큼 알아챌 수 있으니 조금은 필요한 앎이기는 하다. 그런데 조감도만 들여다보고서 세상을 다 알았다고 자신하는 것은 위험천만하다. 갖가지 나라와 문명이 나타났다 사라지는 것이 죄다 허깨비 놀음일 수도 있기 때문이다. 이를테면, "하늘만 뚫린 감옥"에서 살아가는 팔레스타인 민중의 처지에서 세계 각국의 국민총생산 비교가 무슨 의미가 있을 것이며, 그들에게 가톨릭 교황이 인류 앞에 내놓는 따뜻한 메시지가 얼마나 가 닿을 것인가.

중2 사회책의 차례를 한번 보자. ① 문화의 다양성과 세계화, ② 글로벌 경제와 지역 변화, ③ 세계화 시대의 지역화 전략, ④ 자원의 개발과 이용, ⑤ 환경 문제와 지속가능한 환경, ⑥ 우리나라의 영토, ⑦ 통일 한국과 세계 시민의 역할. 이것이 조감도다. 문화는 이런 것이며 세계 경제는 저렇게 돌아가는데, 우리 도시는 요러한 발전 전략을 써야 쓰것고 환경 문제에는 조러한 대안이 들어맞을 것 같고 통일 한국의 비전은 요로코롬 마련해야 쓰것다……! 하늘 위에서 내려다보며 세상 이치를 다 말해주니, 이 앎을 우수하게 소화해낸 학생은 누구랄 것 없이 한국 정부의 고급 관리나 UN 본부의 사무처 직원으로 채용해야 쓰겠다. 그런데 그런 취직자리를 베풀 요량도 없으면서 그렇게 고매한 지식을 잔뜩 늘어놓는 것은 과연 누구 좋아하라는 공부일까?

이 모든 세상일을 다 헤아리는 작자, 곧 소설로 치자면 화자話者는 누구인가? 척척박사인 어떤 뛰어난 학자 또는 어떤 나라의 집권자(와 그 참모)이거나 UN 사무총장쯤 된다. 그 정도 되는 등급의 사람이라야 "인류가 세워야 할 환경 전략은 이런 것이니라!" 하고 모양 있게 읊 거나 "우리나라는 저런 발전 전략을 씁시다!" 하고 거룩하게 외치는 게 그럴싸해 보인다.

아직 머리에 피도 안 마른 학생들이 할 일은 사실 뭘까? 세계화니 자원 개발이니 그 먼 나라 얘기를 어떻게 능동적으로 토론하라는 주 문일까.[63] 그저 유식한 어른들 얘기를 덮어놓고 외우라는 거겠지. 교과 서가 갖가지 세상 얘기에 대해 한두 도막의 쪼가리 풍월을 좌르르 읊 는 것은 학생들더러 '세상을 배운 척'만 하라는 주문이다. 거기 적혀 있는 지식은 대부분 창자에서 소화되지 못한 채, 똥으로 배설될 것이 뻔하다.

조감도에서 읊어대는 얘기는 대부분 사회 지배층의 생각을 꼭두각 시처럼 대변하는 것이다. 이를테면 통일 한국의 미래상과 나아갈 길을 둘러싸고는 갖가지 쟁론이 나올 수 있다. 글쓴이는 정부 고위관리가 "통일이 되면 우리 대박 나요!" 하고 떠들 때마다 가슴이 철렁 내려앉 는다. 저런 식으로 가다가 자칫 잘못해서 우리 민족이 지옥행 열차를 타지나 않을까, 염려스러워서다. 물론 교과서는 정치인들보다야 신중 하니까 조잡스러운 표현을 떠벌리지는 않는다. 하지만 모두가 아니라 어느 한쪽의 의견을 대변한다.

교과서의 글 속에서 누가 말하고 있을까? 주어가 보이지 않으니, 어 느 특정 인물이 말하는 것은 아니다. 하지만 지배층에 속한 사람들 '끼 리'의 공통 의견을 마치 객관적인 사실인 것처럼 점잖게 떠벌린다. 한 마디로 간추리자면 "통일은 매우 유익하므로 국토 통일이 꼭 필요하

---

63. 기업은커녕 사람들 살림살이(경제)의 기초도 모르는 학생들에게 '다국적 기업'과 '세계 화'를 갑자기 들이대면 무엇을 공부하라는 걸까. 농업 사회(봉건 경제)에서 공업 사회(자 본 경제)로 넘어온 역사적 발전과정도 배우지 못한 학생이 최신 다국적 기업에 대해 제 대로 파헤칠 수나 있는가? 사회 교과 커리큘럼이 완전히 주먹구구다.

다"는 얘기다. 우리는 점잖은 얘기를 들을 때, 저 사람 또는 저 책이 무엇을 빠뜨렸을까를 캐묻자. 교과서는 통일을 말하면서 무엇을 빠뜨렸을까? 아니, 무엇을 숨기고 있을까?

북한은 남한 정권이 벌이는 이른바 흡수 통일 책동을 몹시 경계한다.

우선, 북한 사람들이 통일 문제에 왜 예민하게 반응하는지를 숨겼다.[64] 아니, 북한 사람들이 어떻게 생각하건, 남한 지배층이 욕망하는 것을 교과서는 점잖은 말로 고쳐서 전파하고 있다. 상대를 무시하고서라도 흡수 통일을 이루고 싶다는 속내를 드러낸 것이다.

남한과 북한의 통일을 가로막는 가장 큰 걸림돌은 한쪽이 자본주의 경제를, 다른 쪽이 사회주의 경제를 굴리고 있다는 사실이다. 자본주의 국가는 시장을 넓혀야 자본가들의 돈벌이 기회가 늘어나므로 사회주의 경제를 무너뜨리고 거기에 자본주의를 심고 싶어 안달한다.

그런데 사회주의 경제는 원래 '자본주의 체제는 글러 먹었다'는 깨달음을 바탕으로 하여 대안의 살림살이로서 탄생한 것이다. 낙원 같은 세상이 어디 하늘에서 갑자기 뚝 떨어지는 것이 아니므로 사회주의 경제는 오랫동안 좌충우돌과 우여곡절의 비틀걸음을 할 수밖에 없고, 그래서 북한 경제가 아직 미숙하리라는 것은 넉넉히 짐작된다. 그렇다고 해도 어쨌건 그 길로 가겠다는 것은 그들의 선택이다. 그리고 그 선택을 짓밟으면서까지 통일을 이루겠다는 것은 폭력이다. 그것은 자본가들의 주머니를 불려주는 통일이지, 동포 대부분이 자유와

64. 북한 정부는 그동안 자기들 체제에 대한 비난에 몹시 예민한 반응을 보였다. 미국과 한국, 일본이 합세해서 북한 정권 붕괴의 시나리오를 짜는 것을 경계하고 있기 때문이다.

평등을 더불어 누리는 통일이 아니다. 우리는 교과서가 남한 지배층의 자기중심적 팽창 욕망을 대변하고 있는 것이 아닌지, 엄하게 따져 물어야 한다.

2013년부터 남한 정부는 통일에 대한 애드벌룬을 잇달아 띄우기 시작했다. 2014년 봄에는 남한 군대가 북한에 대해 분란전(특수부대 투입)을 더 열심히 벌이겠다고 선포했다. 그런데 북한에 대한 대결을 고집하면서 평화 통일을 말하는 것은 양두구육羊頭狗肉, 늑대가 양의 가면을 쓰는 것과 같은 위선이다.[65] 아직 미국과 북한은 정전 협정만 맺고 있지, 언제 평화 협정이 맺어질지는 도무지 알 수 없다. 언제든 전쟁을 다시 벌일 수 있는 상태다.

또, 그동안 미국은 북한이 자본주의 경제에 흡수되는 것을 거부한다 해서 수십 년간 경제 봉쇄를 해왔다. 자본주의가 아닌 경제는 씨를 말리겠다는 폭력이 오랫동안 버젓이 벌어졌다. 앞으로의 통일 논의가 서로의 주권을 존중하는 차원에서 평화적으로 벌어질지가 우리 민족사의 장래를 크게 좌우할 것이다.

> **덧대기**
> 남한 사람 중에는 가난한 북한인들과 그 체제를 겉으로든 속으로든 얕잡아 보는 사람이 많다. '왜 못살게 되었을까?'라거나 '못살기는 해도 그 나름의 미덕이 있지 않을까?' 하는 의문은 품지 않고! 가난은 그 체제의 허술함 탓이 크겠지만 세계 경제에서 왕따를 당한 탓도 적지 않다. 거꾸로, 왜 한국 경제는 잘 나갈까? 한국 국가가 반공에 앞장선 덕에 경제 성장의 기회를 많이 얻었다는 점을 놓쳐서는 안 된다. 속된 말로, 우리가 잘나

---

65. 2014년 3월 남한 정권은 북한에 협력 사업을 제안하면서 '드레스덴 선언'이라 이름 붙였다. 노무현과 김정일의 '10·4선언'에서 이미 합의했던 얘기를 마치 새 제안인 것처럼 떠들었다. 그런데 10·4선언에 들어 있는 '평화 마련 방안'이 여기서는 빠져 있다. 그래서 그 선언의 진정성을 의심하는 것이다.

서(부지런해서, 똑똑해서 등등) 그런 것만은 아니다. 한국은 군대와 정치가 미국에 몹시 심하게 종속되어 있었다. 미국은 중국 사회주의(지금은 그 나라가 사회주의가 아니지만)와 대결해야 했다. 그래서 정치적·군사적 종속의 대가로 한국은 경제를 노략질하는 대상에서 많이 면제됐다. 베트남 파병으로 돈을 번 것을 비롯해 남을 짓누르는 몹쓸 짓을 벌인 대가로 우리가 더 윤택하게 산다는 사실을 겸손하게 헤아릴 때라야 세상 진실이 보인다.

땅 위에서, 이웃과 더불어 세상을 보라

섣불리 조감도를 뽐내는 사람은 프로크루스테스[66]의 침대에 인간 세상을 마구잡이로 끌어다가 맞춘다. "우리의 통일, 대박 나는 거야! 내 말은 무조건 옳아. 그냥 따라와, 짜샤!"

하지만 자유와 평등의 참세상을 바라는 사람은 교만하게 하늘 위에서 세상을 재판하지 않는다. 그는 가장 불행한 이웃이 겪고 있는 처지를 살피고, 그 이웃이 선 자리에서 세상을 보려고 애쓴다. 그는 노예가 있었던 시대보다 지금이 더 나아졌다고 섣부르게 안도하지 않는다. 지금도 노예나 별다를 바 없이 살아가는 사람들은 지금이 좋은 세상이라고 도무지 느낄 수 없기 때문이다. 노예는 아닐지라도 외톨이로 고립되어 살아가는 사람도 지금이 불행한 시대라고 느낀다. "자본주의 시대에 들어와서 우리, 먹고살 만해지지 않았니? 역사는 진보하는 거야. 그러니까 엔간한 불의는 그러려니 하고 수긍해라!"라는 싸구려 설교를 그는 거부한다. 내 배가 부르니까 남 걱정할 것 없다는 그런 안

66. 그리스 전설에 나오는 도둑. 잡아온 사람을 침대에 눕히고 그 다리를 침대에 맞게 강제로 늘이거나 잘라냈다.

일한 생각은 우리가 힘들여 고쳐내야 할 현실에 대해 멀거니 구경만 하게 만든다.

밑바닥 자리에서 세상을 보면 이 세상은 '비상사태'가 아닐 수 없다.[67] 성폭력에 시달린 사람의 눈물을 닦아주려면 세상의 숱한 마초(남자다움을 뽐내는 사람)들과 커다란 문화 투쟁을 벌여야 하지 않는가? 아프리카 아시아 민중의 굶주림을 해결하려면 세계의 부를 온통 휩쓸어가는, 한 줌도 안 되는 독점자본가들과 한판 싸워야 하지 않는가? 생태계 오염·파괴의 위기에서 벗어나려면 더 많은 재화를 누리려는 인류 대부분의 물질적 욕망과 대결해야 하지 않을까? 현실을 엄중하게 바라보지 않고서 어찌 암담한 현실을 고쳐낼 수 있겠는가.

역사는 '기억'이다. 사람들은 기억에 근거해서 현실을 바라보고 실천 방향을 찾는다. 그런데 역사책을 쓸 때, 승리자(지배층)는 자기들이 훌륭하고 옳았다는 결론을 끌어내는 데에 도움되는 자료만 편파적으로 뽑아 싣고, 불리한 자료는 빼버리거나 깎아내린다. 사람에게는 제가 보고 싶은 것만 보려는 못된 버릇이 있지 않은가. 승리자가 제멋대로 쓰는 역사가 얼마나 위험천만한지는 일본 제국주의자들이 발악하듯 저질러온 역사 왜곡만 봐도 알 수 있다. 자기들 지배가 옳았다고 우겨대려고 한국사를 얼마나 깎아내렸던가.

역사를 서술하는 데에 곧바로 쓰이는 1차 자료는 기록이다. 기록된 것은 사실일 가능성이 매우 커다. 그런데 방귀깨나 뀌는 지배계급은 기록을 남기는 데에 절대적으로(!) 유리하다. 똑똑한 글쟁이는 대부분 지배계급이고 그들은 처지가 유복해서 밥벌이 걱정 없이 책만 붙들고 있어도 된다. 이와 달리, 밥벌이에 여념 없는 밑바닥 민중의 이야기는

---

67. 벤야민의 말. "불행한 이웃의 눈물을 닦아주는 자리에서 세상을 보면 세상은 언제나 비상사태다."

'글'로 옮겨지는 일이 드물다.[68] 입에서 입으로 전해오는 전설은 자세하고 정확한 내용을 전달하기 어렵다. 그러니까 정직한 역사가는 기록을 믿어서는 안 된다. 밑바닥 민중의 기록되지 않은 진실이 어디 있을지, 대낮에도 등불을 켜고 찾아다녀야 한다.

역사를 서술하는 데에서 최대의 숙제는 기록 있는 놈들과 기록 없는 사람들 사이의 이 비대칭·불균형을 어떻게 넘어서느냐 하는 것이다. 우리는 성노예로 끌려간 이른바 위안부 할머니들의 눈물겨운 역사를 어떻게 해서 알게 되었는가? 일본 군국주의자 놈들은 자기들의 더러운 짓을 '없었던 일'로 지워버리려고 미쳐 날뛰었다. 한국의 관리들은 어쨌는가? 나 몰라라 하며 세월만 죽이고 살았다. 그 절망의 삶을 살았던 당사자들이 바락바락 악을 쓰며 외치지 않았던들 제국주의의 야만성을 증언해줄 그 역사가 고스란히 망각의 늪 속에 묻힐 뻔했다. 그러니까 참된 역사를 발굴해내려면 거짓과의 한판 싸움이 긴요하다. 『아큐정전』을 쓴, 20세기 중국의 위대한 지성 루쉰이 갈파했다. "먹으로 쓴 거짓은 피로 쓴 사실을 덮어 가릴 수 없다!"고.

땅 위에서 이웃과 더불어 역사를 헤아리는 사람은 곳곳에서 불행한 이웃의 한숨 소리를 듣는다. 이집트의 피라미드를 견학하고 그 걸작을 만든 천재의 슬기에 감탄하면서도, 무거운 돌덩이들을 밀어올린 숱한 선조들의 끔찍한 노동을 떠올리며 눈물짓는다. 그는 문명의 산물 속에서 야만의 흔적부터 읽어낸다.

벤야민의 널리 알려진 비유에 따르면, 인류 역사를 떠맡은 천사의

---

68. 노동 운동의 역사가 자세히 전해지지 못하는 까닭은 그들 중에 글쟁이도 드물고 글을 쓸 생활의 여유가 없어서다. 『노동자, 자기 역사를 말하다』라는 책을 보면, 싸움을 덜했던 노동조합에는 활동 기록이 남아 있는데 싸움이 치열했던 노조는 (쓸 거리는 더 많았는데도) 기록이 없다고 한다. 싸우느라 바빠서 기록할 틈이 없었다.

눈길은 과거를 바라보고 있다. 파편이 산더미처럼 불어나 쌓여간다. 천사는 죽은 자들을 거기서 일으켜 세우고 싶지만 폭풍이 천국에서 거세게 불어와 그를 그가 등지고 서 있는 미래 쪽으로 자꾸 떠밀어간다. 그는 차마 제 날개의 방향을 돌릴 수가 없다. 대부분 인간은 제 앞가림에만 눈을 가두고 있지만, 영혼 깊은 (그러나 연약한) 천사에게 이 세상은 파국이다. "아, 저 사람들을 구해내야 할 텐데……" 그는 유럽 화가 뭉크의 그림 〈절규〉처럼 충격받아 벌어진 입을 다물지 못하고 있다.

누가 옛 선조들의 눈물겨운 삶의 자취를 찾아 나서는가? 서로 죽이 맞아 즐겁게 지내는 남녀는 연애시를 꺼내 읽지 않는다. 학벌, 경제력 같은 조건 따지고 주판알 튕겨서 맞선을 보는 남녀는 더더욱 그렇다. 어쩔 수 없이 헤어져야 하거나, 오랜 사귐이 실망으로 바뀌었거나, 아무튼 사랑이 위기에 빠진 남녀만이 제 간절한 마음을 대신하여 표현해주는 연애시를 꺼내 읽는다.

마찬가지다. 지금의 사회가 심각한 위기에 빠져 있다고 절박하게 느끼는 사람이 옛 역사의 흔적을 찾아 나선다. 우리는 과거에 있었던 민중 투쟁의 역사를 되살려낼 뿐 아니라, 거기서 지금의 현실을 바꿔낼 희망도 읽는다.

"동학농민전쟁이 그때 민중에게 새 세상에 대한 감격을 불러내게 했다면, 우리 못난 후손들이라고 그러지 못하라는 법이 어디 있는가!" 한편, 우리에게는 옛 민중의 역사를 구원해낼 임무도 있다.[69] "제국

---

69. 벤야민은 메시아(구세주)는 다름 아니라 '우리 자신'이랬다. 옛 선조들의 숨결을 살려내고 이 사회에 희망을 불어넣을 사람이 우리 말고 누가 있는가. 그런데 위풍당당한 메시아가 아니라 예수처럼 조롱받으며 골고다 언덕을 비틀비틀 올라가는 나약한 메시아다. 미래의 희망은 참으로 연약한 미풍처럼 불어온다.

주의는 옳았다"며 미친 헛소리를 해대는 세계 제국주의자들과의 대결에서 우리가 여지없이 패배한다면, 그들이 역사책을 다시 쓸 것이다. 동학농민혁명은 다시 동학란으로 이름이 바뀔 것이고, 일제에 대한 역사적 비판은 "일본의 조선 통치는 조선 백성을 매우 이롭게 했다"는 찬양론으로 둔갑할 것이다. 그에 맞서 싸운 숱한 민중이 남긴 삶의 자취들은 스팸메일처럼 쓸데없는 자료들로 취급되어 쓰레기통 속에 버려질 것이다.

갑오경장이냐, 동학농민전쟁이냐?

2013년 말에 한국의 집권자가 대중에게 잠깐 역사를 설교했다. 2014년 갑오년을 가리켜 "120년 전의 갑오경장[70]은 성공하지 못했다. 이번에는 꼭 성공하는 경장更張[71]의 미래가 될 수 있도록 해달라"고 분부했다. 그는 자기를 조선 말기 '개화파'와 동일시했다. 우리는 한국 지배층의 역사 인식과 우리의 그것이 하늘과 땅만큼 다르다는 것을 새삼 확인한다. 같은 해에 벌어진 두 사건인데, 그들의 눈길 속에는, 농민전쟁은 들어 있지 않고 개화파 정부의 갑오개혁이 들어 있다. 그들은 '갑오개혁이 성공했더라면⋯⋯.' 하고 아쉬워하고, 우리는 '농민군이 승리했더라면⋯⋯.' 하고 아쉬워한다. 동학을 '동학운동'이라 이름 붙인 교과서는 은연중에 지배층 쪽으로 기울어져 있는 셈이다. 그때 일본의 꼭두각시에 불과한 지배층이 어떻게 정치를 했는지에 주로 눈길이 가 있고, 민중의 저항은 곁다리로 끼워 넣은 데에 불과하다.

70. 요즘은 갑오개혁이라 부른다. 일본을 등에 업고 개화파 내각이 여러 개혁을 단행했다.
71. 정치적·사회적으로 묵은 제도를 새롭게 개혁하는 것을 뜻한다.

갑오개혁에 다소 진취적인 내용이 들어 있는 것은 사실이다. 요컨대, 케케묵은 신분 제도를 드디어 없앴다. 그런데 이것이 누구 덕인가? 전쟁까지 벌인 농민들을 달래려는 수작이었고, 민중이 들고일어나지 않았더라면 단호하게 신분제를 없앴을지 어떨지 알 수 없다. 또 일본군이 조선의 농민군과 청나라 군대를 무찌르고 나서는, 일본군이 실세가 되었고 개화파 내각은 꼭두각시가 되어버렸으니, 개혁이랄 것도 대부분 실종해버렸다. 그런데 한국의 지배층은 이런 꼭두각시 정부에 희망을 건다는 말인가? 개화파 내각의 김홍집 등은 결국 광화문 네거리에서 일본의 침략에 분노한 민중이 던진 돌멩이에 맞아 죽었다. 역사책을 자세히 안 읽어서 그 개화파 꼭두각시들이 그런 운명을 맞았다는 것을 모른다는 얘긴가?

한국의 지배층 중에는 식민지 근대화론에 솔깃해하는 사람이 한둘이 아니다. 식민지 근대화론이란 "일본이 우리를 식민지로 삼아준 덕분에 우리가 지금과 같이 번영하게 되었다"고 여기는 식민지 긍정론이다. 일본이 경부 철도도 깔아주고, 흥남에 커다란 비료공장도 세워주고…… 그 덕분에 얼마나 공업이 발달했느냐는 게다.

한 민족에게서 스스로 제 역사를 만들어갈 기회를 빼앗았다는 것은 그들 눈에 보이지 않는다. 한 민족이 노예 백성으로서 모욕을 받으며 살아가는 처지가 얼마나 참혹한지는 그들이 이해하지 못한다. 그들은 일제가 다스리는 나라에서 호강을 누렸던 몇몇 친일파 지주地主들과 자기를 동일시한다(실제로 현재의 지배층 상당수가 친일파의 후손이다). 그들은 민중을 은연중에 경멸한다. 유영익 국사편찬위원장은 예전에 "한국이 독립을 지키지 못한 까닭은 민중의 도덕적 수준이 낮기 때문"이라고 솔직한 속내를 드러낸 적도 있다.[72]

2014년 6월 중앙일보 논설위원 출신 문창극이 국무총리 후보로 지명됐다가 여론의 화살을 맞고 낙마했다. 그가 교회 강연을 다니며 "일제의 식민 지배와 남북 분단은 (게으르고 자립심이 부족한 민족성을 바꾸게끔 시련을 주려는) 하나님의 뜻"이라고 떠든 것에 국민이 분노했기 때문이다. 일제강점기 친일파들의 '민족 개조론'과 판박이 같은 말이다. 그는 대한민국 정부가 뒤늦게나마 이승만 정부가 저지른 '양민 학살'로 인정한 '제주 4·3항쟁'에 대해서도 '폭동'으로 깎아내렸고, "일본에 위안부 문제로 사과할 필요가 없다"고 말해 일본 정부를 돕기까지 했다. 그는 우리에게 한국 역사의 서술을 송두리째 뜯어고치자고 덤벼들었다.

아직 민주화 시대의 열기가 남아 있었던 얼마 전까지만 해도 그들은 이 얘기를 (민중의 눈치를 살피며) 변두리에서만 나직하게 읊조렸다. 그러나 근래 들어서는 대담해졌다. 그들은 부실 덩어리인 '교학사 교과서' 채택을 밀어붙이면서 "역사전쟁"[73]이라고 스스로 자랑했다.

이는 뉴라이트 운동의 하나로, 그들의 운동 목표는 북한에 대한 긍정적 역사 서술을 가로막는 것이다. 북한은 철저히 실패한 국가이고 같은 민족으로서 통일해야 할 대상이라기보다는 남한의 자본 축적을 방해하는 요인이라는 것이다.[74] 그들은 유아론자唯我論者다. 그들은 그런 관점으로 서술한 교학사 교과서가 한국의 학교 대부분에 배포될 것을 희망한다. 그런데 전쟁이라는 낱말은 논쟁의 상대방을 적으로 여

---

72. 1996년 『한국논단』에 실린 글 참고. 그는 "한일합방 직전 이승만이 짐승과 같은 저열한 상태에 빠진 한국인들을 기독교를 통해 거듭나게 할 생각"이었다고 그 글에 썼다. 이번 2014년 봄 세월호가 침몰했을 때 실종자 가족들이 대통령에게 거칠게 항의한 데에 대해 새누리당 정몽준 의원의 아들이 "국민이 미개하다"고 흉을 봤다가 말썽이 나자 정몽준이 사과한 사례도 이런 관점과 연관되어 있다. 지배층이 대대로 국민을 은연중에 경멸해 왔다는 방증이다.
73. 새누리당 김무성 의원이 2013년 9월에 한 발언.
74. 2013년 9월 26일 자 『슬로우뉴스』에 실린 이재빈의 글 「역사전쟁의 서막」 참고.

긴다는 뜻이다. 그들이 얼마나 살벌하게, 사생결단하는 마음으로 나서고 있는지 이 낱말을 보면 알겠다.

그들은 일본의 졸개였던 개화파의 후예답게 일본 지배층이 요즘 평화헌법을 뭉개버린 것을 박쥐처럼 간신처럼 두루뭉술하게 대응하고 있다. 그들은 성노예 범죄를 사과한다면 집단적 자위권은 수긍하겠다는 식의 가증스러운 꼼수를 부렸다. "그 권리를 행사할 때에는 한국 정부와 협의해야 한다"고 주문하는 것은 그 권리를 수긍한다는 전제에서 나온 말이다. 그런데 실제로 긴박한 상황에서는 그런 협의 따위는 휴지 조각에 불과하므로, 사실 아무런 반대도 하지 않은 셈이다.

간추리자. 하늘 위에서 세상을 내려다보는 사람들(지배세력)의 역사 인식과, 땅 위에서 이웃을 돌아보는 사람들(피지배계급)의 역사 인식은 지금 구체적인 현실에서는 식민지 근대화론과 동학농민혁명론이라는 두 앎의 형태로 충돌하고 있다. 전자는 물자와 재화의 분량이 얼마나 늘었느냐를 열심히 계산해서 제 근거를 대고 있다. 후자는 그런 계산이 다 하릴없는 짓이라고 단칼에 잘라버린다.

"겨레가 주권을 빼앗기고 나라를 잃었는데 무슨 놈의 발전이고 근대화라는 말이냐!"

오히려 양반 질서 타파의 민주혁명과 민족 주권을 본때 있게 추구한 농민전쟁을 통해 우리는 근대 사회로 나아가는 첫걸음을 뗐다. 물론 그 싸움에 패배해서 겉으로는 일제의 손아귀 속으로 들어갔지만, 그 뒤로 줄기차게 이어진 저항을 통해 (같은 '민족'이라는 정체성을 그다지 뚜렷이 품고 있지 않았던) 사람들을 하나의 민족으로 엮어내고 정치적 독립의 주체를 만들어갔으니, 우리 민족의 근대는 그때부터 시작되었다. 일제 놈들이 가져다준 선물(경부 철도 따위)[75]을 통해서가 아니라, 양반 질서를 때려 엎고 오랑캐들과 맞짱 뜬 기백 있는 민중 세력

(정치적 주체)이 탄생함으로써!

아시아 대륙에서 민족은 제국주의의 침략에 맞서 싸우는 과정에서 본격적으로 형성되었다.[76] 'nation'이 우리말로는 여러 가지로 번역된다. 민족, 국민, 나라……. nation은 결국 '사람들'이다. 그런데 어떤 사람들인가? 제국주의 세력 밑에서 한동안 '2등 시민'으로 살았으나, 끝내는 자기의 남다른 정체성과 주권을 되찾은 사람들! 그렇게 오랑캐들과 싸우는 과정에서 근대 문물도 익히고 평등 사회의 원리도 더 궁리하고 연구하여, 신분제 불평등 사회를 성큼 뛰어넘어 '근대'를 성취해간 사람들!

이 주체가 처음으로 강력하게(!) 분출해 나왔기에 우리는 동학농민혁명을 근대로 넘어온 갈림길이라고 일컫는다. 동학을 일으킨 사람들이 얼마 뒤 3·1독립투쟁에 나섰고 1920년대에 농민 운동과 노동 운동의 밑바탕을 깔았으며, 1930년대에 만주 지역에서 강고한 독립투쟁의 기지를 건설했다.

우리뿐만이 아니다. (중국이든, 인도든) 아시아 민중에게 근대는 제국주의의 침략과 더불어 시작되었다. 그 제국주의는 그저 덩치 큰 왕국을 말하는 게 아니다. 자본주의가 커짐에 따라 바깥으로 시장 확대와 자본 진출의 팽창 욕망을 품게 된 국가 체제를 가리키는 말이다. 일본이 그 대열에 마지막으로 합류했다. 그리고 침략과 더불어, 그에 맞서는 정치적 주체들이 곧바로 생겨나기 시작했다. 1948년, 남한에 반쪼가리 국가가 들어설 때, 헌법 첫머리에 "3·1운동을 물려받아 생겨난

75. 그것이 "식민지의 선물"이라는 말엔 강자 숭배가 들어 있다. 조선 민중이 철도를 깔았지, 일제가 깔았는가.
76. 무슨 "유구한 전통의 단일 민족" 어쩌고 하는 미사여구는 한국 민중의 역사가 어떻게 흘러왔는지, 실사구시하지 않은 사람들의 헛소리다. 고조선 때? 그때는 한(韓)민족이 없었다!

대한민국 임시정부의 법통을 이어받았다"고 적어 넣었는데, 이 글귀도 언제부터 우리 사회에 근대가 시작되었는지를 암암리에 말해준다.[77]

2008년, 세계 경제는 1929년의 대공황에 버금가는 경제 대공황을 맞았다. 자본가들이 80년 전에 한 차례 홍역을 치렀던 탓에, 위기가 터지는 것을 땜질하고 얼버무리는 기술이 제법 늘었다. 헬리콥터로 돈을 마구 퍼부어서 어쨌든 수많은 자본이 무너지는 사태는 막아냈다. 하지만 그게 공황을 해결했다는 얘기는 아니다. 돈 퍼붓기, 다시 말해 통화通貨의 양적 완화[78]로 말미암아 인류 경제는 속으로 곪아 들어가 새로운 모순을 낳고 있다.

지금 인류 사회에 전쟁의 정세가 점점 짙어지는 것도 경제공황의 결과다. 그런데 언젠가 전쟁이 터진다면 가장 끔찍한 전쟁은 동아시아에서 벌어질 개연성이 가장 크다. 미국과 유럽과 일본이 중국과 러시아를 제물로 삼아 공황에서 벗어나고 싶어 하기 때문이다. 동아시아에서 19세기 말의 역사가 다시 (비슷하게라도) 반복될까? 아니라고 자신 있게 말할 글쟁이들이 별로 없을 것이다. 앞으로 10~30년 안에 동아시아에서 미국·일본과 중국 사이에 전쟁이 벌어질 가능성이 적다고 결코 단언할 수 없다. 그럴 때, 한반도가 전쟁의 포연에서 벗어날 것 같지 않다.[79]

---

77. 남한의 지배세력 주류가 식민지 근대화론을 떠들려는 욕망은 이 엄연한 사실과 충돌하므로 종종 오락가락한다. 요즘 대외 팽창욕을 뿜어내는 일본의 지배세력을 맞아, 남한의 수구 보수 세력은 민중에게 불신을 사지 않으려고 일본과 강경하게 대결해야 할지, 양국이 사이좋게 지내라는 미국의 압력에 따라야 할지, 눈치를 보며 박쥐같이 처신한다.
78. 앎이 얕은 사람은 이 말뜻을 알기 어렵다. 지배층은 자기에게 불리한 사실을 이처럼 알아듣기 어려운 용어로 나타낸다. 이 말장난은 민중이 경제 위기를 별것 아니게 여기도록 얼버무리겠다는 정치적 속뜻을 담고 있다.
79. 가라타니 고진의 『자연과 인간』 참고. 그는 동아시아 정치 지형이 120년 전과 매우 흡사하다면서 일본이 미국에 붙으면 중국과의 전쟁에, 중국과 손잡으면 미국과의 전쟁에, 어느 길이든 전쟁에 휘말릴 가능성이 크다고 예견했다.

그래서 전봉준 장군은 아직 우리 곁에 있다. 그가 예나 제나 저 남녘 들판에서 우리에게 쉰 목소리로 외친다. "제폭구민! 척왜양!" 반세기 전에 신동엽 시인이 목을 놓았던 노래를 지금의 우리도 또 목이 메어 불러야 한다.

껍데기는 가라
4월도 알맹이만 남고
껍데기는 가라

껍데기는 가라
동학년 곰나루의, 그 아우성만 살고
껍데기는 가라

그리하여, 다시
껍데기는 가라
이곳에선, 두 가슴과 그곳까지 내논
아사달 아사녀가
중립中立의 초례청 앞에 서서
부끄럼 빛내며
맞절할지니

껍데기는 가라
한라에서 백두까지
향그러운 흙가슴만 남고
그, 모오든 쇠붙이는 가라

덧대는 말: 중학교 국사책 따져 읽기

국사책은 우리의 역사를 국가 중심으로 서술한다. 예를 든다. "조선은 건국 초기에 영토를 넓히려는 정책을 써서 한반도 남쪽 백성을 북쪽으로 이주시켰다. 한편, 명나라와 친선 관계를 유지했"고 국사책은 적어놓았다. 사민徙民 정책이라 일컫는 것이다.

국가 지배층의 눈으로 보자면야, 조선국이 커지는 게 좋은 일이다. 하지만 조선 백성의 대부분을 차지하는 피지배층의 눈으로 보면 그것이 반드시 좋은 일은 아니다. 조선 왕조가 농법 개량에 힘써서 백성의 살림살이를 다소라도 윤택하게 한 것이야 진취적인 통치이지만, 영토 확장이라면 꼭 민중에게 '진보'라고 보기는 어렵다.

조선 초기, 영토 확장 정책으로 조선의 지배층은 두 다리를 쭉 뻗고 자게 되었다. 그러나 한반도 남녘에 살다가 강제로 북녘으로 옮겨 가야 했던 가난한 농민들에게 그 '사민 정책'은 그들의 삶의 기반을 느닷없이 빼앗아버리는 처사였다. 예전처럼 삶의 기반을 마련하기까지 숱한 고통을 겪어야 했고, 어떤 사람은 이주 과정에서 목숨을 잃기도 했으리라. 이렇게 힘없는 숱한 민중을 닦달한 결과로 조선 왕조와 그 지배층은 역사의 주도층이 되었다. 닦달당한 사람들 얘기는 역사책에 쉽게 실리지 않으니, 우리는 기록되지 않은 진실이 어디 있을지 늘 촉각을 곤두세워야 한다.

국사책은 고려와 조선 왕조가 이러저러한 학교를 세웠다고 서술한다. 글쓴이는 중학교 때 "고구려에는 태학과 경당이라는 교육 기관이 있었다"는 것까지 외웠던 기억이 난다. 그러니 학생들은 자기 자신을 고구려나 고려의 지배층과 동일시하게 된다. "세상에는 학교가 있고, 우리는 당연히 학교에 간다"고! 그러나 고구려나 고려 때, 심지어 20세기 전반만 해도 백성 대부분은 학교에 가지 않는 것이 당연했다! 학교는 왕과 귀족의 자식 몇몇만 다닌 곳이었으니까. 학교는 세상을 움직인 주도적인 기관도 아니었다. 21세기의 교사는 학생들에게 이렇게 일러줘야 한다. "여러분 대부분의 선조들은 학교와 아무 인연이 없었다. 그러니 옛날의 학교 이름 같은 것, 외워둘 필요 없다. 지금 여러분이 나랏돈으로 학교에 다닐 수 있게 된 것은 여러분 선조들이 더디게나마 역사의 주체로 발돋움해온 덕분이다"라고!

역사 교과서의 화자에게 피와 눈물이 있다면 김구 선생이 젊어서 동학에 얼마나 감격해했는지, 또 일본군이 농민군을 무찌르고 나서 그 남은 세력의 씨를 말리려고 얼마나 미쳐 날뛰었는지 생생하게 알려주는 글을 실었어야 한다. 전라남도 바다의 섬 지역에는 일본군이 동학에 참여한 사람들을 바다에 빠뜨려 죽였다는 이야기가 전해져오는데, 벌어진 일들을 겉핥기로 서술한 탓에 교과서는 학생들에게 민족 자주의 가치를 별로 일깨워주지 못한다.

교과서는 1884년 갑신정변이 실패한 원인으로, 개화사상이 국민 속에 퍼지지 못해 민중의 지지를 받지 못했고, 개화파가 일본의 힘을 빌렸기 때문에 국민의 반발을 샀다는 점을 들었다. 1894년 갑오개혁이 제대로 시행되지 못한 까닭도 사회적 불안과 일본의 간섭에 대한 국민의 반감 탓이었다고 서술했다.[80] 농민들이 바라던 토지 제도 개혁이 포함되지 않은 탓이라고도 했다. 교과서는 또 1896년 탄생한 독립협회가 독립운동 전개에 큰 영향을 끼쳤다고 긍정적으로 서술한다. 독립협회는 독립문을 세우고 『독립신문』을 펴냈으며, 서구 열강이 우리 이권을 빼앗는 것을 반대했고 만민공동회를 열어 대중에게 독립의식을 불어넣었다고 한다. 교과서는 또 2007년 일어난 국채 보상 운동도 경제 구국 운동이라며 꽤 의미 있는 운동이라고 서술했다.

앞의 개화파 비판은 맞다. 뒤의 독립협회 칭찬도 맞을까? 이 두 얘기는 서로 충돌한다. 앞의 얘기가 옳다면, 독립협회도 칭찬해줄 구석이 전혀 없는 것은 아니라 해도 크게 봐서는 기대할 것 없는 세력이라고 단호하게 말해야 한다. 동학이 패배하고 나서 조선 지배층은 어떤 태도를 보였는가? 사대부 집단인 유림儒林을 대표하던 신문 『황성신문』은 그래도 민중 반란의 원인이 탐관오리들의 가혹한 정치 때문이니 관리들의 개혁이 필요하다고 말해 자기반성의 모습이라도 있었는데, 개화파를 대표하는 『독립신문』은 의병이나 동학에 가담한 자는 끝끝내 잡아 족칠 것이라고 협박을 일삼았다.[81]

그렇다면 전봉준이 옳든가, 개화파와 수구파를 비롯한 조선 지배층이 옳든가, 둘 중의 하나다. 뜻있는 선비들 가운데는 동학에 동조한 사람도 적지 않았다는 것을 기억해두자. 그런데 교과서는 갑오개혁과 광무개혁을 단행한 조선 지배층도 옳고 동학 농민군도 뜻있는 일을 했다고 서술했다.

80. 이렇게 서술한 교과서는 그나마 낫다. 개화파의 잘못을 짚지 않은 교과서들도 있다.
81. 박노자의 책 『나는 폭력의 세기를 고발한다』에 개화파 비판이 자세히 적혀 있다. 그동안 교과서는 『독립신문』을 무턱대고 찬양하기 바빴다. 그들의 한글 보급이야 긍정할 일이지만, 정치 노선(입장)은 수긍할 수 없다.

개화파가 옳다면 그 개화파가 일본군을 끌어들여 동학 농민들을 짓밟은 것도 옳다는 말인가? 교과서는 파렴치하게도 박쥐처럼 기회주의적으로 혀를 놀렸다.

개화파에 대해 어떤 환상도 품어서는 안 된다. 개화파 유길준이 미국과 유럽을 다녀와서 쓴 책『서유견문』에서는 서양의 경찰이 "문명된 진보의 지킴이" 노릇을 톡톡히 한다며 부러워 죽으려고 했다. 이 말을 얼뜨게 받아들여서는 안 된다. 폭도의 난동을 막아내는 것이 경찰이라는 것이다. 그에게 동학은 폭도들의 반란이었다. 그는 서양의 지배층이 범법자들을 철저하게 차별하고 격리하는 것도 감탄했다. 그래야 부자들의 재산을 빈틈없이 지켜낼 수 있다는 것이다. 그는 외세를 등에 업고 한 재산 모으려는 부르주아의 처지에서 세상을 바라봤다.

철권통치를 부르짖는 이들 개화파에 견주자면, 조선 왕조를 이끌어온 유교 이념이 차라리 더 훌륭하다. 본래 유교는 법치法治가 아니라 예치禮治를 더 윗길로 친다. 백성에게 최대한 온정을 베풀어서 폭력을 쓰지 않고서도 백성이 순종하게 하자는 것이다. 실제로 조선 왕조는 민중을 강압적으로 다스릴 만큼 경찰과 군대가 강력하지 못했다. 또, 조선의 뜻있는 선비들은 '도적떼'를 너그러이 바라보았다. "굶어서 도적질하는 것을 어찌 심하게 꾸짖을 수 있느냐!" 1862년 진주민란이 일어나자, 임금은 지배층의 잘못도 있다며 탐관오리 처벌에 들어갔다.

교과서에는 따져야 할 구석이 지천으로 널려 있다. 한일병합(1910년) 이후 지금까지의 역사는 훨씬 더 첨예한 쟁점들로 가득하다. 미래의 역사가 어느 쪽으로 흘러가느냐에 따라, 옛날의 역사는 다시 쓰일 것이다. 지금과 앞날의 역사가 바뀌는 만큼, 옛 역사의 서술도 달라지기 마련이다.

덧대기 1

위에서 아시아 대륙의 민족 형성을 말했는데 유럽도 그보다 별로 오래되지 않았다. 이탈리아나 독일이나 1870년 무렵에 민족국가 통일을 완성했고, 프랑스는 같은 때에 프러시아와의 전쟁에 패하고 나서 민족국가로 발돋움하기 시작했다. 그전에는 국가는 있었어도 민족이 내실화되지는 못했다. 미국도 남북전쟁(1861~1865년)을 치르고서야 민족국가 형성이 일단락되었고, 일본도 메이지 유신(1868년)을 통해 근대로 접어들었다. 그들은 한 국가로 통일하는 과정에서 민족을 이뤄냈던 반면, 식민지와 반半식민지 나라들은 제국주의에 맞서 저항하는 과정에서 주체, 곧 민족이 형성되었다는 것이 크게 다를 뿐, 앞서거니 뒤서거니 했다. 19세기 유럽의 민족국가 형성이 곧바로 20세기 아시아의 민족 형성을 강제했다. 민족은 근대(!)에 만들어진 것이다.

덧대기 2
2014년 봄에 터진 세월호 침몰 사건은 기억으로부터 곧 사라져갈 것들에 대한 안타까움을 아프게 일깨워준다(그 죽음들을 언제까지 기억하겠는가). 다음 시(나희덕의 「여, 라는 말」)는 역사책이 건져 올려야 할 것들을 상징하는 시로 읽어도 좋다.
"잊혀진 것들은 모두 여가 되었다/망각의 물결 속으로 잠겼다/스르르 다시 드러나는 바위, 사람들은/그것을 섬이라고도 할 수 없어 여, 라 불렀다/울여, 새여, 대천어멈여, 시린여, 검은여……/이 이름들에는 여를 오래 휘돌며 지나간/파도의 울음 같은 게 스며 있다/물에 영영 잠겨버렸을지도 모를 기억을/햇빛에 널어 말리는 동안/사람들은 그 얼굴에 이름을 붙여주려 하지만/어느새 사라져버리는 바위,/썰물 때가 되어도 돌아오지 않는/그 바위를 향해서도 여, 라 불렀을 것이다/그러니 여가 드러난 것은/썰물 때가 되어서만은 아니다/며칠 전부터 물에 잠긴 여 주변을 낮게 맴돌며/날개를 퍼덕이던 새들 때문이다/그 젖은 날개에서 여, 라는 소리가 들렸다."
여 있어, 여기 있어!

2 민족의 장래는 스스로 결정해야

역사에서 교훈을 얻지 못하면
불행한 역사가 또 반복된다.

언젠가 같은 학교 전교조 조합원들과 회식 자리에서 야구선수 류현진을 놓고 이야기꽃을 피운 적 있다. 그에 대해 소상히 꿰고 있는 선생이 한둘이 아니었다. 그뿐 아니라 그가 몸담은 LA 다저스 팀에 대해서도 다들 훤했다. 투수 누구누구가 잘 던지고, 어느 타자가 잘 치더라, 어쩌고……. 얘기가 길어지자 기분이 좀 답답해졌다. 같은 한국인을 자랑스러워하는 거야 그럴 만하다. 그렇다고 그가 소속한 특정 미국 야구팀까지 응원하는 것은 아무리 세계화 시대라지만 민족 교육을 이념으로 내건 전교조 조합원들이 좀 너무한 것 아닌가 싶었다. 하지만 류현진에 대한 열광이 LA 다저스 팀 응원으로 이어지는 것은 자연스러운 일이다. 이것, 어쩌면 딜레마일지 모른다.

10여 년 전에 소설가 복거일을 필두로 여러 사람이 영어 공용화론을 부르짖은 적 있다. 워낙 엄청난 변화를 요구하는 것이라서 그들 뜻대로 한국의 언어 정책이 송두리째 바뀌진 않았지만 영어 사용을 강요하는 기업이나 대학이 곳곳에 늘어났으니 우리 사회에 그들의 뜻이 절반은 먹혀든 셈이다.

이렇듯 우리 사회의 미국화 현상은 장강의 물결처럼 도도하게 진행되어왔다. 이 글에서는 미국을 어떻게 봐야 할지 훑어본다. 하지만 이 모저모를 따지는 것이 무척 방대한 일이라서, 주된 몇 가지만 짚는다.

이 사람의 사람됨은

2013년 10월 15일 국정감사 자리에서 유영익 국사편찬위원장은 "이전 김대중 정부의 햇빛 정책은 친북 정책이고, 노무현 전 대통령도 반미 정책을 편 적 있다"고 단언했다.[82] 그는 국사를 편찬하는 자리를 맡았으니 지금 집권하는 새누리당 주류의 역사 인식과 정치적 관점을 대변하는 셈이고, 그러니 그의 솔직한 속내와 그의 인물됨을 살펴볼 필요가 있다.

그는 2012년 2월 9일 이승만연구소 주최로 열린 포럼에서 이승만을[83] 세종대왕과 맞먹는 인물로 칭송하면서 "박정희·이승만 대통령의 기초 작업이 없었다면 과연 경제 기적을 이룰 수 있었을까요? 후진국에서 독재라는 것이 사실상 불가피한 것이 아니냐, 정치학자들이 정직하게 논의를 좀 해주기 바랍니다"라고 말했다. 1996년 8월 『한국논단』에 쓴 글에서는 더 과감하게 말했다. 이승만이 한일병합 직전(1906년) 미국에 공부하러 건너간 것을 두고 "짐승과 같은 저열한 상태에 빠진 한국민들[84]을 기독교를 통해 거듭나게 할 목적으로 신학 공부를 곁들

---

82. 노무현 전 대통령이 "미국에 대해 당당하게 나가야 한다"고 말한 것을 그 근거로 꼽았다.
83. 그는 6·25 때 북한군이 진격해오자, 서울 시민에게 "그대로 있으라"고 방송한 뒤, 한강 다리를 폭파하고 저 혼자 남쪽으로 도망갔다. 나중에 그 폭파 책임을 국군 장교 최창식과 채병덕에게 뒤집어씌워 최창식은 사형당하고 채병덕은 의문의 죽음을 맞았다. '대국민 사과'도 군 장교가 대신했다. 2014년 5월 26일 자 『한겨레』에 실린 한홍구의 글 참고.

여 했다. 그는 한국이 독립을 지키지 못한 것은 한국 사람들의 도덕적 수준이 낮기 때문이라고 생각했다"고 썼다.

국정감사 자리에서는 유영익의 아들이 '병역 기피'를 한 것 아니냐는 질문이 나왔다. 그는 "아들이 미국에서 태어나 태어날 때부터 미국 국적"이라며 "한국에 데려와서 초등학교·중학교에 다니게 했지만 언어장애가 있어 미국에 다시 가서 교육을 시켰다"고 답변했다. 아들의 한국 국적 포기에 대해 "한국에서 성적도 하위권이고 취직도 안 돼 미국으로 보냈다"고 밝혔는데 안민석 민주당 국회의원은 "유 위원장의 아들은 미국 명문 대학·대학원을 졸업하고, 한국 명문 대학원에서 경영학 석사를 딴 수재다. 또 서울에서 방송사와 주한 미국대사관에서 5년 가까이 일했다. 유 위원장이 국민을 상대로 거짓말을 한 것"이라고 비판했다.[85]

한국의 집권 정당인 새누리당에는 역사관·정치관이 유영익과 조금은 다른 사람들도 있지만 어디까지나 유영익 같은 사람이 주류다. 이는 이명박 정권 시절보다 박근혜 정권에 들어와 더 뚜렷해졌다. 그들은 식민지 시절을 긍정적으로 바라보고 이승만과 박정희를 찬양한다. 또 미국과의 동맹 관계는 그들에게 더없이 거룩한 것이어서 미국이 한국 정부에 전시 작전권을 돌려주려 한 것조차 거부할 정도다.

여기서 우리는 다음 사실을 확인한다. 요컨대 신심 깊은 친미파는 박정희와 이승만의 통치도 찬양할뿐더러 일본이 조선을 식민지로 삼은 것도 긍정적으로 생각한다. 또 그들은 미국 덕을 많이 누리고 산다.

---

84. 민족의 잠재력을 믿는 사람은 독립운동에 나서고, 이처럼 자기 민족을 경멸하는 사람은 친일파가 되었다. 그러니까 이승만이나 유영익이나 친일파와 다르지 않다.
85. 안민석 의원은 "한국 적응이 안 돼서 국적을 포기했다는 아들이 2006년부터 한국콘텐츠진흥원 로스앤젤레스 지사에서 한국 국민의 세금으로 월급을 받고 한국인들과 일하고 있는데, 왜 미국 국적이 필요했을까?"라고 분노했다.

미국 정부가 분부하는 것을 퇴짜 놔서는 안 되는가?

우리 사회의 친미파들은 미국 정부를 거스르는 사람은 덮어놓고 "종북從北 좌파"니 "빨갱이"니 하고 닦아세운다. 먼저 이것이 과연 옳은 태도인지 따져보자.

1. 남재희가 "우리 정치와 미국, 무無비판이 옳은가." 하고 묻는 글(『한겨레』 2013년 12월 6일 자)을 쓴 적 있다. 그는 새누리당의 전신前身인 민정당과 민자당에서 국회의원과 노동부 장관을 지낸 바 있다. 그는 좋은 미국과 나쁜 미국을 가리자고 한다. "끊임없이 우리 내정에 간섭하고 우리를 강대국 정치 장기판의 졸卒로 취급하는 미국은 나쁜 미국이다. 자칫 반미 외곬으로 흘러서는 안 되겠지만, 시시비비는 가려야 한다. 미국을 비난하면 반국가·불순분자로 취급하고, 너도나도 미국의 잘못에 대해 입을 다물었기에 우선 물꼬를 트는 이야기를 하고 싶다"고 했다.

2. 러시아 신문 『트리뷰타』지는 2013년 5월 30일 자로 다음과 같이 보도했다.

미국 등 서방 진영은 북한의 모든 말과 행동을 도발로 간주하고, 미국과 그 동맹국의 행동은 평화적이고 문명적이라 평가하는데 이는 옳지 못하다. 한반도 상황에서 대부분 나라의 언론이 북한만 비난하는 현상은 미국이라는 제국주의가 세계를 지배하고 있고 대부분의 나라가 거기 동조하기 때문이다. …… 미국은 근래에 항공모함 니미츠호를 한반도에 들여보내 남한과 공동 해상 훈련을 벌였다. 미국의 전략폭격기와 군함이 핵폭탄 투하 훈련도 했다. 그러면서 미국은 정전 협정을 평화 협정으로 바꾸자는 북한의 제안을 거절한다. 이런 상황에서 서방 세계는 미국을 평화의 수호자로 묘사하고, 타국을 침략한 적 없는 북한을 호전적 나라라고 비판한다. 북한은 미국의 위협이 사라지고 북미 간 관계가 정상화되면 핵무기를 군사 목적으로 쓰지 않을 거라고 밝혔지만 미국은 이 말을 믿지 않는다. 북한은 리비아처럼 핵무기 개발을 포기하는 것을 자살행위로 여기고 있고, 주권 국가의 자주권을 보장하는 메커니즘이 국제사회에서 작동하지 않고 있음[86]을 안다. 미국의 항공모함이 이라크전쟁에 참여한 사실이 있었으니, 한반도에서 니미츠 항공모함이 군사훈련을 하는지, 실제 전쟁을 벌이려 하는지 확신하지 못한다.

3. 세계평화네트워크의 요한 갈퉁 소장이 2006년 한국에 와서 개최한 강연에서 2020년대에는 미 제국이 몰락할 것이라고 예견했다. 미국은 평화 개념이 존재하지 않는 나라이고 팍스 아메리카나Pax Americana, 곧 평화마저 미국이 주도한다는 미국 우월주의만 있다고 그는 단언한다. 워싱턴의 사기士氣가 떨어지고 부패 현상을 보이는 것이 그 몰락의 징후라는 것이다. "미국은 베트남전쟁에서 졌고 한국전쟁도 이기지 못했는데, 그들은 못다 이룬 승리를 한반도에서 기어이 얻고 싶어 한다. 이는 열두 살짜리 소년이나 벌일 행동이다. 1990년 방한했을 때 내게 말을 걸던 남한 사람들에게 북한은 '존재하지 않는 가상의 나라'였다. 남한이 미국과 우호 관계를 이어가는 것은 좋지만, 아니

---

86. 미국은 1950년 한국, 1960년대 베트남, 1990년대 이라크와 아프가니스탄에 군사적으로 개입한 것 말고도 숱한 나라를 쥐락펴락해왔다(쿠데타 공작 따위). 미국은 2차 세계대전 이후로는 쥐고 흔들지 않은 나라가 없었던 유일무이한 패권 국가다.

다 싶은 것은 당당하게 아니라고 말했으면 좋겠다." 그는 '평화학'을 창시한 노르웨이 학자다.

4. 미국에는 자기 정부의 말을 곧이곧대로 따르는 예스맨만 살았던 것이 아니다. 미국의 앤드루 바세비치는 『워싱턴 룰』이라는 책에서 미국 지배세력이 자기들의 압도적 군사력으로 세계를 마음대로 주무를 수 있으리라 여긴다고 비판한다. 이 군사주의 정책과 체제는 2001년 9·11 이후 느닷없이 들어선 게 아니고, 1898년 스페인을 꺾고 쿠바와 필리핀을 식민지로 차지하고 나서 줄곧 지탱해온 국가 체제라는 것이다. 그는 미국 시민들이 국가 안보에 관해 근본적인 질문을 던질 능력을 잃어버렸다고 탄식한다. 그런데 이렇게 미국 정부에 대해 비판의 날을 세운 그가 처음부터 진보파는 아니었다. 육군사관학교를 나와 20년 넘게 육군 장교로 근무하면서 미국 정부에 충성해온 보수파였다. 그런데 세상 현실을 겪으면서 생각이 바뀌었다. 그는 자신이 오랫동안 권위에 눌려 살아왔다고 자기비판을 곁들인다.

미국 정부에 반기를 들면 무슨 일이 벌어지는가? 위에 인용한 남재희의 말을 더 들어보자.

"미국은 20세기 후반 들어, 세계를 호령한 유일 패권국이었다. 그 패권이 얼마나 심했는지는 김대중 전 대통령의 일화가 잘 말해준다. 그는 대통령으로서 미국을 방문했을 때, 당시 미국 대통령 부시한테 'this man(이 작자)'이라는 경멸 섞인 호칭까지 들어야 했다."

미국 부통령 바이든은 박근혜 한국 대통령과 만난 자리에서 '미국의 눈 밖에 나는 짓은 벌이지 마라'라는 식의 돌직구를 날리기까지 했다. 2013년 12월 6일 그는 청와대를 찾아와 대화를 나누는 자리에서 "미국 반대편에 베팅하는 것은 좋은 베팅이 아니라"고 못 박았는데, 외교 자리에서 이렇게 직설적인 말을 꺼내는 것은 외교적 결례다. 그러니까 그가 으름장을 놓았다고 해도 지나치지 않다. 외교부 장관 윤병세는 이 말이 '미국의 아시아·태평양 정책을 강조하는 뜻'에서 나왔다고 애써 변명했는데, 그 정책은 요컨대 중국을 포위·압박하는 정책이다. 한국과 일본이 미국의 뜻에 따라 중국을 포위·압박하라는 주문이다. 그 압박이 심해지면 아시아에서 또 다른 세계대전이 벌어질 가능성이 커진다. 우리는 미국 정부가 시키는 대로 살아야 할까?

> **덧대기**
> 신문이나 특히 텔레비전 뉴스를 보면 한국에서 벌어지는 일은 다 한국 정부와 시민 사회가 결정하는 것 같은 인상을 준다. 딴 나라가 한국 사회에 참견하는 것은 대부분 뒷전에서 은밀히 이뤄지기 때문에 사람들은 그 '부재하는 힘'에 대해 별로 알아채지 못한다. 그런데 한미동맹의 역사도 그렇고, 지금은 전 세계 경제가 하나로 통합되어 있어서도 그렇고, 한국 사회는 바깥으로부터 밀려오는(참견하는) 힘이 사실 훨씬 더 크다. 이 사실이 끝없이 은폐되고 있어서 우리 눈이 흐려진다. 강대국이 약소국을 좌지우지하는 현실을 빗댄 농담 하나. "미국이 재채기하면 브라질(또는 한국, 또는 필리핀……)은 폐렴에 걸린다." 수많은 나라의 사람들이 이 농담을 안다.

한미동맹, 이대로 계속돼야 하는가?

2013년 9월 30일 김관진 국방부 장관은 한국의 지배세력 주류를 대변하는 발언을 했다. 그는 '한미동맹 60주년' 기념 세미나에서 "오늘날 한미동맹은 군사동맹 차원을 넘어 경제·문화 등 다양한 부문에서 가치를 공유하는 '포괄적 전략동맹'으로 발전했으며, 가장 성공한

동맹으로 평가받고 있다"고 칭송하고, "최근 세계 안보 환경은 종전의 전통적인 위협과 더불어 테러·환경 등 비군사적인 위협의 증가로 점점 복잡해지고 있다"면서 "북한의 핵과 미사일을 비롯한 군사 도발 위협은 여전히 한반도와 세계 평화를 심각하게 위협하고 있다"고 말했다.

그런데 한국의 지배세력 가운데는 꼭 외곬의 친미파만 있지는 않다. 지배세력 가운데 비주류의 생각을 들어보자. 2004년 5월 20일 문정인 연세대 교수는 한국해양전략연구소 강연에서 "한미동맹은 나토NATO와 더불어 인류 역사상 가장 성공한 동맹이기는 하나, 미래에도 이런 동맹이 계속 유지될 것으로 보는 것은 문제"라고 밝혔다. "이제 우리는 북한을 주적主敵으로 보지 않는다. 동맹을 형성하고 있는 한미 간 위협 인식에 엄청난 균열이 있다. 앞으로 의리를 강조하는 유기체적 동맹은 없다. 한국은 그동안 북한 견제를 위해 한미동맹을 바라봤지만, 미국은 중국을 견제하겠다는 전략적 사고를 깔고 있다."

문정인은 2004년 노무현 정부의 대외 정책을 세운 사람이다. 한국의 지배세력 주류(박정희-전두환-노태우-김영삼-이명박-새누리당)가 한미동맹을 절대적인 것으로 우러른 반면, 비주류(김대중-노무현-민주당)는 그것을 상대적인 것, 바뀔 수도 있는 것으로 바라보려고 애썼다. 한때 노무현 전 대통령이 "때로는 반미를 할 수도 있는 것 아니냐."[87] 하고 민족 자주를 추구하는 말을 꺼내기도 했지만, 실제로는 미국의 위세에 눌려 반미다운 반미를 변변히 해본 적 없다.

문정인은 미국이 한미동맹을 내세워 중국을 압박하는 일에 한국을 끌어들이려 한다면, "아니오!" 하고 발을 빼야 한다고 부르짖는다. 그

---

87. 이 말 속에는 "보통은 미국과 우호 관계를 유지한다"는 뜻이 들어 있다. 자주 국가는 당연히 자주적 판단에 따라 "때로는 친미, 때로는 반미"를 해야 한다. '덮어놓고 친미'는 졸개 국가의 태도다.

런데 사실 평화롭던 제주도 강정마을을 갈등의 소용돌이로 몰아넣은 '제주도 해군기지'는 노무현 정부 시절부터 계획이 잡힌 것이었다. 아마도 미 국방성이 한국 국방부에 곧장 강요했을 것이다. 노무현과 문정인은 자주 국가에 대한 희망사항만 읊조렸을 뿐이고 실제로는 미국의 압박에서 그리 벗어나지 못했다.[88]

제주도 해군기지는 중국을 겨냥한 것이고 중국 정부가 몹시 경계하는 대상이다. 동아시아에서 미국과 중국 사이에 전쟁이 벌어지면 한반도의 민중도 커다란 피해를 겪을 뿐 아니라, 정의롭지 못한 전쟁에 들러리를 서는 것은 양심을 지니고 살아가는 사람들이 도무지 수긍할 수 없는 일이다. 히틀러를 국가 지도자로 받들어 모신 독일 국민이 2차 세계대전 이후 줄곧 그랬던 것처럼 속죄의 의무를 짊어져야 할 공산이 크다. 앞날이 어찌 될지 불을 보듯 분명한데, 아무 생각 없이 그 추락의 길로 치달아야 할까?

어둠 속에 묻혔던 과거를 들추어 보라

한미동맹은 2013년에 60주년을 맞았다. 1953년 한국전쟁이 끝난 직후, 두 나라의 군사·정치 관계의 틀을 만든 것이다. 오로지 힘센 나라만 처다보고 흐뭇하게 사는 사람은 한미동맹이 예순 돌을 맞은 것만 기억하지, 정전 협정도 예순 돌을 맞았다는 사실을 떠올리지 않는다. 법률로 따지자면 아직 한반도에서 전쟁이 끝나지 않았다는 사실을!

88. 노무현은 "동북아시아에서 한국이 균형을 잡는 존재가 되겠다"고 내걸었다. 미국과 중국 사이에서! 하지만 이 말은 희망사항을 노래하는 데에 불과했다. 한국 국방부는 노무현의 빈말이 아니라 워싱턴의 지령에 따랐다. 물론 김대중·노무현 정부가 남북 관계 악화를 막은 공은 따로 인정해줄 일이다.

우리는 미국이 우리의 '좋은 이웃나라'라는, 귀에 닳은 방송에 대해 한 번쯤 의문을 던질 필요가 있다. 지금 우리는 어찌 되었든 현실에서 미국과 우호 관계를 맺고 살아가지만 그 나라가 애당초 어떤 나라였는지, 실체라도 알아야 한다. 그래야 우리의 미래도 제대로 내다본다.

한국전쟁이 터진 지 달포가 지난 1950년 8월 초의 이야기다(『연합뉴스』 2013년 7월 23일 자 참고).

경남 함안 땅 남산 벌판에는 마을을 떠난 피난민들로 가득 찼다. 피난민은 다들 흰옷을 입고 있었다. 미국 공군 전폭기가 나타나자 사람들은 자기가 민간인임을 알리려고 태극기도 흔들고 옷까지 벗어서 흔들었지만 전폭기는 이를 아랑곳하지 않고 벌판을 쑥대밭으로 만들었다. 포항 흥안리 곡강천 가에서도 전폭기가 피난민들에게 마구 폭격을 퍼부었다.

이 기사는 서울대 연구원 김태우가 최근 펴낸 책『폭격: 미공군의 공중폭격 기록으로 읽는 한국전쟁』을 간추린 것이다. 김태우가 밝힌 바로는, 미국 전폭기가 민간인을 마구 폭격한 속사정은 이렇다. 일본에서 이륙한 전폭기들은 항속거리가 짧아 목표 지역 상공에 10~15분밖에 머무를 수 없었다. 게다가 기지로 되돌아와 안전하게 착륙하려면 가져간 폭탄을 다 써버려야만 한다. 그러니 적군이 있는지를 확인할 겨를도 없이 서둘러 폭탄을 떨어

미군의 전쟁범죄는 서유럽 언론에도 알려졌다.

뜨렸다. 국가라는 전쟁 기계의 한낱 부속품에 불과한 조종사들은 누가 얼마나 죽었는지 살필 마음도 없었다…….[89]

저자 김태우는 미 공군 조종사의 일일一日 임무 보고서 같은 문서 10만 장을 분석한 결과, 실제의 폭격이 인도주의를 내세우는 미국의 가치와 정면충돌한다고 주장한다. 그러나 미국 국가에는 인도주의 따위의 가치가 애당초 없었다. 2차 세계대전이 끝나고 일본이 항복하자, 미국은 세계에서 가장 힘센 나라인 자기네가 식민지 조선의 운명을 알아서 결정하는 것이 당연한 자기들 권리라고 여겼다. 한국전쟁도 마찬가지로 한국을 자기 영향권 안에 두기 위한 힘의 논리에 따라 참전했을 뿐이다.

그러니까 '미국이 민간인 폭격을 좀 더 자제했더라면…….' 하고 안타까워하는 것은[90] 내 다리가 가렵다고 남의 다리를 긁는 짓이요, 잠자다가 벌떡 일어나 엉뚱하게 봉창을 두드리는 일이다. 2차 세계대전이 그랬듯이 전쟁이 벌어지면 끔찍한 학살극이 벌어지는 것은 예정된 경로다. 미국이 조금이라도 인도주의의 가치를 고민하는 국가였다면 남쪽의 대한민국과 북쪽의 조선민주주의인민공화국 사이의 대결에 끼어들지 말았어야 하고, 애당초 이승만을 부추겨서 남과 북이 두 나라로 갈리게끔 몰아가지 말았어야 했다. 아니, 일본이 패망한 뒤 한반도에 군대를 들이밀지 말았어야 했다. 이런 상상이 하릴없는 것이긴 하다. 다만 하늘이 두 쪽이 나더라도 무엇이 옳고 그른지는 가리자는 말

89. 위의 사례는 미국이 저지른 숱한 민간인 폭격 가운데 극히 작은 일부에 불과하다. 송강호 등이 출연료 없이 출연한 영화 〈작은 연못〉은 충북 영동 노근리의 미군 폭격을 고발한 영화다.
90. 『역사는 현재다』에서 올리버 스톤은 이렇게 말했다. "(2차 세계대전 때의) 일본인과 (베트남전쟁 때의) 베트남인에 대한 미국인들의 인종주의를 알고 있는 나는 미군이 한국인들에게 저지른 만행에 놀라지 않았다. 그들에게 한국인은 'gooks(아시아 놈들)'이었고 벌레였다." 미국인 학자 브루스 커밍스의 책도 참고하라.

이다.

위키백과를 보면, 한국전쟁으로 말미암아 남북의 민중이 250만 명 죽었고 군인까지 합치면 300만 명이 된다. 인구의 10%다. 평양은 폭격을 받아 집이라고는 단 한 채도 남아나지 않았다. 참고로, 2차 세계대전 때에 우리보다 더 끔찍한 희생을 겪은 나라는 인구의 20%가 죽어간 폴란드(그 대부분은 유대인이다)뿐이요, 소련과 유고슬라비아가 우리처럼 10% 남짓 희생되었다.[91]

그러니 한미동맹은 애당초 잘못된 지점에서 출발한 것이다. 지금도 우리는 한미동맹의 군건함을 자랑할 일이 아니라, 왜 우리가 60년이 지난 지금도 정전 협정을 평화 협정으로 바꿔내지 못하고 진정으로 민족의 잠재력을 북돋울 길을 찾지 못하고 있는지, 전혀 다른 질문을 던질 때다.

> **덧대기**
> 애당초 미국과 소련이 1945년에 한반도에 38선을 그을 때부터 세상이 빗나갔다. 연합국이 해야 할 일은 침략의 책임을 물어 일본을 분단하는 것이었지, 애꿎은 한국을 양국의 접경지대로 삼을 게 아니었다. 연합국은 독일은 분단시켜놓고 일본에는 면죄부를 주었다. 그러니 지금 일본 지배층이 그때의 침략전쟁을 뉘우치지도 않는다. 그리고 일본이 짊어져야 할 죄과를 한국이 애꿎게 대신해서 떠맡았다.

---

91. 미국 영화와 드라마는 '정의로운 미군이 사악한 독일군을 온갖 어려움 끝에 물리쳤다'는 줄거리를 수십 년 동안 그려냈다. 그런데 미국은 2차 세계대전에서 아무런 피해도 겪지 않았고, 목숨을 잃은 미군도 몇 안 되었다.

전쟁의 먹구름이 몰려오고 있다

　2013년 연말은 '안녕들 하십니까?'라고 서로에게 안부를 묻는 이야기로 가득 찼더랬다. 철도 사영화私營化를 반대하는 파업을 계기로, 세상의 불통不通에 넌더리를 내는 민심이 봇물처럼 쏟아져 나왔다. 그런데 걱정거리는 비단 한국 사회만 떠안고 있지 않다. 이를테면 청년 실업이 20~50%에 이르는 나라가 한둘이 아니다. 또 신문 지상에는 군사력 재무장을 꿈꾸는 일본 정권과 자기 영토를 확실하게 챙기려는 중국이 틈만 나면 대결을 벌이는 기사들이 도배되어 있다. 공황과 전쟁의 먹구름은 지구촌 전체를 덮치고 있다.

　왜 이 지경으로 치닫고 있을까? 전문가랍시고 행세하는 사람들은 갖가지 얘기를 떠벌리고 있지만, 근본 원인은 뿌리를 들춰야 나온다. 돈 있는 자들이 쥐락펴락하는 현대 자본주의 체제 자체가 삐걱거리는 것이다. 근본을 바로잡지 않고서는 풀리지 않을 문제다.

　인류 역사에서 있는 놈들과 없는 사람들의 차이가 지금처럼 날카롭게, 세계적으로 벌어진 적이 없다. 지난 2008년 금융 위기 이후, 미국과 유럽은 5조 달러가 넘는 돈을 뿌려댔거니와, 그 눈먼 돈은 몽땅 자본가들의 호주머니 속으로 들어갔다. 노동자·서민의 호주머니는 가뭄논처럼 말라붙어 각국 정부가 무슨 대책을 세워도 이 불황을 어쩌지 못한다. 인플레이션이 아니라 디플레이션의 위험이 커지고 있다. 기업은 돈을 쌓아놓고 있어도 새로 공장을 지을 엄두를 내지 못하고, 은행은 돈을 빌려주고 떼이느니 차라리 제 금고 속에 돈을 잠재우고 있다. 그래서 그동안 자본주의 시장경제가 영원히 호황을 누릴 것처럼 기고만장했던 주류 경제학자들의 코가 납작하게 들어갔다. 심지어 워싱턴의 이데올로그이자 미국 재무장관을 지낸 로렌스 서머스는 "세계 경제가 (2014년 이후) 오랫동안 침체될 것"을 경고하고 나섰다.

어찌해야 할까. 1, 2차 세계대전으로 전쟁 맛을 들인[92] 제국주의 국가들은 전쟁을 벌여 경제 공황을 돌파할 위험한 꾀를 내기 시작했다. 일본의 아베 신조[93] 총리는 뻔뻔스럽게도 양의 털가죽을 뒤집어쓰고 "적극적 평화주의"를 부르짖으며 "집단적 자위권"을 버젓이 내걸었다. 한미일동맹 강화를 바라는 미국이 이를 환영했다. 미국은 동아시아의 군사적 지배권을 탈환하려고 "아시아로의 회귀"를 떠들며 환태평양경제동반자협정TPP의 체결을 서두르는 등 준비 작업에 들어갔다. 유럽 여러 나라의 경제 위기는 각국 독점자본의 수습책으로 다소 가라앉았지만, 그 대신에 유럽중앙은행의 권세가 커질 공산이 짙다. 이는 유럽연합이 제국주의(군국주의)의 길로 치달을 토대가 된다.

전쟁에 대한 긴장도는 동북아시아에서 가장 가파르게 높아지고 있는데, 그중에서도 한반도가 꼭대기에 있다. 일본과 한국에서 지배세력이 민주주의를 무너뜨리려는 공격에 나선 것은 그 사전 작업이다. 일본 정부는 언론에 재갈을 물리고자 '특정 비밀 보호법'을 들여왔고, 한국은 관변 우익 단체들이 차츰 기지개를 켜고 있다.

우리 민족은 지금 갈림길에 서 있다. 정부와 민중이 변함없이 한미일동맹의 사슬에 묶여서 위험천만한 전쟁의 길에 들러리를 서야 할까, 아니면 그 사슬에서 벗어나 동아시아에 평화가 자리 잡게끔 길을 뚫어야 할까?

---

92. 1929년의 세계 대공황은 루스벨트의 뉴딜 정책으로는 꿈쩍도 하지 않았다. 세계대전으로 막대한 산업 시설과 자본이 파괴되고 나서야, 자본가들은 다시 돈을 벌 수 있었다. 전쟁의 제1 수혜자는 미국 자본이었다.
93. 그는 2차 세계대전이 끝나고 A급 전범(전쟁 범죄자)으로 재판정에 선 기시 노부스케의 외손자다. 일본 정치는 보수 세력이 거의 독점해서 정치인 지위마저 대대로 세습되고 있다. 그는 2013년 연말 자기 지지층에게 환심을 사려고 신사 참배를 강행했는데 미국은 한미일동맹의 균열이 두려워 잠깐 화내는 척만 했다.

3 소설로 읽는 한국전쟁

영화 〈남부군〉은 외세에 맞선
빨치산들의 역사를 담아냈다.

이 글에서는 1950년대 무렵에 우리 한국 사회가 어떤 모습을 띠었는지를 국어책에 나오는 소설을 통해 두루 살펴보겠다. 한 세대를 대략 30년이라고 어림잡으면 두 세대 전이니, 지금 우리의 할머니뻘 되는 분들이 우리 나이였을 적이 대략 그때다. 역사책을 읽을 때에는 그 시대에 자신을 대입하기도 하고 그 시대가 나에게 어떤 의미가 있는가 하는 물음을 곁들여야 더 실감 나는 공부가 된다. "우리 할머니, 할아버지가 그때 그러저러한 처지에서 어린 시절을 살았다는 거지? 아, 우리 할머니 고생하신 것에 견주면 요즘 우리는 호강에 겨워 요강에 똥 싸며 지내는 셈이구나! 세상은 참 넓고 깊구나!"라고.

오발탄과 흰 종이수염, 병신과 머저리

이범선의 단편소설 「오발탄」의 줄거리는 대강 이렇다.

철호 계리사 사무실 서기로 일하면서 가난하고 형편없는 현실 속에서도 성실하게 살아가려고 애쓰지만 끝내 패배하고 만다. 동생인 영호와 가치관의 차이로 갈등을 빚는다.

영호 철호의 동생. 성실하게 살아봐야 자신만 손해라고 생각하는 인물로 한탕주의에 빠져 권총 강도질을 하다가 감옥에 갇힌다.

어머니 분단과 전쟁을 겪으며 미쳐버린 인물.

아내 1류 여자대학 음악과 출신이지만 이북에서 남쪽으로 내려온 뒤, 비참한 가난 속에서 말없이 남편의 뒷바라지를 하면서 살아간다. 가난과 병고에 지친 나머지, 아이를 낳다가 죽는다.

명숙 철호의 여동생. 먹고살기 어려워 양공주(성매매 여성)가 된다.

다음은 하근찬의 단편소설 「흰 종이수염」의 줄거리다.

동길이는 사친회비를 가져오지 못해 학교에서 쫓겨났다. 다리 밑에 가서 용돌이와 멱을 감고 집에 왔더니 아버지가 한쪽 팔을 잃고 징용에서 돌아와 있다. 어머니는 점심으로 수제비를 차려 내오고는 생계 걱정을 한다. 이튿날 아버지는 학교에 가지 않겠다는 동길이를 야단치고 담임선생에게 사정하러 학교에 찾아간다. 그 모습을 본 창식이가 동길이더러 "외팔뚝이 새끼!"라고 놀린다.

술을 잔뜩 마시고 집에 온 아버지가 서글프게 웃으면서 동길이에게 사친회비는 해결되었으니 학교에 가라고 한다. 아버지는 가위와 흰 종이로 흰 종이수염을 만든다. 광대놀음 하느냐며 어머니는 비웃는다. 이튿날 동길이는 청소를 끝내고 귀가하다가 삼거리에 이르렀을 때, 극장의 영화 포스터를 목에 매고 스피커로 영화 광고를 하는 광대를 본다. 호기심에 친구들과 가까이 갔다가 제 아버지라는 사실을 알게 되었다. 창식이가 나무 꼬챙이로 아버지의 수염을 건드려서 분노가 치솟은 동길이가 창식이 얼굴을 떡판이 되도록 때리고, 아버지가 놀라서 그 싸움을 말린다.

먼저 학교의 문학 수업이 얼마나 유익한지 잠깐 생각해본다. 학생들은 (시험 날이 다가오면) 다음과 같이 외운다. "「흰 종이수염」은 전후·현대·단편 소설이고, 사실적·향토적·비극적 소설이며, 주제는 '전쟁 직후의 가난하고 비참한 삶의 모습과 극복의지'다. 열린 결말, 전지적 시점!" "이범선의 「오발탄」은 전후 부조리한 사회 현실 속에서 희생되는 양심적인 개인의 비극을 주관의 개입을 절제하고 객관적으로 묘사했다!" 이런 겉핥기는 사실 부질없다. 여기서 학생들이 꼭 알아둬야 할 것은 1950년대 초에 6·25 한국전쟁이 일어났고 위의 두 소설은 그 얼마 뒤의 세상 모습을 그려냈다는 사실뿐이다. 전후·현대·향토적·비극적·단편 소설이라는 말은 하나 마나 한 말에 불과하다.

또 관찰자 시점과 전지적 시점 구분하기, 소설의 구성 단계(발단-전개-위기-절정-결말) 구분하기를 꼭 중학생들한테 시켜야 할까? 학교는 문학 '형식'에 대한 공부만 잔뜩 시키고 정작 '사회 읽기'는 겉핥기로 끝낸다. 학생들은 "징용 나간 아버지가 팔 하나를 잃고 돌아왔다더라. 참 안되었다!", "「오발탄」의 동생은 오직 돈 벌 생각에만 빠져 있는데 형은 괴롭게 양심을 지키는구나!" 하는 것만 알아내고 책을 덮는다.

사회가 부조리하다는 말은 대단히 막연하다. 그때 사회가 어땠는지, 소설 「오발탄」만 읽어서는 도무지 알 수 없다. 형이 회사에서 어떤 터무니없는 일을 겪었는지를 자세히 그려냈더라면 "아, 그 회사가 그 모양이었니? 그렇다면 그때 우리 사회도 그랬겠네?" 하는 앎이라도 얻는다. 소설 속의 작은 이야기는 우리 사회의 큰 이야기(전체 모습)를 압축해서 나타낸 것이니까. 그런데 형과 동생이 막연하게 실랑이를 벌이는 얘기밖에 없다. 여동생이 오죽 돈이 필요했으면 성매매를 하게 되었을까? 막연히 짐작할 뿐이다. 그런데 옛날에 돈이 없는 사람은 죄다 그렇게 되었을까? 따지고 보면, 부조리가 판치는 회사에서 형이 제 양심을 지켜야 하는 고통쯤은 사실 별것 아니다. 그런 고통은 요즘 사람들도 수없이 겪는다. 차라리 무슨 사연으로 어머니가 정신병에 걸렸는지 자세히 들려줬더라면 그때 세상이 어땠을지, 학생들이 큰 앎을 얻었을 것이다. 부조리라면 어머니를 정신병자로 만든 것만큼 부조리한 현실이 또 어디 있을까. 아마 전쟁 통에 볼 꼴, 못 볼 꼴을 다 겪었기에 그리되었겠지. 그런데 작가는 세상의 커다란 이야기를 파헤칠 엄두는 내지 못하고, 소소한 이야기에만 머물렀다.

「흰 종이수염」은 잔잔한 이야기다. 밑바닥 사람들이 전쟁으로 어떤 피해를 겪었고 어떤 고생을 했는지를 소박하게 들려줬다. 1950년대의 세상을 짐작하는 데에 얼마쯤 도움이 되기는 한다. "아, 그때는 나라가 학교 살림을 제대로 돌보지 못했구나. 그러니 돈 없는 사람의 자식은 초등학교조차 제대로 못 다녔겠지. 동길이네는 굶을 때가 잦았겠구나. 외팔이가 된 아버지는 앞날이 캄캄했을 거야."

위기철의 어린이소설 『아홉살 인생』은 1980년대 서울의 산비탈 판자촌 얘기다. 거기 달동네 사는 상이용사들(싸움터에 나가 신체적 장애를 얻은 사람)이 술만 취하면 술주정을 하고 쌈박질을 벌이는 장면이 나온다. 나라를 위해 몸 한쪽을 다쳤는데도 변변히 대접해주지 않는 세상이 원통하고 미웠던 게다. 1950년대의 동길이 아버지가 1980년대엔 술주정 벌이는 상이용사로 바뀌어 있지 않을까.

동길이 어머니는 제 남편이 장애인이 되었을망정, 살아서 돌아왔으니 서로 어깨동무하고 살아갈 수 있다. 제 피붙이가 수없이 죽어나간 사람들은 그 충격을 어떻게 견디며 살 수 있었을까. 그 전쟁에서 우리 동포는 남북을 합쳐 300만 명이 넘게 죽었다. 우리 인구의 10분의 1이 넘었다(그때 '삼천만 동포'라고 일컬었다).[94] 집마다 전쟁의 상처를 끌어안지 않은 집이 거의 없었다고 봐야 한다. 그중에 동길이네가 전쟁을 가장 처절하게 겪은 축은 아님을 알 수 있다.

자질구레한 장면 하나, 들여다보자. 주변 인물로 용돌이가 나오는데, 이 애는 학교에 아예 가지 않고 집에서 논다. 아마 사친회비 낼 돈이 없어, 진작 쫓겨났거나 아예 입학도 하지 않았으리라. 그런데 (동길이와 달리) 이 사실을 별로 서러워하지도 않는다. 이 애가 철교 위를 달리는 열차를 보고, 감자를 먹이는(욕을 하는) 장면이 나온다. 왜 그랬을까? 그때는 기차가 드물었던 시절이니 기차 안에 한가로운 여행객은 없었을 테고, 국군 장병이 탔을 가능성이 크다. 혹시 국군에게 피해를 본 가족이 아니었을까? 동길이네는 그나마 다행스러운 처지라는 말이다.

다음에 읽어볼 소설은 이청준의 「병신과 머저리」다. 소설 속에 또 다른 소설이 들어 있는 액자소설인데, 그 줄거리는 다음과 같다.

형은 의사인데 6·25전쟁에 군인으로 나갔다가 겪은 마음의 고통에서 헤어나오지 못한다. 어느 날 소녀 환자가 죽자, 형은 자기 탓이라며 병원 문을 닫고 방에 틀어박혀 소설을 쓴다. 나는 화가로, 혜인이라는 여자를 사랑한다. 그러나 혜인은 관념에만 갇혀 사는 나의 소극적 태도에 실망해 떠나갔다. 딴 남자와 결혼한다며 편지를 보내왔다. 그런데도 나는 무기력함을 어쩌지 못한다.

나는 언젠가 형에게서 전쟁 때 패잔병으로 낙오했다가 동료를 죽이

---

94. 그때 우리 민족은 (사망자 비율로 봐서) 인류 역사에서 가장 참혹한 전쟁을 겪은 민족의 하나였다. 집단 학살을 당한 유대인, 히틀러의 침략을 겪은 러시아와 더불어.

고 도망쳐 왔다는 얘기를 들은 적 있다. 어느 날 형이 쓴 소설을 훔쳐보게 되었는데 소설은 그때의 사건을 그리고 있었다. 소설에는 '나'(형)와 오관모, 김 일병이 나온다.

"오관모 중사는 평소에 걸핏하면 김 일병을 때리고 학대했다. 전쟁터에 나가서 우리 셋은 북한 강계 지역에서 낙오했다. 오관모는 거기 동굴에 은신했을 때에도 김 일병을 성性의 노리개로 삼았다. 그러나 김 일병의 잘려나간 팔이 썩어가자 더 가까이하지 않았다. 오관모는 쓸모없어진 김 일병을 첫눈 오는 날 죽이겠다고 떠벌린다. 김 일병은 죽어가고 있었고, 위생병인 '나'(형)는 그래도 괜찮다고 생각했다."

형의 소설은 그 대목에 멈춰 있었다. 나는 그 소설의 결말이 신경 쓰여서 그림을 그릴 수 없다. 나는 관념(곧 소설) 속에서조차 단호하게 행동하지 못하고 머뭇거리는 형을 욕하고, 내 멋대로 소설의 결말을 짓는다. 오관모가 김 일병을 죽이기 전에 형이 김 일병을 끌고 나와 죽이는 식으로. 그러나 형은 내가 덧붙여 쓴 결말을 읽고는 화를 내며 그 대목을 잘라내고, 오관모가 김 일병을 끌고 나가 죽여버리고, 뒤따라 나간 '나'(형)가 오관모를 죽이는 식으로 끝을 맺었다.

그 뒤 혜인의 결혼식에 다녀온 형은 소설을 쓴 원고지를 불태워버린다. 결혼식에서 오관모를 봤기 때문에 소설의 내용(오관모 죽이기)은 다 오해였고 쓸데없는 짓이었다는 게다.

그러면서 나더러 도망간 옛 여자의 얼굴이나 그리는 머저리라고 욕했다. 아무튼 형은 전쟁으로 말미암은 실존적 고통을 실제로 대면해서 극복하고 병원 일을 다시 시작할 터이지만, 나는 내 아픔이 어디서 비롯되었는지도 모른다. 내 아픔은 어디서 왔을까.

형은 전쟁을 직접 체험했고, 그때 입은 마음의 상처를 치유하려고 소설을 쓴다. 형은 오관모에게 시달린 김 일병을 구해주고 싶지만 용기가 없었다. 그 죄책감이 아직도 뇌리에 남아 있어서 지금의 한 환자가 수술 도중 죽은 것도 제 탓으로 돌리며 괴로워한다.

동생은 전쟁에 나간 적도 없으면서 어딘가 아프고, 또 왜 아픈지도 모르기 때문에 무기력하다. 동생의 무기력함에 실망한 애인이 떠나갔다. 이 아픔을 이겨내려고 동생은 그림을 그리지만 뜻대로 되지 않는다. 형은 아픈 데가 뚜렷한 '병신'이고, 동생은 바보같이 무기력의 늪에 빠진 '머저리'다.

동생은 형이 김 일병을 죽이는 내용을 형이 쓰다 만 소설에 덧보탰다. 형이 절망적 행동을 한 것으로 결말을 지은 것인데 이는 사실 동생 자신의 패배주의 정서를 거기 덧씌운 셈이다. 이 대목을 본 형이 화를 내고, 형이 오관모를 죽이는 식으로 결말을 맺었다. 동굴 속에서 겪은 심적 충격(트라우마)을 극복하는 이야기로 소설을 끝낸 것이다. 그런데 나중에 혜인의 결혼식장에서 오관모를 만난 것으로 봐서, 실제 현실은 소설 속만큼 극단적으로 치닫지는 않았던 것 같다. 아무튼 형은 소설 쓰기를 통해 전쟁이 남긴 상처를 웬만큼 이겨냈다.

이 이야기는 전쟁의 후유증을 어떻게 극복하느냐를 화두로 던졌다. 작가(동생은 그의 분신)처럼 어린 나이에 전쟁을 멀리서 지켜본 사람에게 '한국전쟁'이 어떻게 다가왔는지를 잘 그려냈다. 동생은 갈피를 잡을 수 없는 자의식이 너무 강하다. 그는 전쟁을 관념으로밖에 이해하지 못한다.

작가는 1960년 4·19혁명이 나고서 대학을 다녔다. 그때 젊은이들은 4·19로 이승만 정권이 쫓겨나고 세상이 좀 더 민주적으로 바뀌리라는 기대감으로 한껏 부풀어 있었다. 그러다 불과 1년 뒤, 박정희의 5·16 쿠데타가 일어나서 그 기대감이 한풀 꺾였다. 소설 속 동생은 이처럼 무기력증에 사로잡힌 청년 세대의 심정과 시대 분위기를 은연중에 내비친다. 이 소설은 1960년대 중반에 나왔다. 한국전쟁은 1950년대 초반에 일어났지만, 형과 동생이 그 상처를 치유하려고 애쓰는 시대는 1960년대인 것이다. 동생의 무기력함은 단지 한국전쟁 때의 암울한 기억만이 아니라 당대, 1960년대의 암울함에서도 비롯된다.

그런데 우리는 이 소설이 한국전쟁의 전체 모습을 제대로 그렸는지를 따져 물어야 한다. 아시다시피 이 전쟁은 미국과 여러 연합국과 대한민국(이승만 정권)을 한패로, 소련과 중국과 조선민주주의인민공화국(김일성 정권)을 한패로 하여 벌어졌다. 이쪽과 저쪽이 싸웠다. 그런데 '병신과 머저리'는 그 핵심 대결이 없다. 전쟁터 한 귀퉁이에서 벌어진 소소한 얘기에 불과하다. 하근찬의 「흰 종이수염」이나 「수난 2대」[95]가 소박하게나마 민중의 역사를 담고 있다면, 이 소설은 몇몇 지식인의 자기의식(실존적 의미)을 탐구하는 데에 그쳐서 반세기 뒤의 우리에게는 별로 와 닿는 게 없다.

광장과 장마, 태백산맥

다음은 최인훈이 쓴 『광장』의 줄거리를 옮긴다. 여러 해 전, 어느 문학잡지의 조사에서 한국인들에게 가장 영향력이 큰 작품으로 최인훈의 『광장』과 1930년대 이상李箱이 쓴 단편소설 「날개」가 꼽혔다고 한다. 대학입시에도 자주 출제되는 작품이다.

---

95. 아버지는 일제 말 징용에 끌려가 팔 하나를 잃었고 아들은 6·25 때 끌려가 다리 하나를 잃었다. 아버지는 귀향한 아들을 등에 업고 시냇물을 건넌다. 부자가 2대에 걸쳐 수난을 겪었다. 시냇물은 앞으로 두 세대가, 다시 말해 우리 민족이 함께 헤쳐가야 할 시련을 상징한다.

인도 배 타고르호가 석방 포로들을 싣고 중립국을 향한다. 그 배에 탄 이명준은 옛날을 회상한다. (과거로 돌아가서) 어느 5월 저녁, 명준이 영미 아버지에게 불려갔다. 명준은 아버지 친구인 그분 댁에 묵고 있었다. 명준의 아버지가 평양 방송에 나오고, 그 때문에 명준의 주소가 드러나서 형사가 명준을 만나러 왔다는 것이다. 명준의 아버지는 박헌영을 따라 북한으로 가고 어머니는 곧 돌아가셨다. 이틀 뒤, 경찰서 취조실에서 형사가 명준더러 "너도 빨갱이냐?"며 폭행을 퍼부었다. 경찰서를 나온 명준은 윤애를 만나 사랑을 나눈다.

명준은 인천 부두에서 이북을 오가는 밀수선을 타고 월북했다. 그러나 북조선은 자기가 상상했던 혁명의 공화국이 아니었다. 사람들 얼굴이 어두웠고 아무 울림이 없었다. 명준은 노동신문사 편집부에서 일했다. 아버지는 새장가를 들었고 명준은 아버지와 다퉜다. 명준은 남녘에 아무런 광장이 보이지 않아서 월북했는데 여기도 실망이라며, 북조선은 '당黨'이 주인이고 인민은 그들의 명령을 '복창'만 할 뿐이라고 아버지에게 대들었다.

명준은 사실을 사실대로 보도하지 않는 편집부에 실망을 느끼고 그만둔다. 편집부를 나와 육체노동을 하러 갔다. 거기서 발을 다쳐 병원에 입원했다가 위문을 온 은혜와 만나 사랑에 빠진다. 어느 날 '자아비판회'에 불려간 명준은 "개인주의적이고, 남조선의 부르주아 찌꺼기를 버리지 못했다"며 비판받았다. 명준은 수긍하지 않았으나 사람들 눈길에 눌려 결국 "잘못했다"고 말한다. 다시 찾아온 은혜가 예술제 때문에 모스크바에 갈 것이라고 귀띔한다.

1950년 8월, 남침한 북한군을 따라 내려온 명준이 경찰서 정치보위부원이 되어, 태식과 마주 앉았다. 태식은 명준의 옛 애인 윤애와 결혼했다. 명준은 자기가 북한으로 간 것을 비난하는 태식을 두들겨

팼다. 이튿날, 경찰서를 찾아온 윤애를 겁탈하려다가 그만둔다. 윤애와 (간첩 혐의로 붙들린) 태식을 풀어주고 나서, 형세가 기울어져가는 낙동강 싸움터로 발령을 받아 떠났다. 거기서 간호병으로 와 있던 은혜와 만났다. 둘은 비밀 동굴에서 사랑을 나누고 은혜가 곧 임신했다. 마지막 총공격 날 은혜는 전사하고 말았다. 국군에게 붙들린 명준은 거제도 포로수용소에 갇혀 있다가, 휴전이 되고 판문점에서 송환 절차에 들어갔을 때, "중립국으로 가겠다"고 밝혔다. 남한과 북한 당국은 갖가지로 그를 구슬렸지만 뜻을 굽히지 않았다…….

(다시 현재로 돌아와) 명준은 타고르호가 출항할 때부터 따라온 어미 갈매기와 새끼 갈매기 모습에서 죽은 은혜와 뱃속의 아기를 떠올린다. 그의 눈에는 환상처럼 푸른 광장이 보였다. 이튿날, 선장은 석방자 중 이명준이 행방불명되었다는 보고를 받는다.

『광장』은 남북이 대결을 벌인 역사를 본격적으로 다뤘다. 앞의 세 소설에 견줘 이야기의 규모가 크다. 한국전쟁의 전체 모습을 그려낸 셈이니 독자들이 무게 있게 받아들일 만하다.

작가는 북한 정권만 비판적으로 바라본 게 아니라, 남한 정권에 대해서도 마찬가지로 희망이 없다고 봤다. 남한에는 개개인이 자기 내면에 갇혀 있는 '밀실'만 있지 시민들이 주체가 되어 정치를 토론하는 '광장'이 없다는 것이다. 1950년대 초 남한의 일부 (관변) 문학가들이 "북한 정권을 깨부수고 북진 통일을 이루자!"는 이승만 정권의 부르짖음에 따라 '전쟁 찬양' 작품을 쓴 것에 견주자면 민족의 현실을 훨씬 균형 있게 본 셈이다. 이 소설은 4·19혁명이 일어나 이승만 정권이 쫓겨나고 젊은이들이 "남북이 대화로써 통일의 길로 가자!"는 운동을 벌이던 감격스러운 분위기 속에서 쓰였다. 작가 자신도 "이승만 정권 밑에서는 이런 작품을 쓸 수 없었다. 4·19 시대에 살아가는 보람을 느낀다"고 털어놓은 적이 있다. 이는 사회 현실을 밝히는 문학이 정치와 떼려야 뗄 수 없는 관계에 있다는 것을 말해준다.

그런데 작가는 북한의 현실에 대해서 제대로, 공정하게 보기는 한 것일까? 이명준은 북한에는 폐쇄된 집단의 열정만 있지, 개인의 자유가 없다고 비판한다. 먼저 이런 생각이 어떤 배경에서 비롯되었는지, 작가의 전기傳記를 간단히 살펴볼 필요가 있다.

작가 최인훈은 1936년 (북한의) 함경북도 두만강 가에 있는 회령에서 태어났다. 아버지는 산판(벌목하는 삼림 지역)과 제재소를 운영했다. 아버지는 해방 이후, 북한에 세워진 공산 정권에 의해 '(재산이 많은) 부르주아'로 분류되자, 함경남도 원산으로 이사 갈 것을 결심한다. 최인훈에게는 이것이 큰 심적 충격이었다. 원산중학교에 입학한 그는 성적이 뛰어났지만 '벽보'를 쓴 것이 정치적 비판을 받아 또 괴로움을 겪었다.[96]
그는 북한에서 고등학교에 다니던 중, 한국전쟁이 터진 1950년 12월, 식구가 모두 월남했다. 부친은 강원도에서 제재소를 하고 그는 혼자 부산에서 서울대 법대에 다녔다. 1957년에 대학을 중퇴하고 군대에 입대해 7년간 통역장교로 일하며 소설을 썼다.

작가의 이력에 비춰, 그가 북한 체제에 자유가 없다고 본 것이 넉넉히 이해된다. 재산을 누릴 자유를 빼앗기고 중학생 때 그는 그런 생각을 여럿 앞에 표현했다가 비판까지 받았으니 그 체제가 더 싫어졌을

96. 그는 그 시절에 여러 사람이 대피한 방공호(대피용 굴)에서 성적인 환상을 느낀 적 있는데, 소설 속 은혜와의 '동굴 안 사랑'은 이 체험에서 모티브를 따왔다.

것이고, 결국 그의 가족은 그곳을 버리고 월남했다. 다만, 그가 남한 (이승만) 정권이 얼마나 부패하고 타락했는지 똑바로 분별하는 것으로 봐서, 그가 단순히 자기 재산을 빼앗긴 데에 따른 원망만으로 북한 정권을 혐오한 것 같지는 않아 보인다.

북한 정권을 어떻게 평가해야 하는지 간단히 한두 마디로 말하기는 어렵다. 이 얘기는 뒤로 돌리고, 먼저 작가에게 이렇게 물어야 한다. "남한도 엉터리이고, 북한도 엉터리라고? 그럼 어떤 나라를 세워야 하는데?" 소설에서 주인공은 남과 북, 둘 다 마음을 줄 곳이 못 돼서 중립국으로 가는 배를 타지만, 실은 희망을 보낼 만한 중립국이 이 세상에 없었으므로 바닷속으로 뛰어든다. 절망이 낳은 비극이다. 이 소설의 약점은 이와 같은 정치적 허무주의다. 문학이란 모름지기 사람들에게 '이 세상을 어떻게 살아가야 하는지' 공감이 갈 만한 이야기를 제시해줘야 하기에, 이는 크나큰 약점이다. 우리더러 어쩌라고? 우리도 너(이명준)처럼 바다에 뛰어들라고?[97]

물론 그런 약점이 있다 해도, 남과 북의 체제가 저마다 어떤 허물과 모순을 안고 있으며 전쟁이 사람들의 삶을 어떻게 파괴하는지를 실감나게 그려낸 공이 있으니, 이 소설이 훌륭한 이야기로서 독서할 가치가 있다는 것까지 부인할 필요는 없다. 6·25전쟁이 끝나고 이승만과 박정희 정권을 거치는 동안, 남한과 북한은 세계적 냉전 체제의 전초 기지로서 수십 년을 서로 으르렁댔다. 6·25전쟁의 잘잘못이 누구에게 있었는지를 가리는 것은 별도로 하고, 남북이 평화통일을 모색하는 쪽으로 돌아서야 할 것은 분명했다. 이 소설은 그런 민족적 과제

---

97. 이명준은 작가의 분신이다. 현실 속의 최인훈은 이 땅에서 문학을 하며 오래 살았다. 하지만 정신적으로는 남과 북, 어디에도 마음을 두지 못하고 내면으로 망명했다고 볼 수 있다.

를 거드는 데에 한몫했으니 그 점에서 문학적 가치가 높다. 1960년대와 1970년대의 젊은이들에게 진취적인 눈을 뜨게 해준 공이 크다는 얘기다.

하지만 지금은 21세기다. 어떤 이야기든 시대에 따라 달리 읽히기 마련이다. 가령 콩쥐팥쥐나 심청이 조선시대에는 감명 깊게 읽히는 이야기라 해도, 효도가 사회의 으뜸 덕목 자리를 차지하지 못하는 현대사회에서는 옛날만큼 감명을 주지 못한다. 남북이 냉전 대결을 벌였던 때에는 양쪽을 다 같이 비판한 것이 그 무렵의 상황 맥락 속에서 진취적인 뜻이 있었다지만, 지금은 어떤 사회 체제와 어떤 역사적인 길이 바람직했는지, 최인훈의 자유주의 사상이 현실에 들어맞는지를 정면으로 따져야 한다.

해방 후 우리 사회는 어떤 과제를 안고 있었는가?

첫째, 조선시대와 일제강점기 시절에 우리 사회의 경제 관계는 지주와 소작인, 두 계급으로 나뉘었더랬다. 지주는 땅을 움켜쥔 권세를 발휘해서 커다란 불로소득을 누렸는데, 이 수탈 관계는 일제강점기에 들어와 더 악화되었다. 일본이 조선을 침략한 이유가 그것 아닌가. 지주들을 보호하고 자기들이 최대 지주로서 빼앗아가겠다는 것![98] 일제 말에 농민들이 소작료로 뜯긴 것은 기본이 쌀 수확량의 절반이요, 7~8할을 뜯어간 악덕 지주도 적지 않았다. 1920~1930년대 우리 문학 작품들에는 가난에 허덕이는 민중의 삶을 그려낸 작품들이 수두룩한

98. 일제강점기에 친일 악덕 지주를 통렬하게 풍자한 채만식의 소설 『태평천하』를 참고하라.

데(예컨대 현진건의 「운수 좋은 날」), 역사 연구자들은 조선시대 말보다 일제강점기에 접어들어 우리 민중의 삶이 더욱 궁핍해졌다고 한다. 해방 직후 한국 민중의 정치의식을 조사한 연구에 따르면 민중의 70%가 사회주의를 지지한다고 응답한 것으로 되어 있는데, 이 지주/소작 관계를 없애는 것을 비롯해 세상이 크게 바뀌기를 민중 대부분이 갈망하고 있었다는 얘기다. 최인훈은 부르주아의 처지에서 북한 체제를 싫어했으나, 그 당시에 사회혁명(곧 토지 개혁)을 실천에 옮긴 북한 정권이 그 나름으로 민중의 지지를 받고 있었음을 부인해서는 안 된다.[99]

둘째, 우리 민족은 외세로부터 독립된 자주 국가를 세울 벅찬 과제를 안고 있었다. 1948년까지 남과 북을 통일하는 문제를 놓고 정치 협상을 줄곧 벌여왔다. 이 협상이 깨지고 불행히도 두 나라가 따로 들어서고 나서 한국전쟁으로까지 치달았거니와, 한국전쟁의 잘잘못을 따질 때에는 남쪽 (이승만) 정부와 북쪽 (김일성) 정부가 과연 어느 쪽이 더 민족 자주의 길을 걸었던 세력인지 엄중하게 따져 물어야 한다.

이 두 질문만 해도, 방대한 논의가 필요하다. 게다가 한국전쟁의 잘잘못을 비롯해 더 따질 것도 많다. 그때와 지금은 시대가 많이 달라졌으므로 요즘 들어 새로 따질 것도 있다. 그러니 이 짧은 글에서 누가 옳고 그르니, 간단하게 판가름할 수는 없다. 하지만 최인훈이 (소설 속에서) 북한을 단순·명쾌하게 비판한 내용을 액면 그대로 수긍할 수 없다는 것만은 분명히 일러둔다. 최인훈은 사회혁명과 맞닥뜨려 자기 재산을 빼앗긴 부르주아(흔한 말로 기득권 세력)의 처지에서 북한을 부정한 것이고, 우리는 그때 우리 사회가 토지 개혁이라는 커다란 변혁

99. 북한이 토지 개혁을 전면적으로 단행하자, 남한의 지주들도 시늉으로라도 토지 개혁을 해줘야 했다. 그러지 않으면 농민들이 세상을 뒤엎을 것처럼 느꼈으므로. 게다가 전쟁 통에 남한 지주들의 몰락이 빨라졌다. 박정희 때에 자본주의 발달이 순조로웠던 기본 원인은 이 지주/소작 관계가 (딴 나라들보다 더 확실하게) 청산된 데에 있었다.

과제를 안고 있었다고 본다. 이 얘기가 북한 정권에 대한 일방적 두둔으로 읽히지 않았으면 좋겠는데, 왜냐하면 '추구한 방향이 옳았다'는 것과 '실제로 사회를 제대로 바꿔냈느냐.' 하는 것은 구분해서 볼 일이기 때문이다. 또, 그때 잘했다고 해서 지금도 잘한다는 얘기는 아니라는 점도 유의할 일이다.

돌이켜보면, 우리 민족만큼 서로 날카롭게 갈려서 험악하게 대결을 벌여온 나라도 없다. 사실 지금도 법적으로 전쟁이 끝나지 않았다 (아직 휴전선이 그어져 있다). 그러므로 해방 후 우리 사회가 어찌 굴러왔어야 할지를 토론하는 것은 무척 예민한 문제다. 한국전쟁을 놓고도 누가 잘했니/못했니 하고 오랫동안 겁나게 험악스러운 말싸움들이 벌어졌는데, 이 말싸움이 언제 (대략이나마) 가닥이 잡힐지 도무지 알 수 없다. 그러니 남과 북의 체제를 둘러싼 토론은 조심스럽게 이어가야 한다.[100]

다만, 최인훈의 북한 비판은 냉전 대결의 논리에서 그리 멀리 벗어난 이야기가 아니기 때문에, 그의 논리에 따라 민족 문제를 바라봐서는 안 된다는 것만 일러둔다. 그가 소설 속에서 떠든 이야기(곧, 북한에는 개인의 자유가 없다는 절규)는 그의 생각이고, 그 생각이 옳은지는 현실의 역사 속에서 검증되어야 할 일이다.

윤흥길의 소설 「장마」는 남북 분단을 극복하는 문학으로서 『광장』보다 더 윗길이다.[101]

전라북도 어느 마을. 나는 친할머니와 산다. 서울에 사시던 외할머니가 전쟁이 나자 우리 집에 피난을 와서 머무른다. 지루한 장마가 계

100. 최인훈과 같은 관점은 아니지만, 남쪽에 물어야 할 허물도 있고 북쪽에 물어야 할 허물도 있다고 생각한다.

속되던 어느 날 밤, 외할머니는 국군 장교(소위)로 전쟁터에 나간 아들이 전사했다는 통지를 받는다. 외아들을 잃은 외할머니가 "빨갱이는 다 죽어라!" 하고 저주를 퍼부었고, 같은 집에 사는 친할머니는 이 악다구니에 대해 분을 참지 못한다. 그것은 곧, 빨치산으로 나가 있는 자기 아들더러 죽으라는 저주이기 때문이다. 나도 어떤 사람의 꾐에 빠져 무심코 "삼촌이 집에 들렀다"는 위험천만한 말을 뱉어서 아버지가 지서(경찰서)에 끌려가 한동안 고생하게 해서 나도 할머니의 노여움을 샀다.

빨치산이 대부분 소탕되고 있던 때라서 가족들은 대부분 삼촌이 죽을 것이라고 여기지만, 할머니는 '아무 날 아무 시에 아무 탈 없이 돌아온다'는 점쟁이의 예언만 철석같이 믿고 아들을 맞을 준비를 한다. 그날이 가까워지면서 우리 집은 할머니의 성화 때문에 대단히 바빴다. 그러나 예언한 날이 되어도 삼촌은 돌아오지 않는다. 실의에 빠진 할머니.

그때 난데없이 구렁이 한 마리가 애들의 돌팔매에 쫓겨 집안으로 들어온다. 이를 본 할머니가 놀라 쓰러지고 집안이 온통 쑥대밭이 되었다. 외할머니는 사람들을 내쫓고 감나무에 올라앉은 구렁이에게 다가가 말을 건넨다. 아무 반응이 없자 할머니 머리에서 빠진 머리카락을 불에 그슬린다. 그 냄새를 맡은 구렁이가 땅으로 내려와 대밭으로 사라졌다. 그 뒤 할머니는 외할머니와 화해하고 일주일 뒤

---

101. 민족의 화해를 추구하는 비슷한 이야기로 황순원의 단편소설 「학」도 있다. 북한군이 마을에 내려왔을 때 어릴 적 소꿉친구가 그들 심부름을 했다가 북한군이 후퇴한 뒤, 부역자로 몰려 붙잡혔다. "내가 저놈을 경찰서로 데려가겠소." 하고 주인공이 나선다. 길을 가다가 들녘에 학이 날아와 있는 것을 보고 친구더러 "학을 붙들어 오너라." 하고 시킨다. 제 친구더러 슬며시 도망가라는 신호였다. 이 소설에서 학은 우리 민족을 상징하는 짐승이다.

숨을 거뒀다. 그리고 장마가 걷혔다.[102]

두 할머니는 다 전쟁의 피해자다. 제 아들을 잃은 처지에서 한때 서로 미워하지만, 제 아들을 가슴에 묻고 나서는 상대방의 아픔도 안쓰러워하는 성숙한 사람으로 바뀌었다. 서로 용서한다는 것은 다시 하나의 겨레로 합칠 수 있는 첫걸음이다. 이념의 갈등을 극복해가는 것은 그다음 일이다.

구렁이로 상징되는 샤머니즘 문화가 두 할머니를 화해케 하는 계기가 되었다. 하지만 중요한 것은 샤머니즘이 아니라 아들을 잃은 어머니의 처지에서 세상을 볼 때라야, 죽고 죽이는 살육전쟁의 상대방을 비로소 용서할 수 있다는 사실이다. 두 할머니가 품었던 깊고 깊은 한과 슬픔은 자신을 갉아먹는 독이지만(할머니는 그래서 죽었다), 미운 사람들을 용서하는 놀라운 힘을 기어이 발휘했다. 할머니들은 점쟁이와 샤머니즘을 믿는 무지렁이지만, 서로 원수가 되었던 사람과 사람 사이를 다시 잇는 원초적인 힘은 서양 학문을 많이 배운 지식인이 아니라 그런 무지렁이들에게서 나온다.

「장마」의 1인칭 화자(나)는 어린이다. 아직 이데올로기에 찌들지 않은 순진한 어린이의 눈으로 볼 때라야 세상의 진실이 더 잘 보인다. 그래서 분단의 상처를 그린 소설들은 대부분 '어린 나'를 화자로 삼았다. '나'는 집안의 비극을 통해 민족 현실에 눈을 뜨고 앞으로 민족의 화해를 염원하는 어른으로 커갈 것이다. 성장소설이다.

이 소설은 1972년 7·4남북공동성명이 발표된 지 얼마 뒤에 나왔다.

102. 온 세상을 질펀히 적신 장마는 우리 민족에게 닥친 불행한 전쟁을 상징한다. 장마가 끝나면 하늘이 다시 개듯 우리 민족도 서로 화해할 날이 올 것이다. 한편 구렁이는 두 할머니의 갈등을 해소한 매개체가 되었다.

이 공동성명은 (늦긴 했어도) 남과 북이 냉전 대결을 뒤로 물리고 화해의 길로 나아가는 첫걸음이었다. 작가는 한반도에 드리운 적대와 대결의 먹구름이 얼마쯤 걷혔다는 기쁜 소식을 듣고 소설을 쓸 의욕을 불태웠으리라. 그때 젊은이들은 이 소설을 읽고 민족 현실에 새로 눈을 떴으니, 「장마」는 독자들에게도 성장소설이었다.

하지만 「장마」는 한국전쟁에 직접 앞장선 당사자들의 처지에서 민족 현실을 본격적으로 다룬 작품은 못 된다. 그런 소설은 민중에게 말할 자유를 열어준 1987년 민중대항쟁의 물결 속에서 비로소 태어났다. 조정래는 『태백산맥』이라는, 원고지 1만 6,000장짜리 대하소설을 펴냈고, 권운상은 아홉 권짜리 『녹슬은 해방구』를, 정지아는 『빨치산의 딸』을 발표했다. 널리 알려진 『태백산맥』의 줄거리만 짧게 간추린다.

해방 직후 한반도에서는 좌파와 우파 간의 정치적 대립이 심각해지는데, 이는 벌교읍(전라남도 보성군)에서도 마찬가지였다. 숯장수 염서방의 아들인 염상진과 그 무리가 민중의 피와 땀을 쥐어짜던 지주를 처형하는 일이 벌어졌고, 염상진 그룹이 쫓겨 가자 염상구(염상진의 동생인 건달패)와 청년 단원들이 되돌아오기도 한다. 하지만 좌파 활동가들은 여전히 모든 사람이 평등한 세상을 만들자는 이상을 품고 사회 운동을 벌였다. 초등학교 교사 출신의 이지숙은 야학 교사로 일하며 구연동화 수업으로 계급투쟁의식을 아이들에게 북돋았고 염상진과 하대치, 안창민은 명석한 머리로 빨치산 운동을 지도하여 계엄군 사령관 심재모 중위와 대결했다. 한국전쟁이 터졌다. 염상진은 해방구 주민들의 몰이해와 추위, 일부 인민군 부대의 이기주의 등의 어려움을 겪으면서 빨치산 투쟁을 이끌지만, 결국 토벌대에게 포위당해 스스로 목숨을 끊는다. 그의 무덤 앞에서 동지들은 조국 해방 운동을 이어갈 것을 다짐한다.

이 소설들은 해방 정국과 한국전쟁 때 지리산에서 벌어진 빨치산들의 투쟁을 본격적으로 다뤘다. 이들은 해방 공간에서 (토지 개혁을 비롯해) 사회변혁을 추구하다가 지리산으로 쫓겨 들어갔고, 한국전쟁이 터진 뒤로는 조국해방 투쟁의 임무를 받아안았다. 반공 체제에 갇혀 살았던 한국 민중은 북한을 우리와 아무 관련 없는 남인 것처럼 여긴 사람이 많은데, 지리산 산사람들(빨치산)은 '남이냐, 북이냐.' 하는 지역 구분을 무너뜨린다. 해방 후, 우리 민족은 세계 자본주의 체제에 포섭되는 길로 가느냐, 사회변혁을 이뤄내고 자주적 독립국을 세우느냐 하는 두 길 사이에서 커다란 내전을 치렀던 것인데, 산사람들은 후자의 길 위에서 산화해갔다. 아직도 한반도는 남북한의 두 국가로 나뉘어 이 대결을 벌이고 있다.

『태백산맥』은 남북 대결의 역사가 끝나기를 바라는 수많은 시민이 즐겨 읽었고 영화로도 만들어졌다. 풍부한 우리말이 담겨 있어 국어 공부에도 큰 도움이 된다. 이승만의 양아들이 이 소설을 '국가보안법' 혐의로 고발했으나 법원이 무혐의로 판정했다. 『빨치산의 딸』을 펴낸 출판사 사장은 한때 같은 혐의로 감옥살이를 했다.

실제 역사는 소설보다 훨씬 처절하고 치열했다

다음에 소개하는 글은 북한에서 활동하다가 남쪽으로 내려와 감옥 살이를 한 어떤 사람에 대해서 쓴 글이다. 최인훈이 북한을 자유가 없는 곳이라 단칼에 단죄했으니, '(진정한) 자유'가 과연 무엇일지 견주어 생각해보라고 옮긴다. 재일교포로서 서울대학교에 유학생으로 왔다가 감옥살이를 한 인권운동가 서준식이 쓴 글이다.

내가 최남규 선생을 처음 만난 것은 1978년 대전교도소에서였다. 당시 대전교도소는 형기(형벌을 받은 기간)를 마치고도 사회안전법에 묶여 계속 갇혀 있어야 했던 150명 남짓의 비非전향 장기수를 임시로 재워주고 있었다.[103] 수의를 입고 있어도 범접하기 어려운 기품을 지닌 그 노인을 사람들은 "선생님!"이라고 깍듯이 불렀다. 깔끔하고 윤기 있는 은발과 따뜻한 눈을 가진 최남규 선생의 입가에는 늘 미소가 감돌고 있었다.

나와는 달리 최남규 선생은 터무니없이 천진스럽고 낙관적인 사람이었다. 언제나 그는 '정치범 교환'이 있을 터이고 곧 고향인 함경북도 명천에 간다고 믿었다. 동지의 죽음을 맞을 때마다 그는 "조금만 참았으면 고향으로 갈 텐데……" 하고 안타까워했다. 감옥에서도 그랬고, 감옥을 나와 죽음을 맞기까지도 그랬다.

1910년 우리나라를 때려 엎은 일본 제국주의는 식민지 토지 소유를 굳힐 목적으로 '토지 조사 사업'을 벌였다. 농사지을 땅을 빼앗긴 농민들은 날품팔이 노동자가 되거나 조국을 등지고 압록강(두만강)을 건너갔다. 최 선생네가 함경북도 명천을 떠나 얼어붙은 두만강을 건넌 것은 1913년 봄이었고, 그때 '바위'(최 선생의 아명)는 갓 태어나 열세 살 누나의 등에 업혔더랬다. 북간도(만주 지역)에 자리 잡은 최 선

---

103. 이것은 법치주의라는 기본 규범마저 무너뜨린, 군사 파쇼의 가장 악랄한 짓거리였다. 정권에 미운털이 박힌 사람은 (사법부가 몇 년의 형벌을 선고하든 간에 그와 상관없이) 죽을 때까지 감옥에 가둬두겠다는 얘기다. 군사 파쇼를 두둔하는 사람들은 이 범죄적 민중 탄압이 있어도 괜찮다는 것인지, 변명해야 한다.

생네는 황무지를 일구느라 죽을힘을 다했다. 바위의 아버지는 청산리 밀림에 있는 김좌진의 독립군을 위해 자금을 걷는 비밀 조직원이었다.

아버지는 소학교 시절 줄곧 1등을 한 바위가 중학교에 진학하는 것을 막았다. 바위네가 살던 곳은 사회주의자들의 독립운동이 활발한 곳으로, 중학생들이 사회주의 운동의 영향을 많이 받았고, 중학교만 졸업해도 일본 경찰의 감시를 받던 것이 진학 반대 이유였다.

최남규 선생은 집에서 도망쳐 용정시에 가서 영신중학교에 입학했다. 5년간 줄곧 육체노동을 하며 고학한 그는 우수한 성적으로 중학교를 마치고, (당시 일본의 꼭두각시 나라인 만주국이 세운) 길림사범대학에 입학했다. 120명 합격자 가운데 조선인은 저 혼자였다. 1937년에 길림사범대를 마치고, 연길사범학교에서 학생들을 가르치다가 간도성 민정청 학무과 장학관으로 들어가 교육 관리로 출세 길을 달렸다. 그러나 1945년, 그는 온 민족이 기쁨의 만세 소리로 맞이한 해방을 부끄러움과 고뇌로 맞았다. 최 선생은 이렇게 서술했다.

"신문배달부와 그릇닦이로 온갖 고통을 겪으며 고학할 때도, 함께 고학한 만조카가 과로에 영양실조로 일찍 죽었을 때도, 소학교(초등학교) 친구들이 어린 나이로 일본 경찰에 끌려가 갇히고 사라져버렸을 때도, 나는 그것이 민족의 운명과 굴레에서 비롯된다는 것을 깨닫지 못했다. 오히려 차별 대우가 없는 고등 문관 시험(요즘의 사법고시)에 붙어서 일본에 대한 민족적 반항의식의 돌파구를 찾으려고 했다. 그러나 내가 성실하게 일하면 일할수록, 내 밑에 일본인 부하들이 늘어나면 늘어날수록 그것은 우리 민족이 걷던 고난의 길과는 점점 어긋난 길로 치달았다. 비록 민족을 반역한 일은 없지만, 지식인으로서 시대의 임무를 다하지 않은 것이니 엄격한 거울에 비춰 본다면 그것은 친일과 전혀 다르지 않았다."

1947년 최남규 선생은 고향인 함경북도에 돌아와 청진교원대학에서 지리학과 교수가 되었다. 1957년 그는 중앙당(북조선 노동당)의 부름을 받고, 남한에 가서 정치 공작을 할 것을 제의받는다. 북간도와 연길시에서 인연을 맺은 동창과 후배들이 남한 정부 곳곳에서 요직을 맡고 있었던 것이 그가 정치 공작을 제안받은 이유였다. 그는 그 제안에 기꺼이 따랐다.

남쪽에 '생활 토대 마련'의 임무를 띠고 들어온 그는 앞서 남파된 동료의 밀고로 반년 만에 붙들린다. 15년 형을 받고[104] 감옥에 들어간 그는 사상 전향을 거부했다. 비전향의 삶은 그에게 "민족의 운명이 고난에 빠졌을 때, 역사의 책무를 다하지 못한 인텔리의 참회요, 민족 앞에 하는 속죄"라는, 그 나름의 특별한 뜻이 있었다.

15년 형기를 마치고 1972년에 출옥한 그는 외로운 엿장수 생활 3년 만에 다시 갇힌다. 1975년에 정해진 사회안전법은 예전에 사상 전향을 거부한 좌익수(정치범)들을 (재판도 거치지 않고) 끝도 없이 감옥에 가둘 수 있는 법이었다. 최남규 선생은 청주보안감호소에 다시 갇힌 14년 동안에도 사상 전향을 거부했다. 그가 78세의 노인이 되었을 때(1989년), 가까스로 바깥세상에 나올 수 있었던 것은 이 법(사회안전법)이 박정희 시대의 악법으로 손가락질 받고 폐지된 덕분이었다.

1999년 12월 11일 저녁, 보라매병원. 나는 병상에 누워 가쁜 숨만 몰아쉬는 한 외로운 노인을 지켜봤다. "조국을 위해 한 거이 아무것도 없습네다"라는 말이 입버릇이던 노인, 사람에 대한 원한도, 세상에

---

104. 그는 '간첩'죄로 감옥살이를 했다. 간첩은 남과 북의 두 국가가 남남일 때나 적용될 말이다. 두 나라는 어떻게든 통일할 것을 표방하고 있으니 이를 위한 활동이 간첩으로 단죄돼서는 안 된다. 그런데 진짜 간첩이든, 최근 옥살이한 유오성 씨처럼 억울한 간첩이든 이들이 한반도에서 제일 처절한 삶을 살았다.

대한 원망도 없었던 노인, 언제나 곧 통일된다고 생각하면서 "고향! 명천! 통일!"을 되뇌던 바로 그 노인의 생명이 내 눈앞에서 꺼져가고 있다. 오랜 투병에 지친 88세 노인의, 뼈만 남은 작은 가슴이 서서히 식어갔다. 얼굴이 평온했다.[105]

이렇게 고난을 겪은 사람을 떠올릴 때, 최인훈의 『광장』에 담긴 이야기가 한가롭게 느껴지지 않는가? 『광장』은 지식인의 넋두리를 늘어놓은 소설이라 해도 지나치지 않다. 평생 감옥살이를 하면서도 신념을 잃지 않았던 실재 인물을 떠올릴 때, 이명준의 넋두리는 가볍기 짝이 없다. 『광장』뿐 아니라 수많은 문학 작품이 한국전쟁의 참혹하고 한 많은 역사를 뿌리째 캐내지 못하고 변죽만 슬쩍 울렸다. 그러니까 우리는 그때 세상이 어땠는지, 옛 사람들의 실제 발자취를 더듬어서 알아낼 일이지, 문학 작품을 통해 배울 바가 별로 많지 않다. 빈약하고 허접스러운 문학 작품이나 사회 교과서에 기대지 말고, 아스라한 역사적 기억을 우리가 살아가는 현실에서 곧바로 길어 올려야 한다.

끝으로, 글쓴이가 여러 해 전에 지리산 빨치산 근거지를 찾아가서 얻은 견문을 서술한 (그때 쓴) 기행문을 옮겨 싣는다. 제목은 '그해 철쭉은 겨울에 피었네.' 1950년대 말에 신동엽 시인이 산사람들을 기리며 쓴 시도 덧보탠다. 그 시절에 민족 현실을 정면으로 다룬 소설은 전혀 없었고, 오직 이 시 「진달래 산천」 한 편만이 간절한 해방의 꿈을 담아냈더랬다.

세밑에 전라도에 폭설이 내려서 지리산 노고단 쪽은 다 입산이 통제

---

105. 1999년 12월 24일 자 『뉴스피플』에 서준식이 쓴 글.

되고 해서, 새해 첫날 꼭두새벽 지리산 최남단 성제봉(형제봉)을 오르다. 경상도와 전라도가 만나는 화개장터에서 하동으로 가다가, 박경리의 소설 『토지』의 무대인 '악양 평사리' 조금 못 미쳐서 좌회전하다. 거기서 임도林道를 걸어서 올랐다. 아무도 찾지 않아 고즈넉하다. 옛 빨치산들이 백운산에서 섬진강 건너 이곳을 통해 지리산에 진입하려다가 매복에 걸려 많이 죽어갔다. 멀리 노고단 반야봉 천왕봉에서 남해까지 두루 보여서 해맞이에 안성맞춤인 곳.

멀리 동쪽으로, 남해 시커먼 먹구름 뚫고 탐스러운 아기가 자춤자춤 자궁에서 벗어나듯 신년 새해가 솟아오른다. 우련하게 붉구나. 해가 다시 떠오르는 것은 참으로 위대한 일이라고 누가 말했던가. 만물을 따뜻이 비추는 그 위대한 힘은 바로 그 타오르는 붉음에서 생겨나는 것이 아닐런가.

겨울 산에서 내려와서 몸으로 기억하는 것은 거세고 차디찬 바람과 낯을 후리는 아린 추위다. 다만, 타오르는 붉음을 눈으로 가슴으로 맛본 기억만이 그 고생을 갚아준다.

쌍계사 칠불사 옆 이산마을을 지나 '공비 토벌로'(지리산은 꼭대기까지 곳곳에 도로가 닦여 있다. 남다른 일이다. 이곳에 다시는 빨치산이 발붙이지 말라고, 한 치 앞을 내다보지 못하는 거대한 반공 국가가 아름드리 산을 마구 죽이는 헛짓거리를 했다)를 따라 한참을 오르면 '이현상 격전지'가 나온다. 빨치산 지도자였던 이현상. 커다란 바윗돌 무더기가 쏟아져 내린 너덜바위, 시냇가에 살벌한 나무 팻말이 서 있다. 다 합쳐 일개 사단 병력이 넘는 만여 명의 군인과 경찰이 산을 겹겹이 에워싸고 수백 명의 산사람들을 토끼몰이했던 곳. 핏빛 포도주를 제주祭酒로 뿌리고 돌아서다.

이웃한 대선골에서는 구사일생으로 빨치산 여자 한 사람이 살아남았다는데, 그녀는 발각되지 않으려고 바위와 바위 사이 칼 같은 틈바구니에 곧추서서 꼼짝도 않고 엿새를 서서 버텼다는 전설 같은 이야기가 전해온다.

30년 민주화 운동이 조금씩 사회적 생명을 다해가고, 더 높은 지향의 '주체 형성' 요구가 지령처럼 달려드는 요즘, 옛 사람들의 자취가 문득 옷깃을 여미게 하다. 그래서 옛 사람을 만나다.

이옥자 할머니 82세(1929년생). 서당 3년에 초등 5년 편입해 졸업(그때는 여자가 초등학교만 마쳐도 인텔리였다). 빈농 출신. 1947년 18세에 시집갔으나 공부가 하고 싶어서 문을 치마로 가리고 몰래 책을 읽었다. 좌익 운동을 하는 두 살 위 남편의 영향을 받았고, 서북청년단의 테러를 피해 2년 뒤 갓난아이를 안고 입산해 남로당(남조선노동당)에 입당하다. 남편과 함께 유격대 활동. 마을을 다니며 선동하는 정치위원 역할. 이현상의 신임을 받다.

전쟁이 벌어지자 하루 100리 넘게, 매일같이 달리듯이 행군하며 전투하다. 1952년 대선리 전투에서 가까스로 살아남았으나[106] 1954년 붙들리다. 병이 걸린 몸이라 형벌이 너그러워 5년형을 살고 출옥. 남편이 일찍 죽고 혼자 고립된 삶을 가눌 수 없어 동료 좌익 활동가와 결혼해 딸을 낳다. '빨갱이 딸'이라는 손가락질을 견디며 성장한 이 딸이 사회 운동가가 되고, 어머니를 주인공으로 『빨치산의 딸』이라는 책을 쓰다.

그녀는 토굴 속에서 차오르는 물에 잠긴 채 갓난아이를 안고 며칠을

---

106. 여기 인용한 기행문의 제목인 '그해 철쭉은 겨울에 꽃 피었네'는 『녹슬은 해방구』에 나오는, 이 전투를 기린 노래의 한 구절이다.

꼼짝 않고 숨었다. 그때 그 아이는 산에서 죽었다. 이런 고난으로 그 동안 쭉 '병'을 달고 살았다. 그런데 지금은 참 혈색이 좋고, 근래 들어 오히려 몸이 나아졌다고 한다. 혹시나 운명할 날이 가까워졌는지. 이옥자 '할머니 선생님'은 총기가 밝고 유머가 넘쳤다. 옛날엔 뒤풀이를 오락회라 불렀다는데, 요즘과 많이 비슷하다. 노래를 시킬 때면 "나오세요, 안 나오면 피유우웅(박격포 날아가는 소리)." 하고 합창했다고. 지금도 『민족21』 같은 정세 잡지를 읽고 세상을 늘 내다본다. 좋은 사람들 다 떠나보내고 죄의식 속에 산다고 했다. "영화 〈남부군〉에 산사람들이 밥을 허겁지겁 퍼먹는 장면이 나오는데 사실과 다르다. 콩 한 쪽도 나눠 먹는 동지애가 넘쳤다"고 바로잡는다. 휴전 때 북한으로부터는 남한 빨치산에 관한 언급도 없이 '도시로 들어가라'는 지령만 있었는데 섭섭하지 않았느냐 물었더니, 섭섭하기는 했지만 "당이 명령하면 당연히 복종한다"고 대꾸한다.

그때의 시대정신은 '당에 대한 충성'이었다. 그는 지금도 혁명가인가? 그렇다. 그의 손님들이 노동가요를 불러주고, 사회변혁 강령집을 전해드렸더니 기뻐하고 기뻐했다. 그는 고달픈 병고와 가난을 오직 혁명 정신 하나로 버텨왔다. 키가 작고 곱상한 할머니. 자신도 병들었으면서 치매에 걸린 남편을 건사하며, 힘들게 사는 할머니. 기초생활보장 수급자로, 아마 두 부부 합쳐 50만 원 돈으로 목숨을 이을 옛 혁명전사. 구례읍에 머물며 빨치산 다큐멘터리를 준비하는 영화감독이 할머니 앞에서 재롱을 떨다가 문득 고개를 수그리고 손으로 눈두덩을 씻는다. 그 옆의 누구도 마음이 짠해진다.

할머니 선생님이 떠나실 때, 여럿이 마당에 나가 한 줄로 늘어서서 〈임을 위한 행진곡〉을 부른다. 혁명가를 존경할 줄 아는 사회만이 미래를 품는다. 허리가 잔뜩 굽은 늙은 할머니께 경배를 올렸다. 이런

선생님들이 계신 덕분에 우리는 비로소 한국 사회를 존경할 수 있
게 된다.

돌아서서 문득, 지리산 캄캄한 밤하늘을 우러르다. 차갑고 시린 별
들이, 6·25의 빗발치던 박격포처럼 지상으로 쏟아져 내리다. 아, 찬
란한 별들이 울고 있다!

길가엔 진달래 몇 뿌리
꽃 펴 있고
바위 모서리엔
이름 모를 나비 하나
머물고 있었어요

잔디밭엔 장총을 버려 던진 채
당신은
잠이 들었죠

햇빛 맑은 그 옛날
후고구렷적 장수들이
의형제를 묻던,
거기가 바로
그 바위라 하더군요

기다림에 지친 사람들은
산으로 갔어요[107]
뼛섬[108]은 썩어 꽃죽 널리도록

남햇가,

두고 온 마을에선

언제인가, 눈먼 식구들이

굶고 있다고 담배를 말으며

당신은 쓸쓸히 웃었지요

지까다비[109] 속에 든 누군가의

발목을

과수원 모래밭에선 보고 왔어요

꽃 살이 튀는 산허리를 무너

온종일 탄환을 퍼부었지요

길가엔 진달래 몇 뿌리

꽃 펴 있고

바위 그늘 밑엔

얼굴 고운 사람 하나

서늘히 잠들어 있었어요

꽃다운 산골 비행기가

지나다

---

107. 새 세상을 꿈꾸던 사람들이 산으로 들어가 저항 부대를 이룬 것을 넌지시 빗대는
표현.
108. 살해당한 사람의 뼈가 한 가마니 가득 담겨 있다는 뜻. 시체가 꽃죽처럼 아름답다
니, 통렬한 반어법이다. 1945~1953년에 우리 민중이 겪은 수난은 누구도 말로 형용할
수 없다.
109. 신발.

기관포 쏟아놓고 가버리더군요
기다림에 지친 사람들은
산으로 갔어요
그리움은 회올려[110]
하늘에 불붙도록
뼛섬은 썩어
꽃죽 널리도록

바람 따신 그 옛날
후고구렷적 장수들이
의형제를 묻던
거기가 바로
그 바위라 하더군요

잔디밭엔 담뱃갑 버려 던진 채
당신은 피
흘리고 있었어요

110. '빙빙 맴돌아 오르게 한다'는 뜻.

1 국가:
어느 젊은이가 던져준 질문

평범한 공화당원 스노든은 CIA 활동을
통해서 국가의 흉악한 몰골을 깨달았다.

2013년 6월에 에드워드 스노든이라는 미국의 한 젊은이가 미국 국가가 간직해왔던 비밀을 폭로했다. 그는 '부즈 앨런 해밀턴'이라는 민간 회사에서 컴퓨터 기술자로 10년을 일했는데, 이 회사는 사실상 미국 중앙정보국CIA이 거느린 계열 회사였고, 그러므로 그는 미국 정보기관의 하위직 직원인 셈이다. 그가 폭로한 비밀은 미국 국가가 수많은 개인 정보를 닥치는 대로 수집했다는, 곧 민간 사찰을 했다는 것 등등이다.

그는 그 회사, 아니 중앙정보국에서 일하면서 미국이 아랍을 상대로 전쟁을 벌이는 자세한 과정을 볼 수 있었다. "그 전쟁이 과연 아랍인들을 돕겠다는 것이 맞는지" 그는 혼란스러웠다고 한다. 또 미국 정보기관이 유럽의 은행 정보를 빼내려고 부도덕한 짓거리를 벌이는 것을 목격하고 충격을 받았다. 또 미국 정부가 미국의 일반 시민을 상대로 개인 정보를 마구 수집해 들이는 것을 알고 문제의식을 느꼈다고 한다.

그는 미국 사법당국의 손길을 피해 홍콩으로 건너가서 자기가 알아낸 모든 정보를 언론에 폭로했다. 그리고 러시아나 에콰도르 등에 망명할 수 있을지 알아봤는데, 그의 정치적 망명을 받아들이면 미국 정부가 강력하게 보복할 것이 부담스러워서 여러 나라 정부가 다 스노든을 받아들이는 것을 꺼렸다. 볼리비아 대통령이 마침 유럽을 방문하고 있었는데, 스노든을 구해내려고 대통령 전용기에 그를 태워서 데려가는 것이 아닌지 의심한 유럽 여러 나라가 그 비행기의 자국 영공 통과를 불허하거나 검색했다. 이런 조치는 다른 나라 국가원수의 권위에 침을 뱉는 난폭한 짓인데도 유럽 국가들은 미국을 도우려고 볼리비아 대통령에게 망신을 주었다. 그러자 이런 폭거에 반발한 남아메리카의 베네수엘라 등 몇몇 나라에서 그의 망명을 받아들이겠다고 선언했다. 하지만 이러저러한 우여곡절 끝에 2014년 4월 초 현재, 스노든은 러시아에 망명하여 (미국 정보기관의 추적을 피하려고) 숨어 살고 있다.

어느 큰 나라 정부가 부도덕하다는 것을 지구촌의 어느 젊은이가 증거를 들어 밝히자, 상당수 나라는 그에게 쇠고랑을 채우고 싶은 나라의 편을 들었고, 다른 몇 나라는 강대국의 보복이라는 뒤탈이 두려워 그를 외면했으며, 몇 나라는 망명을 허용했다. 여러분, '국가'라는 놈을 어떻게 봐야 하나?[111]

그런데 사실 우리 대부분은 위 질문과 같은 그런 커다란 궁금증을 품어본 적 없다. 학교 교과서는 "국가라는 것, 그거 좀 이상한 구석이 있지 않아? 좀 생각해봐야 하지 않나?"라는 의문에 대해 아무 대답도 해주지 않는다. "시장경제에는 문제점도 많다"거나 "옛날에 유럽 강국

111. 함주명 씨는 1930년 이름난 개성상인의 막내로 태어나 부유하게 살았다. 6·25가 났을 때 북한 의용군에 들어갔다가 한쪽 눈을 잃었고, 북한에서 푸대접을 받자 (월남한 어머니를 찾아) 남파 공작원에 일부러 자원했고 1954년 남파되자 자수했다! 그러면 용서해줄 줄 알았는데 남쪽 정부는 끔찍한 고문을 저지르고 형벌을 내렸다. 30년 뒤, 다시(!) 정보기관에 끌려가 고문당하고 16년간 감옥살이를 한 뒤 1998년 풀려났다. 인권 단체가 도와줘서 2014년에 와서 무죄 판결을 받았지만, 그의 인생이 다 끝난 뒤였다. 국가는 이렇게 잔인하다!

들은 식민지 쟁탈전쟁을 벌인 적 있다"라고 서술한 대목을 곱씹어본다면야 "국가라는 것도 문제가 있다"는 깨달음을 끌어낼 수도 있겠지만, 그런 대목을 겉핥기로 읽고, 덮어놓고 외우고 공부를 끝낸다면 그런 비판적인 앎을 얻을 리 없다. 교과서를 건성으로 읽을 때, 오히려 우리는 "국가는 좋은 일을 많이 하는 중요한 곳"이라는 인상을 마음속에 심게 된다. 교과서를 제작한 당국의 목표도 그런 것이다.

텔레비전 뉴스도 국가라는 것에 대한 궁금증을 대부분 잠재운다. 밤 아홉 시 정기 뉴스의 앞쪽에는 어김없이 한국 정부 또는 강대국(미국이나 중국) 정부가 무엇을 했는가를 알려주는 소식이 실린다. 맨 앞에 실린다는 것은 그 소식이 가장 중요하다는 뜻이다. 만날 텔레비전만 시청하는 사람은 "이 세상은 큰 나라 정부가 없으면 제대로 굴러가지 못해!" 하는 생각을 무의식적으로 품게 된다.

이따금 끔찍한 뉴스가 나와서 '세상의 국가들, 좀 생각해봐야겠네.' 하는 생각을 던져주기도 하지만(예컨대 강대국이 약소국을 상대로 함부로 무인 폭격기로 폭격을 퍼부었다든지, 스노든처럼 국가의 더러운 면을 들춰내는 사건 소식), 평소에 세상에 궁금증을 많이 품어온 사람이 아니고서는 어쩌다가 벌어지는 정치 뉴스는 제 귀에 별로 와 닿지 않는다. 대중의 정치적 무관심은 참으로 강력하고 끈질긴 것이다!

그래서 이 글은 '문제'를 더디게 내놓겠다. 여러분이 평소에 국가(정부)라는 것에 대해 어떤 느낌을 받아왔고, 어떤 생각을 해봤는지부터 스스로 찬찬히 떠올려볼 것을 먼저 권한다. 평소에 여러분이 느꼈던 인상이나 품었던 생각과 견주어가면서 이 글을 읽지 않고서는 새로운 앎에서 무슨 깨달음을 얻기 어렵다. 평소에 여러분은 대부분 '국가는 좋은 곳'이라는 인상을 품었을 터인데 그것과 이 글에 나오는 얘기들을 서로 정면으로 맞닥뜨리게 해서, 과연 어느 쪽 생각(또는 느낌)이 더 타당할지 대결하지 않고서는 풍부한 앎도 얻지 못한다.

우리는 주민센터(옛 이름은 '동사무소')나 구청에 찾아갈 때가 있다. 다들 알다시피 그 지방자치단체는 국민 세금으로 운영되어오는 국가 기관의 일부이다. 건설, 교통과 상하수도, 사회 복지와 환경 관리를 맡고 있고 학교를 비롯한 여러 교육 문화 기관을 돕는다. 주민들의 삶과 밀착되어 있고 주민들을 돕는 일(예컨대 체육 문화 프로그램 운영)을 하고 있어서, 우리는 거기서 대부분 좋은 인상을 받는다. 요즘은 동사무소에 빈민 복지를 맡는 공무원도 배치되어 있어 좋은 일을 하는데, 이 공무원들은 엄청난 과로와 스트레스에 시달린다고 한다.

시청이나 도청은 일반 시민이 찾아갈 일이 드물다. 기업체나 무슨 단체들이 주로 상대할 것이다. 그래서 일반 시민은 시청이나 도청이 일을 잘하는지 어떤지, 궁금증이 잘 생기지 않는다. 가끔 시정을 둘러싸고 옥신각신할 때라야 비로소 관심이 간다. 이를테면 2011년 8월에 서울시는 '무상급식 조례 제정'을 놓고 그 찬성 여부를 묻는 주민투표를 벌였다. 오세훈 서울시장이 그 안건에 시장 신임을 걸었다가 결과가 신통치 못해서 시장직을 사퇴했다.

경찰은 어떤가. 한 세대 전만 해도 "사람을 함부로 팬다", "뇌물을 밝힌다" 등 경찰을 불신하는 여론이 많았다. 두 세대 전에는 더했다. 식민지 시절에 조선총독부 경찰에 취직해서 독립운동가를 붙들어다가 갖은 고문을 일삼던 조선인 순사들이 우리 민족이 해방되면서 모두 경찰 옷을 벗었어야 했는데, 이승만 정권이 친일파를 감싸고 두둔한 덕분에 그대로 경찰에 남아서 갖가지 악행을 저지르는 사례가 많았다.[112]

그런데 민주화 시대를 겪은 지금은 그래도 많이 나아졌다. 함부로 사람을 패는 짓도, 뇌물을 밝히는 현상도 많이 줄어들었다. 예전에는 군대나 경찰은 특히 윗사람 명령에 무조건 복종하는 수직적인 위계질서가 강했는데 요즘은 하급 경찰공무원이 상사에게 바른말을 하는 일도 가끔 생겨났다.

얼핏 보면 국가는 좋은 일을 하는 곳 같다. 어린 학생들이 그런 느낌을 받는 것은 당연하다. 학생들의 피부에 와 닿는 일상생활과 관련해서 국가(구청·주민센터)는 주민들의 생활을 돕는 기본 사업들을 하기 때문이다. 하지만 스노든 사건을 뉴스로 들었으니, 우리는 생각을 좀 해야 한다. "국가는 좋은 일도 하지만, 때로는 나쁜 일도 하는 것 아닐까?"

이럴 때 분석이 필요하다. 어떤 사물을 여러 가지 측면으로 쪼개서 살피는 분석! 하지만 국가는 얼마나 막강하고 방대한 주체인가! 이런 국가들의 이모저모를 뜯어서 살피는 것도 대단히 방대한 일거리다. 그러므로 "두고두고 알아가야 할 과제로구나! 섣부르게 '다 알았다!' 하고 만세 부를 일이 아니겠구나." 하는 것부터 먼저 새겨둬야 한다.

일반화를 조심하라는 말도 다시 새기자. "1970년대의 박정희 정권은 어땠을까?" 또는 "1930년대 독일 히틀러 정권은 어땠을까?"에 대해 앎을 얻는 것은 상대적으로 쉽다. 학자들도 그런 좁은 범위의 문제(구체적 대상)에 대해서는 크게 입씨름을 벌이지 않는다. 예컨대, 유신 독재가 좋은 것이었다고 말하는 사람도 거의 없다("불가피했다"는 식으로 변명할 뿐이다). 히틀러는 수백만의 애꿎은 사람들을 (단지 '어떤 인종'이

112. 국가 공안 기구의 본질을 드러낸 사례는 최근에도 일어났다. 국가정보원이 대통령 선거에서 집권 정당을 편들어 비밀 선거운동을 한 데 대해 대통령은 2013년에 국민에게 사과했고, 2014년엔 간첩을 조작해낸 짓(유우성 씨 사건)도 사과했다. 이 일로 중국 정부와도 마찰을 빚었다. 국정원장이 쇠고랑을 찰 일인데 쫓겨나지 않고 3분 사과로 끝났다. 권력이 이제 견제받기를 거부했고, 요즘 시민 사회의 기세로는 권력을 견제할 수도 없음이 분명해졌다.

라는 구실로) 학살한 총책임자였으니, 실존철학자 하이데거처럼 히틀러 정권 초창기에 은근히 히틀러와 나치즘을 편들었던 사람도 그 뒤로는 발뺌하기 바빴다.

그러나 '국가 일반', 곧 모든 국가는 어떤 것일까 하는 질문에 답하는 것은 훨씬 어려운 일이다. 국가를 일반화하려면 고대의 수많은 소규모 부족국가들을 비롯하여 방대한 영토를 차지했던 로마 제국과 중국의 여러 덩치 큰 제국, 21세기의 가장 힘센 나라 미국까지 모두를 포괄하고 그 공통된 특징을 찾아야 한다. 수많은 자료들을 서로 견주고 합쳐야 한다.

또, 국가가 벌이는 수많은 일을 따로따로 나누어서 살펴야 한다. 국가는 사회 구성원들이 자연 재난과 맞닥뜨렸을 때 사람들을 다 불러내서 대응하는 일을 한다. 평소에 사람들의 살림살이를 챙기는 일도 한다. 집 짓고, 거리 교통이 잘 이뤄지게 하고, 문화 활동을 꾸려내고, 다른 나라의 손님들을 불러들인다. 하지만 수상쩍은 일들도 벌인다. 민중을 지배하고 억누르는…….

우리가 국가에 대해 '문제 있다, 없다'를 따질 때에는 국가가 벌이는 모든 일을 싸잡아서 '좋다/나쁘다.' 하고 편 가르기를 하는 것이 아니다. 주민들의 살림살이를 돕는 기본적인 사업과, 어떤 사회 질서를 지탱하려고 벌이는 정치적 지배(와 억압)의 측면을 세심하게 구분하고, 후자를 주로 주목해서 말한다.

이를테면 요즘의 주민센터 공무원들은 반정부적인 태도를 보이는 어떤 사람을 따라다니며 감시하라는 명령을 상사한테서 받지 않는다. 주민센터는 지배와 억압의 도구라는 성격을 벗어났다는 말이다. 그러나 1970~1980년대에는 반정부 활동을 벌이는 사람들을 동네의 통장·반장이 감시하게끔 정부가 명령하고 뒷돈을 대주었으니, 그때는 국가 기구 대부분이 지배와 억압의 도구라는 성격을 띠었다고 볼 수 있다.

그러니까 그때의 국가를 놓고는 "이놈의 국가는 아예 글러 먹었어!"라든가 "국가라는 것은 애당초 못된 존재가 아닐까?" 하는 말이 꽤 들어맞는다. 하지만 어느 정도 민주화된 요즘의 국가에 대해서는 "국가의 어느 부분이 민주화되었으며, 어느 부분이 예전처럼 정치적 지배·억압의 도구로 쓰이는지"를 세심하게 분별해서 살필 일이다.

간단히 간추리자면, 주민센터는 요즘 지배와 억압의 도구가 아니다. '자치'라는 낱말을 붙여 주민자치센터라고 부를 만큼 바뀌었다. 이제는 오히려 '서비스' 개념을 들여와서 주민센터를 무슨 민간 회사처럼 민간 부문에 떠넘기려는 것 아닐까 하는 새로운 문젯거리가 생겼다.

그러나 정치권력이 한데 몰려 있는 중앙 정부는 지배와 억압의 도구로 쓰이는 부분이 여전히 많다. 2013년 여름에 국정원이 예전의 남북 정상회담 회의록을 공개한 것을 놓고 국회에서 실랑이를 벌였는데, 국가정보원은 여전히 집권 정당의 도구로 구실을 하지 않았는가? 예전에는 "폭력 경찰, 물러가라"는 외침이 일어날 때가 잦았다. 요즘은 그런 소리가 예전보다 덜 나오고 있긴 하지만, 노사의 대립 갈등이 벌어질 때 경찰이 '공권력'이라는 이름으로 노동자를 억누르는 일은 여전하다.

"국가가 어떤 곳이냐?"라는 물음은 어느 자리에 서서 보느냐에 따라 그 답이 크게 달라진다. 세상 돌아가는 사회·정치 뉴스를 많이 듣는 사람은 국가가 지닌 문제를 더 많이 알게 되고, 세상일에 관심이 없는 사람은 국가에 대해서도 잘 모른다. 한 사회 안에서 유복하고 안정된 삶을 누리는 사람은 "국가는 좋은 일을 하는 곳"이라고 긍정하는 사람이 많지만, 삶의 처지가 불안정하고 취약한 사람은 "국가가 아무 일도 안 해!"라고 느끼거나 "국가가 힘 약한 서민은 찬밥 취급해!

불공평해!"라며 불신하는 일이 흔하다.

조상 대대로 한 나라 안에 버젓이 자리 잡고 살아온 사람은 대체로 애국심이 깊다. 그는 딴 국가를 겪어보지 못했으므로, 자기 나라에 대한 경험만을 근거로 해서 "국가는 참 소중한 것이지. 국가 없이 사람이 어떻게 산다는 말이냐!"라고 자기중심적으로 '일반화'한다. '제 눈에 안경'인 셈이다.[113]

이와 달리, 이 나라에도, 저 나라에도 뚜렷하게 자리 잡지 못한 유랑민족은 국가가 얼마나 차디차고 냉정한 조직인지를 뼈저리게 느낀다. 이를테면 유대인은 수백 수천 년을 여기저기 흩어져서 떠돌며 살았다. 심지어 유대인이라는 이유로 수백만 명이 몰살당하기도 했다. 그들은 어떤 국가에서든 아웃사이더였다.

스피노자와 아인슈타인을 비롯해 뛰어난 학자들이 유대인 중에서 많이 나온 것은 이렇게 유럽 사회의 변두리에서 '세상을 예민하게 느낄 수밖에 없었던' 그들의 사회적 처지와 관련이 깊다. 무슨 타고난 유전자 덕분이 아니다. 어떤 사물이든 바깥(또는 경계)에서 바라봐야 온전하게 보인다. 목이 마른 사람이 우물을 판다고, 험난하고 비정한 세상을 살아가는 사람이 세상을 더 치열하게 연구해서 훌륭한 학문을 쌓아올렸다.

애국심은 참 소중한 것이다. 한 민족이 힘센 나라의 침략에 맞서서 죽음과 멸망을 각오하고 치열하게 싸울 때에 사람들은 더 똘똘 뭉쳐

---

113. 1960년대에 인도네시아 수카르노 대통령은 나라 안을 아우르는 존경받는 지도자였다. 미국은 비동맹 운동(미국·소련 사이에서 중립 지키기)의 선두에 선 수카르노를 쫓아내려고 1965년 수하르토의 군사 쿠데타를 부추겼다. 수하르토는 이 과정에서 100만 명이 넘는 양민을 학살했다. 아름다운 발리 섬이 피로 물들었다. 공포를 불어넣으려고 사망자의 내장을 꺼내서 전시할 정도였다. 유럽 국가들이 이 학살극에 항의했을까? 침묵했다. 그때 인류 사회에는 정의가 없었다. 지금도 그 야만의 역사는 교과서에 단 한 줄도 실리지 않는다.

서 이웃 간의 우애를 발휘하기 마련이고, 때로는 자기 목숨마저 바치는 용감한 사람들도 생겨난다. 그럴 때 수많은 민중의 도덕심이 높아진다. 그런데 이것도 '일반화'를 몹시 경계해야 하는데, 왜냐하면 모든 애국심이 다 훌륭한 것은 아니기 때문이다. 오히려 어떤 애국심은 개망나니들의 쓰레기 같은 감정이다. 옛 유럽 속담에 "애국심은 악당들의 도피처"라는 말이 있을 정도다. 1945년 해방 이후 한반도는 숱한 '애국자'들로 들끓었는데, 그때는 일본 제국주의의 앞잡이들을 가려내서 혼내주고 자주적인 국가를 꾸려갈 민중의 도덕적 품성을 한껏 높여야 할 때였다. 그러니까 친일파로 부끄러운 과거를 지녔던 사람들이 자신의 과거를 숨기려고, 더 요란스럽게 "나는 애국자였소." 하고 거짓말을 늘어놓았던 것이다.

애국심은 단지 쓰레기 같은 사람들의 가면으로 쓰일 뿐만 아니라, 위험천만한 감정이 되기도 한다. 약소국을 침략하는 강대국의 민중이 나라 사랑에 들떠서 나서는 것은 얼마나 끔찍한 일인가! 요즘 일본 지배층은 20여 년간 계속 가라앉았던 일본 경제를 살리고자 "외국과의 전쟁을 대비합시다!"라며 일본 민중에게 계속 바람을 잡고 있는데, 일본 민중이 지배층의 전쟁 선동에 놀아나서 지배층이 전쟁을 벌이는 것을 승인하게 된다면 인류의 앞날에 어떤 먹구름이 몰려올 것인가! 그럴 때의 애국심은 얼마나 눈먼 다이너마이트인가.[114]

그러므로 국가를 놓고 무엇을 판단할 때에는 늘 일반화를 조심하자. 어느 때, 어떤 나라 민중의 애국심은 훌륭하다고 기꺼이 칭찬해줄 일이지만, 어느 때 어떤 나라 민중의 애국심은 철부지 어린아이들이

114. 타리크 알리는 『역사는 현재다』에서 "미국은 지배층이 자국 국민을 두려워하는 나라다. 1960년대 베트남전쟁 때 미국 군인들이 국방부 앞에 가서 전쟁 반대를 외쳤다. 그 뒤로 미국은 징병제를 취소했다"고 썼다. 2008년 공황이 터지자, 미 국방부는 일부 군부대에 '국내의 저항'을 짓누를(=국민에게 총을 겨눔) 임무를 줬다.

불장난을 벌이는 짓이라고 엄하게 꾸짖어야 한다. 이를테면 엄청난 숫자의 핵무기를 갖고서 팔레스타인 민중과 레바논, 시리아를 비롯한 서아시아 민중들을 겁주고 을러대고 있는 이스라엘 국가의 애국심은 인류의 진보에 대한 반동으로 엄하게 단죄해야 한다. 2차 세계대전이 끝나고 독일 국가가 수백만 유대인을 학살한 것이 뒤늦게 알려지자, 어느 철학자가 "아우슈비츠(유대인 학살 수용소) 이후에 우리가 어떻게 서정시를 쓸 수 있다는 말이냐!"라며 절망한 적이 있지만, 피해자였던 유대인들이 가해자로 돌변하여 여태껏 저질러온 '팔레스타인 민중 씨 말리기 작전'도 아우슈비츠 못지않은 절망을 우리에게 안겨준다.

한 단계 더 높은 어려운 생각거리로 옮아가보자. "국가라는 것들 모두가 어떠한가?"라는 질문으로! 앞서 '일반화'를 조심해야 한다고 말한 것에 견주자면, 이 질문에 대한 답이 선뜻 또렷하게 나오기가 어렵다는 것을 미리 일러둔다.

먼저 궁금증을 품어보자. 인류는 수천 년, 수만 년 전부터 "국가는 반드시 있어야 하는 것"이라고 생각했을까? 전혀 그렇지 않다. 아직 강성한 국가, 곧 왕국이 뚜렷이 출현하지 않았던 옛 시대의 인류 중에는 힘센 나라가 필요하다고 생각한 사람이 있는가 하면, 그래서는 안 된다고 여긴 사람도 많았을 것이다. 차츰 강성한 나라들이 생겨나면서 국가 예찬론자들이 늘어났겠지만. 동아시아의 옛 글 중에 이런 대목이 있다. "길 가던 행인이 밭을 갈던 농민에게 '이곳을 다스리는 임금이 누구요?'라고 물었다. 그랬더니 농민이 고개를 갸우뚱거리며 '잘 모르겠는데요.' 하고 대꾸했다. 가장 좋은 나라는 이런 것이다. 곧, 임금이 누군지 백성이 잘 모르고 알려고 하지도 않는 나라!"

요즘의 텔레비전 사극은 왕과 왕국이 어떤 운명에 놓여 있고 어떻게 될지에 눈길을 쏟는 게 대부분인데, 이는 시청자더러 "당신이 국가

의 지배자라고 생각하고 세상을 바라보라"라는 얘기다. 교과서 역사
책도 크게 다르지 않다. 신라와 고구려와 고려와 조선, 이 국가의 운명
을 '내 운명인 것처럼' 받아들이라는 나지막한 메시지를 바닥에 깔고
있다. 그런 메시지에 사로잡혀서는 역사를 보는 비판의식이 거의 생겨
나지 않는다.

예를 들자. 한국은 부끄럽게도 19세기 끄트머리(1894년 갑오개혁)에
이르러서야 노비 문서를 불태웠다. 조선 왕조 지배층은 나라가 망해가
기 직전, 거센 개화의 바람이 불고 나서야 마지못해 신분 차별을 없애
는 것을 받아들였다는 얘기다. 청나라만 해도 그보다 100년 전에 노
예 제도를 없앴는데 말이다. 우리가 그 지배층의 운명을 자신과 동일
시해도 좋을 만큼 조선 왕조는 가치 있는, 자랑할 만한 국가였던가?

인류가 수천 년을 왕국과 공화국의 간판 아래에서 살아온 것은 그
나름으로 그럴 만한 이유가 있을 것이다. 거대한 제국이 건설된 덕
분에 산업 문명이 더 활발하게 일어났으리라. 봉건 왕국의 지배층이
백성 위에 군림하고 백성이 땀 흘려 만든 것을 뺏어먹은 것이야 눈
살 찌푸릴 일이지만, 국가의 틀이 있었던 덕분에 인류의 살림살이가
향상되었다는, 보이지 않는 이득도 분명히 있다. 그러니까 이를테면
"1,200~1,500년 전의 중국 당나라는 없었어야 한다"는 둥, "인류는 국
가를 세우지 말았어야 한다"는 따위로 상상해서 말하는 것은 부질없
는 일이다.

하지만 인류의 산업 문명이 상당히 발달하여 인류가 자기를 다스리
고 고쳐낼 힘이 커진 지금은 세상을 바라보는 우리의 지혜도 한껏 넓
어져야 한다. 고대 인류가 "왕국 건설은 신이 내린 명령이다"라는 식
으로 국가 앞에서 벌벌 떨지는 않았던 것처럼(그런 생각은 절대주의 국
가 때 유포되었다), "국가는 자연적이고 필연적인 것"이라고 우리가 소

심하게 수긍하는 것은 인류의 기나긴 역사를 통 크게 바라보지 못하는 태도다. "왜 국가가 없으면 민중이 아무 일도 못한다고 생각하는 거지? 민중은 누군가 왕과 같은 보호자가 필요한 미숙한 존재라는 말인가?"라고 의문을 품을 줄 알아야 한다.[115]

앞에서 나는 결론을 내리는 것을 서두르지 말자고 했다. 하지만 의문을 품는 것은 서둘러야 한다.

"세상은 꼭 지금과 같은 요지경 속에서 굴러가야 할까?"

미국이 주도해온 20세기 대중음악은 진취적인 내용이 별로 많지 않지만 초창기에는 진취적인 요소들이 더러 있었다. 1960년대에 대중의 환호를 받은 영국의 음악 그룹 '비틀스'도 그런 경우다. 그중의 한 사람인 존 레논이 지은 노래 〈이매진〉은 세계의 대중음악 가운데에서도 보석 같은 노래인데, 옥구슬 구르는 듯한 피아노 선율도 아름답지만 특히 그 노랫말이 인류의 심금을 울린다.

'내 것'이 없다고 생각해봐요. 당신도 상상할 수 있어요.
탐욕도 빈곤도 없고 인류애만 넘치는
모든 사람이 그런 세상을 함께 만들 것을 꿈꾸어요.

---

115. 이 글에서는 살피지 않았지만, '(민중의 삶을 돌보는 일에서도) 국가가 실제로 몹시 무능력하다(그리고 비정하다)'라는 문제가 있다. 일본의 후쿠시마 핵발전소 사고나 한국의 세월호 침몰 사고를 보라. 이것도 두고두고 따질 일이다.

2 왜 이데올로기와 싸워야 할까?

중세 유럽에서
종교재판을 벌이는 장면.

모두들 큰 소리로만 말하고

큰 소리만 듣는다

큰 것만 보고 큰 것만이 보인다

모두들 큰 것만 바라고

큰 소리만 좇는다

그리하여 큰 것들이 하늘을 가리고

큰 소리가 땅을 뒤덮었다

작은 소리는 하나도 들리지 않고

아무도 듣지를 않는

작은 것은 하나도 보이지 않고

아무도 보지를 않는

그래서 작은 것 작은 소리는

싹 쓸어 없어져버린 아아

우리들의 나라 거인의 나라

-신경림의 「거인의 나라」

이데올로기에 대하여 국어사전은 이렇게 풀이해놓았다. "개인이나 사회집단의 사상이나 행동 따위를 이끄는 관념이나 신념 체계." 그리고 예문으로는 "동서 간의 이데올로기 장벽이 무너졌다"라는 문장이 실려 있다. 관념 형태, ○○주의가 비슷한 말이다.

인간 사회에는 수많은 사상과 이념이 생겨나고 사라졌다. 그런데 국어사전처럼 이데올로기를 사상·이념(주의)·관념·신념과 동의어로 뜻매김하면, 우리는 특별히 이데올로기라는 낱말에 주목할 이유가 없다. 이데올로기라는 낱말을 쓰지 않고 ○○ 사상이나 △△주의, ▽▽ 관념이라고 표기하면 되지 않는가. 물론 이 낱말을 이렇게 넓은 뜻으로 쓰고 싶어 하는 데에도 그 나름의 이유가 있겠다. "○○ 집단은 ○○ 이데올로기, △△ 집단은 △△ 이데올로기를 갖고 있다"고 집단끼리 견주어보겠다는 것이고, 또 이데올로기는 모든 사상이 아니라 정치사상과 주로 관련된다.

하지만 글쓴이는 국어사전과 다르게 이 낱말을 정의한다. "거짓으로 가득 찬 관념"이라고! 옳은 사상 또는 옳은 관념은 이데올로기가 아닌 것으로 빼버리자는 말이다. 사실 이데올로기라는 낱말의 용법은 넓은 뜻과 좁은 뜻, 이렇게 두 가지가 있다. 어떤 사회사상·관념이든 다 이데올로기라 일컫는 용법(넓은 뜻)과 옳지 못한 사회사상·관념만 한정해서 가리키는 용법(좁은 뜻)의 두 가지! 18~19세기까지만 해도 이 낱말을 좁은 뜻으로 많이 썼던 반면, 20세기 들어와서 넓은 뜻으로 쓰는 사람이 늘어났다. 나중 사람들이 품었던 문제의식은 나중에 기회가 되면 살피기로 하고, 이전 사람들이 품었던 문제의식에 주목하려는 게 내 생각이다. 그래야 세상 모습이 어떤지, 더 선명하게 그려볼 수 있다.[116] 앞에 인용한 신경림의 시는 거짓된 허위의식으로서의 지배 이데올로기를 풍자한 시라 읽어도 좋다.

옛날엔 하늘과 신이 지배 이데올로기였다

　옛날 옛적 사유재산을 따로 챙기는 사람들이 늘어나면서부터 인류 사회는 원시 공동체 사회로부터 계급 사회로 바뀌었다. 또 국가가 생겨나 지배계급이 피지배계급을 더욱 효율적으로 다스릴 수 있었다. 국가마다 건국신화가 있다. 우리 한족韓族[117]에게는 단군왕검에 얽힌 이야기가 있지 않은가. 환인의 아들인 환웅이 웅녀와 결혼해 단군을 낳았다는! 그런데 환웅이 대표하는 부족과 곰 계집(웅녀)이 대표하는 부족이 결합한 것은 사실이겠지만, 곰이 사람이 되었다느니 어쩌니 하는 얘기는 꾸며낸 거짓말 아닌가. 전혀 허튼 거짓말이 아니라 곰을 숭배하는 부족임을 나타내는 뜻이 들어 있기는 해도.

　여기서 신의 아들이라는 표현에 주목하자(환인은 하늘의 신이다). 신은 인간보다 한 끗발 위다. 그러니까 환웅 부족은 웅녀 부족을 한 끗발 밑으로 얕잡아 보았다. "우리가 너희를 지배하겠다. 우리는 너희 인간들하고 다른 신족이거든!" 환웅네가 웅녀네를 꼼짝 못 하게 다스릴 수 있었던 비결은 뭘까? 청동기나 석기가 아니라, 훨씬 센 무기를 제조할 철기 문명을 누리고 있었겠지. 그들은 멀리, 중앙아시아에서 동쪽으로 (웅녀 부족보다 나중에) 옮겨 왔다. 옛날 사람들은 서로 교류가 적었고 낯선 부족에 대해 잘 몰랐다. "너희는 땅의 사람들이지만 우리는 하늘의 사람들이야!"라고 떠벌려도 어리숙하게 믿는 사람들이 제법 많았을 게다.

116. 어떤 정치사상이나 죄다 이데올로기라 부르는 용법은 박학다식함을 뽐내고 싶은 학자들에게는 편리하다. 그래서 그런 용법이 20세기에 많이 쓰였다. 하지만 세상을 고쳐보고 싶은 민중 대부분은 '어떤 얘기가 허튼 얘긴지' 따지는 것이 더 급하다. 학자들이 그런 용법을 즐긴다 해서 무심코 따라가면 안 된다.
117. 한족을 비롯해 동아시아에 사는 여러 민족을 '동이족東夷族'이라 일컬었다.

왜 고조선 나라를 지배한 족속들은 신족이라는 허튼소리를 만들어 냈을까? 원래 거기 눌러 살았던 토착 부족들을 '지배'하는 데에 편리하기 때문에! 단지 쇠칼의 힘만으로 다른 무리를 억누르기는 어렵다. 토착 부족들의 기를 꺾어놓아야 그들을 지배하기가 편리하다. "우리는 너희와 종자가 달라! 그러니까 우리에게 덤벼들 생각일랑 꿈도 꾸지 마라!"

앞에서 "이데올로기는 거짓 관념"이라고 했다. 그런데 거짓 관념 '일반'이 아니라 남들을 지배할 목적으로 만들어낸 거짓 관념만을 이데올로기라고 한다. 예전에 신과 하늘을 내세운 이야기는 다 이데올로기다. 중국의 왕을 천자天子라 했다. 천제天帝의 아들로서 천제를 대신해서 세상을 다스리는 사람! 유럽이든 아메리카에서든 다 마찬가지로, 이를 신정설神政說이라 한다. 종교가 곧 정치라는 학설! 17~18세기까지만 해도 유럽에서 왕들은 왕권신수설王權神授說, 곧 왕의 권한은 신이 부여해준 것이라고 떠들어서 자기 자리를 지탱했다. 물론 이때쯤이면 인류의 지혜가 많이 깨어나서 지식인 중에는 그 얘기를 믿는 사람이 별로 없었지만 어리숙한 대중에게는 얼마쯤 먹혀들었다.

옛날(근대 이전)의 이데올로기는 주로 종교였다.[118] 사회 지배층이 민중을 지배하는 데에 종교를 써먹는다는 것을 처음 따져 물은 사람은 이탈리아의 학자 마키아벨리다. 오랫동안 많은 사람이 마키아벨리에 대해 입방아를 많이 찧었다. 그의 책『군주론』이 '목적만 옳으면 무슨 수단을 써도 상관없다'고 세상을 비웃는 주장을 한 것으로 읽혔기 때문이다. 어떤 수단이든 다 써도 되는지는 더 따져볼 일이라고 해도, 그

118. 종교가 이데올로기로 작용했다고 해서 종교가 깡그리 부정되는 것은 아님을 유념하라. 우리가 귀 기울일 다른 차원의 앎도 있다. 또 종교가 국가 권력에 포섭된 뒤부터 이데올로기로 작용했다는 것도 알아두자. 초기 기독교나 초기 불교는 이데올로기가 아니다.

가 매우 진보적인 미래를 바랐던 것은 분명하다. 그는 "중세의 종교와 도덕에서 벗어나자"고 부르짖었고, 여러 소국小國으로 흩어져 있는 이탈리아를 (어떤 나라의 군주든 선두에 나서서) 하나로 통일하기를 바랐다. 열렬한 애국심을 담고 있고 위기에 빠진 정치 현실을 타개하려는 이야기인데, 단순히 전제군주를 죄다 두둔한 것으로 잘못 읽혔던 것이다. 그는 처음으로 정치권력을 객관적으로(!) 분석했기에 근대 정치학의 아버지로 칭송을 받는다.[119]

마키아벨리는 "사람에게 왜 편견이 생기는지" 의문을 품었다. 그가 찾아낸 답은 "사람의 취향과 관심이 달라지면 사물이 달리 보이게 된다"는 것이다. 그는 군주가 속임수를 쓸 줄 알아야 한다고 주장했다. 통치자는 대중에게 약속을 지킬 줄 알고 무엇에 헌신하는 정열적인 성격을 지닌 것으로 보여야 하지만, 그런 성격을 꼭 가져야 할 것은 없다고 했다. 그런 모습을 띠는 것처럼 보이면 된다는 것이다. 겉모습과 진짜를 구분했다. 아마 그의 속내는 이럴 것이다. "수천 년 동안 사회 지배층은 진짜 속내를 감추려고 겉모습을 달리 꾸미는 재주를 부려왔다. 우리는 이 사회를 근대적 통일 국가로 바꾸고 싶다. 그런데 우리가 대중에게 신뢰를 받아야만 우리는 통일 국가를 만들어내는 힘을 얻는다. 그러려면 우리의 챔피언인 근대적 군주도 속임수를 쓸 줄 알아야 한다. 봉건적 지배세력만 술수를 부려 쓰라는 법이 있는가." 여기서 놓치지 말아야 할 것은 그가 모든 군주에게 대중을 우습게 알라고 주문한 게 아니라는 사실이다. 기존의 지배세력에 맞서 술수를 쓸 줄 알아

119. '아버지'를 꼽자면 근대 경제학은 『국부론』을 쓴 아담 스미스이고, 근대 사회학은 실증주의 학문을 내놓은 오귀스트 콩트다. 근대 심리학을 일으킨 사람은 꿈의 정신 분석을 통해 인간의 무의식을 읽어낸 지그문트 프로이트라 해야겠다. 한편, '마키아벨리즘'이란 낱말은 그의 사상을 속 좁게 받아들인 것이다. "무슨 수단이나 다 써도 된다(권모술수에 나서자)"는 뜻만으로!

야 한다는 말이었다. 그는 이탈리아를 통일해낼 포부를 품은 근대 지향적인 군주에게 희망을 걸었을 뿐이다. 그는 사회 지배세력이 권력을 획득하고자 술수를 쓸 수밖에 없는 것이 엄연한 정치 현실이라는 것을 꿰뚫어 알았다. 그는 '지배세력을 돕는 이데올로기'를 초보적으로나마 감지해냈다.

마키아벨리가 종교와 정치의 관계를 물었다면 1세기 뒤에 태어난 영국의 프랜시스 베이컨은[120] 과학의 발달을 가로막는 정치 이데올로기에 대해 예민하게 따져 물었다. 그는 종족과 동굴, 시장과 극장, 이 네 가지의 비합리적인 요인이 우상偶像으로 구실을 해서 사람들의 앎을 흐리게 한다고 갈파했다. 사람은 자기가 아는 부류의 사람들이 '세계의 전부'라고 섣부르게 넘겨짚는다. 세상의 다양한 사람들을 두루 헤아릴 줄 모른다. 평생을 제가 놀던 곳(동굴)에만 파묻혀 살아온 사람은 딴 세상으로 나와도 제가 놀던 곳의 습관대로만 놀려고 한다. 딴 세계를 이해할 눈이 없다. 시장은 온갖 지역에서 갖가지 말(사투리)을 쓰는 사람들이 모여드는 곳이다. 사람들은 낱말의 뜻을 갖가지로 혼란스럽게 쓰기 마련이라서 올바른 앎을 얻어내기 어렵다. 또 극장에서 연극배우들은 무턱대고 주어진 대본대로 연기한다. 권위 있는 사람(극작가)이 말하는 대로 그저 따라다녀서야 올바른 앎이 생겨나지 않는다.

베이컨은 인간 사회가 만들어내는 종교나 미신이 과학적인(합리적인) 앎을 왜곡하여 방해한다고 했다. 그는 같은 시대(17세기)에 조르다노 브루노와 갈릴레이 갈릴레오가 지동설을 말했다가 교회로부터 탄

---

120. 베이컨은 데카르트와 더불어 근대 유럽 철학의 시조다. 데카르트가 유럽 대륙의 합리주의 철학을 대표한다면 베이컨은 영국 경험론(유물론) 철학의 출발점을 이룬다. 그는 경험하고 관찰한 것을 모아내는 귀납법이 가장 올바른 학문 방법이라 단언했다.

갈릴레오는 교회의 협박에 입을 다물
었지만 그 순간이 종교가 무너지는 순
간이었다.

압받은 것을 염두에 뒀을 것이다. 지금 21
세기에 천동설을 말하는 정신 나간 종교
지도자는 없다. 그때도 식견 있는 종교
지도자들은 "지동설을 말하는 사람을 처
벌하자"고 부르짖지 않았다. 오히려 그 얘
기가 맞는 것 같다며 은근히 마음이 쏠
렸다. 그런데도 천동설이 옳다고 교회가
끝끝내 우겨댄 까닭은 가톨릭교회의 사
회적 지배력을 잃지 않겠다는 정치적 속셈 때문이다. 천동설은 가톨
릭교회의 지배 이데올로기였다.

근대 자유주의 철학자 토마스 홉스는[121] 베이컨보다 훨씬 단호하게
종교를 비판했다. 종교는 미신과 허위 개념과 비합리적인 선입관을 쏟
아내는 원천이라고 꾸짖었다. 모든 종교적 신앙의 뿌리는 공포와 무지
라고도 했다. 그가 "사람은 감각을 통해 지각된 것만 알 수 있다"고 여
긴 것도 이처럼 비합리적인 미신과 거짓된 관념들을 물리치려는 생각
에서 비롯되었다.

18세기 유럽 계몽주의에 오면 "종교는 이데올로기"라는 생각이 대
세가 되어, 성직자들이[122] 자기들의 끗발과 권세를 계속 누리려고 대
중을 바보로 만들려 한다고 봤다. "사람에겐 (미신을 떨치고) 자유로이
생각할 권리가 있다!"는 간절한 바람이 시대정신이었다.

19세기 초 포이어바흐는 신이라는 관념은 인간의 본질을 바깥에 투

---

121. 『리바이어던』을 쓴 홉스는 만인萬人이 만인과 싸우는 자연 상태를 극복하려면 사회 계
    약을 맺어야 한다고 했다. 그는 국가의 발달을 중시해서 군주에게 절대 권력을 부여하자
    는 절대주의를 내걸었다.
122. 1830년 스탕달의 소설 『적과 흑』은 시골의 야심 많은 청년이 돈 많은 정부情婦를 총으
    로 쏜 죄로 처형된 줄거리인데, 여기서 적赤은 군인을, 흑黑은 신부神父를 상징한다.

영한 것이라 갈파했다. "신이란 가장 완전무결한 사람의 모습을 허구적으로 그려내서 그것이 인간 세계 바깥 어디에 있다고 믿는 것"이라는 얘기다. 인류가 어린애 같은 생각에 머물 때 신을 믿는 것이니, 성숙한 인류는 그 관념을 떨쳐버려야 한다는 게다.[123]

근대는 부르주아 이데올로기가 득세했다

19세기 초까지 종교 비판은 모든 비판의 선행 조건이었다. 그런데 그때까지 학자들은 편견과 미신 같은 얼토당토않은 심리나 부정확한 앎 그 자체를 주로 따졌지, 이런 흐릿한 앎들이 어디서 비롯되었는지를 캐묻지는 못했다. 카를 마르크스에 이르러, "사회적·역사적 모순이 이데올로기를 낳는다"라는 뚜렷한 앎이 생겨났다. "사회가 어떤 모순을 안고 있기에 그런 허튼 생각이 마구 퍼진다는 말이냐!"

이를테면 근대 사회의 대표적인 이데올로기인 '자유주의' 사상에 대해 살펴보자. 여태껏 봉건 사회[124]에 맞서 유럽의 부르주아계급(시민계급)이 벌인 이데올로기 비판을 서술했다. 이때만 해도 부르주아계급은 역사의 진보를 이끌어오는 구실을 했다. 중세 신분 사회를 뒤집어엎는 데에 앞장섰다는 말이다.

이들이 내건 구호를 한 낱말로 압축하자면 '자유'다. "우리에게 자유가 아니면 죽음을 달라!"[125] 그들은 "(재산과 명예를 쌓은) 우리 부르주아들에게만 자유를 달라!"고 부르짖지 않았다. 몇 안 되는 사람만 누

---

123. 오랫동안 종교(특히 기독교)는 세상 권력과 결탁해서 이데올로기로 작용했지만 종교 안에는 사람 마음을 붙드는 다른 차원의 앎도 있다. 이 둘을 섬세하게 구분해야 한다.
124. 영주(양반)가 농노(상민)를 지배하는 신분 질서에 기초한 사회. 좁은 뜻으로는 '유럽 봉건제'만을 가리키지만, 유럽이든 아시아든 중세 사회를 두루 일컫는 말로 많이 쓰인다.

리는 자유는 거기서 소외·배제된 사람들에게는 부자유일 뿐이다. 부르주아들은 재산과 학식이 있어서 신문을 펴내고 문학(소설) 작품을 만들어냈다. 그러니 대중의 여론을 끌어낼 힘이 있었다. 하지만 귀족들의 군대를 물리치려면 노동자 민중이 들고 일어나 그들과 함께 싸워야 한다. 부르주아 몇백 명이 궁궐 앞에 가서 데모를 벌여봤자 궁궐 수비대는 눈 하나 깜짝하지 않는다. "모든 사람에게 자유를!"이라며 드높은 명분을 내세워야 노동자 민중이 합세해서 궁궐로 쳐들어간다.

에마뉘엘 조제프 시에예스의 유명한 구호가 이 명분을 압축해서 표현했다. 프랑스혁명 전날 밤에 널리 펴낸 유인물에서 시에예스는 이렇게 갈파했다.

제3신분은 누구인가? (한 줌도 안 되는 특권층을 뺀) 모든 사람이다. 그런데 그동안 어떤 취급을 받았는가? 한갓 천덕꾸러기(또는 지푸라기)로 취급되었다. 우리는 무엇을 바라는가? 어떤 것이라도 되기를 바란다!

그는 누구다 다 마음껏 누릴 '보편적인 자유'를 외쳐서 민중의 영혼을 일깨웠다. 하지만 1789년 프랑스혁명이 성공해서 루이 16세가 단두대의 이슬로 사라지고 나서, 과연 유럽 땅에 보편적인 자유가 찾아왔을까? 세상이란 한꺼번에 모든 것이 바뀌기가 어렵다. 일부 사람은 혁명이 성공해서 자유를 누렸지만, 사람들 대부분에게 자유는 빛 좋은 개살구로 던져졌을 뿐이다(그래도 영양분이 조금은 들어 있는 살구이기는 하다). 이를테면 혁명이 있고 2년 뒤, 노동자들의 '결사의 자유'를 억누

---

125. 독립의 기운이 움트나던 제1차 북아메리카 대륙회의 때(1774년) 패트릭 헨리가 이 말을 해서 유명해졌다.

르는 법이 만들어졌다. 바스티유 감옥을 쳐부술 때에는 부르주아와 노동자가 동지였지만, 새로 들어선 공화국의 주인은 부르주아였고 노동자들은 새로운 주인에게 지배받는 통치 대상으로 되돌아갔다. 그러므로 부르주아혁명(시민혁명)에 성공해서 부르주아가 근대 사회의 지배계급으로 등극한 뒤로, 자유주의 사상은 자신들의 사회적 지배를 덮어가리는 이데올로기로 변질되었다.

근대 헌법에는 법치주의 이념이 대문짝만하게 적혀 있다. "우리, 법 앞에서 모두 평등하잖아? 그러니까 우리나라는 좋은 나라야!" 근대 헌법은 민중 누구나 정치에 참여할 수 있다고 보장했다. 대통령과 국회의원을 뽑는 날, 텔레비전은 전국 곳곳의 투표소 풍경을 화면으로 보여준다. 텔레비전 방송국은 어린 학생들의 무의식 속에 "우리나라는 민주 국가"라는 통념, 흔해빠진 생각을 단단히 심어준다. 그날, 한국인들이 민주주의 정치에 참여한 것은 분명하다. 하지만 그날을 뺀 나머지 날들은 어떤가? 일찍이 프랑스의 계몽철학자 장 자크 루소는 영국의 의회 정치를 가리켜 "영국 국민은 선거 때만 자유롭고 선거만 끝나면 국민은 다시 노예가 된다"고 꾸짖었다.

21세기의 한국은 사정이 얼마나 달라졌을까? 대표자(국회의원) 몇 사람을 뽑아 정치를 맡기는 대의제(대리) 민주주의가 벌일 수 있는 정치는 매우 폭이 좁은 것이다. 국회의 무능이 깊어지면 사실상 정치가 사라지는 셈이다. 21세기의 인류가 민주주의의 위기를 겪고 있는 현실을 진지하게 바라보려는 생각은 하지 않고(의회의 무능력은 대한민국만의 문제가 아니다), "자유민주주의는 아주 훌륭한 이념"이라고 순진하게 노래 부르는 사람은 거짓 이데올로기에 속아 지내는 사람이다.

민주주의란 누가 누구를 지배하는 일을 없애겠다는 이념이다. 그런데 자유민주주의는 "투표를 통해 뽑힌 국민의 대표들이 정치를 맡으면 '지배'가 없어진다"고 단언한다.[126] 과연 그런가? 노무현 전 대통령이 털어놓았듯이 사실상 삼성 재벌(또는 자본가)이 한국 사회를 다스리고 있는데도? "아니, 삼성이 한국 정치를 몽땅 쥐락펴락하는 것 같지는 않은데요? 2014년 봄에 〈또 하나의 약속〉이라고, 삼성 재벌을 비판하는 영화도 나왔잖아요?"라고 되물을 사람도 있을지 모른다. 물론 겉으로 드러내놓고 좌지우지하지는 않는다. 하지만 국회의원과 정부 관리 상당수가 삼성 재벌의 눈치를 보고 있는 것은 분명하다. 그래서 어느 진보정당에서는 "우리가 삼성과 맞짱을 뜰 거야!"라고 굳이 목청을 높이기까지 했다.

자유민주주의, 곧 부르주아민주주의[127]에 '민주'가 조금 들어 있기는 해도, 자랑할 만큼 대단한 이념은 못 된다. 그런데 우리 사회의 지배층은 이것을 요란하게 내세워서 '민주주의의 부재'를 덮어 가린다. 이것이 현대 사회의 대표적인 이데올로기 구실을 하고 있다. 박정희 시대에는 더했다. 이름 없는 서민들이 술집에서 "아, 이놈의 나라는 독재 아냐?" 하고 무심코 몇 마디 말했다가 누군가 남몰래 일러바치면 붙들려 가서 감옥살이를 하는 일이 한둘이 아니었다. 술집에서 불평하는 말 한마디 한 것을 잡아갔다 해서 "막걸리 반공법"이라 일컫기도 했다. 이시영의 시 「귀가」는 그 시절을 고발했다.

누군가의 구둣발이 지렁이 한 마리를 밟고 지나갔다
그 발은 뚜벅뚜벅 걸어가

---

126. 아담 스미스와 존 로크의 시절(18세기)만 해도, 민주주의는 '불온한 말'이었다.
127. 근대 사회의 지배계급은 자본가와 국가 관료들이다. 이 둘을 합쳐 부르주아라 한다. 근대 사회는 시민혁명의 결과인데, 이때 시민은 법적·정치적 주체로서 'citizen'과 사회경제적 주체로서 'bourgeois', 두 가지를 의미한다. 부르주아의 주된 이데올로기가 자유주의이므로, 자유민주주의와 부르주아민주주의는 같은 말이다.

그들만의 단란한 식탁에서 환히 웃고 있으리라

지렁이 한 마리가 포도鋪道에서 으깨어진 머리를 들어

간신히 집 쪽을 바라보는 동안[128]

그때는 이데올로기로써 민중을 다스린 게 아니라, 총칼과 주먹으로 민중을 다스린 시절이다. 루소도 유신 시절에 한국에 살았더라면 틀림없이 반공법으로 감옥살이했을 것이다. 요즘은 총칼을 든 국가 기관원들이 한두 발자국 뒤로 물러난 대신(박근혜 정권 밑에서 '국가정보원'이 갖가지 범죄를 저질렀으면서도 끝내 비호를 받는 것을 보면, 한두 발밖에 안 물러났다), 갖가지 허튼 이데올로기(가짜 논리)가 민중의 머릿속을 어지럽힌다.

인류의 어두운 몰골을 내보이는 반유대주의

세계사의 비극을 낳은 이데올로기로 히틀러의 나치즘이 있다. 파시즘[129]과 특유의 인종주의를 뒤섞은 생각으로, 얼치기 과학인 우생학(유전학으로 우수한 인간을 만들려는 학문)에 바탕을 두고 있다.[130] 1930년대, 독일 나치당은 아리아인(독일 게르만인)이 세계에서 가장 우수한

---

128. 1970년대 군사 파쇼 시대의 지배층은 힘없는 민중을 실제로 지렁이로 취급했다. 무(물)지렁이로!

129. 20세기의 독일(히틀러의 나치당)과 이탈리아(무솔리니), 스페인(프랑코의 팔랑헤당), 일본(천황을 앞세운 군국주의)을 두루 일컫는 것으로, 시민 사회를 억누르고 국가가 폭력적으로 민중을 통치하는 정치 노선이다.

130. 우리가 과학을 배워야하는 까닭은 얼치기 과학, 곧 이데올로기를 물리치기 위해서다. 우생학은 제국주의자들의 입맛에 딱 맞는 엉터리 앎으로 가득 찬 학문이다. "우수한 인종과 열등한 인종은 씨가 다르다!"

인종이라 뽐내면서 그들의 혈통을 더럽힌다며 유대인들에 대한 탄압에 나섰다. 다들 알다시피 나치당과 독일 정부(공무원 집단)는 2차 세계대전으로 인류 사회가 뒤죽박죽이 된 틈을 타서 유대인뿐 아니라 사회적 소수자들까지 600만 명이나 죽였다.[131] "독일인들이여, 총을 든 군인도 아니고 힘없는 왕따 시민들을 그렇게나 많이 때려죽이시다니, 참, 장하십니다! 두뇌가 우수한 아리아인 만세!"하고 경축을 드려야 마땅하다!

다행히 2차 대전에서 파시스트 국가(독일, 일본, 이탈리아)들이 패배하는 바람에 전쟁이 끝나고 나서는 파시즘을 매섭게 꾸짖는 '역사 비판'의 흐름이 세계적으로 일어났다. 하지만 21세기에 접어든 요즘, 파시즘(나치즘)의 망령이 지구촌에서 사라졌다고 볼 수 있을까? 요즘 일본 지배층은 옛 군국주의자들을 흉내 내서 전쟁 선동에 열심이고, 유럽 곳곳에는 히틀러를 경배하는 신新나치당이 다시 활개치고 있다. 그래서 나치(파시즘) 이데올로기에 대한 비판은 지금도 몹시 중요한 공부 과제다.

정신분석학자 프로이트는 억눌려 살아가는 사람들에게는 자기를 '공격자와 동일시하려는 무의식'이 있다고 말한다.

왜냐하면 자기들 세계 바깥에 있는 사람들을 경멸할 권리를 지녔다는 것이 그들이 자기 집단 안에서 겪는 부당 행위를 보상해주기 때문이다. 온갖 의무와 군대 복무로 고생하는 불쌍한 서민이라 하더라도 그는 로마 시민이고, 다른 나라를 지배하고 법을 실행하는 과업

---

131. 600만 명의 학살은 나치당 몇 놈들만으로 벌일 수 없는 거대 사업이다. 그러니 독일 지배층 모두가 그 범죄 행위에 가담했다고 봐야 한다. 그러니 야만의 역사를 제대로 반성하는 일은 그리 간단한 일이 아니다.

에 한몫하고 있다.

1930년대 세계 공황에 휩싸인 독일의 가난한 사람들(소부르주아, 노동자)은 시장경제를 망쳐놓은 자본가들에 맞서 사회와 경제를 수술할 엄두는 내지 못하고, '위대한 독일 민족'이라는 환상에 빠져들어 세계 침략을 꿈꾸는 지배층과 자기들을 동일시했다. "히틀러 총통 각하야 말로 우리의 아버지이십니다!" 그들이 무슨 짓을 저질렀는지, "하일, 히틀러!" 하는 요란한 경례가 얼마나 거짓된 짓거리였는지, 지금은 다 까발려 있다.

1940년대 태평양전쟁에 떨쳐나선 일본군의 군인들은 자기 나라에서는 배우지 못하고 밑바닥에서 살아가는 서민에 불과했다. 하지만 침략 군대의 한 성원으로서 그들은 '대일본 제국의 영광'에 자기들도 동참하고 있다는 뿌듯한 자부심을 느낀다. 그들은 1938년 중국에 쳐들어가서 수십만 명의 무고한 중국인(민간인)들을 마구 죽이는 '난징 대학살'을 저질렀는데 그 군인들이 떳떳할 수 있었던 비결(?)은 일본 민족 모두가 자신들을 응원하고 있다는 자기만족에 빠져 있었다는 것이다. 일본 군국주의자들은 아시아 대륙을 침략하면서 '동아시아가 함께 번영을 누리자'는 뜻의 대동아 공영大東亞共榮이라는 허튼 구호를 내세웠는데, 이 핑계(이데올로기)는 침략의 전리품을 덮어 감추는 눈가리개에 불과했다.

그런데 문제는 히틀러의 나치 패거리와 일본의 군국주의자들에게만 있지 않다. 자기 마음에 들지 않는 낯선 종족을 증오하고 때려죽이려고 날뛴 것은 그들만이 아니기 때문이다. 그런 적대적인 생각 중에 가장 악랄했던 생각이 '유대인이 싫다!'는 집단 심리다. 왜 싫은지, 그 구실은 갖가지이고, 그 구실이 옳은지/그른지 일일이 따질 것도 없다.

왜 반反유대주의가 유럽에서 기승을 부렸는지, 그 속내를 들여다보면 우리는 인류의 흉악한 몰골을 맞닥뜨리게 된다.

유대인에 대한 유럽인들의 혐오와 공격은 예부터 뿌리 깊다. 로마 시대에는 그들이 황제 숭배를 거부한다거나 예수를 못 박은 사람들이 라는 종교적 이유로 미워했다면, 중세 때에는 돈을 많이 번 일부 유대 인에 대한 질투심이 작동했다. 유대인은 노란 배지를 붙이고 다니게끔 강제하던 때도 있었다("저놈들은 벌레다! 왕따 시켜라!"). 19세기 말 독일 에서는 유대인의 공민권을 박탈하자는 운동이 벌어졌고, 같은 때 프 랑스에서는 유대인 드레퓌스가 반역죄라는 억울한 누명을 쓰기도 했 다. 20세기 초 이름난 사회주의 운동가 중에 유대인이 여럿 있었다 하 여 또 유대인에 대한 마녀사냥이 벌어졌다. 하지만 가장 악랄한 지경 으로 치달은 것은 나치의 유대인 박멸 정책이다.

최근 들어서는 유럽인들이 유대인을 미워하는 마음이 얼마간 사그 라진 대신에,[132] 아랍인들이 유대인을 미워하기 시작했다. 이것은 그럴 만한 복잡한 역사적 이유가 있는데, 그 까닭은 2차 세계대전 이후에 탄생한 '이스라엘 국가'가 서아시아 지역에서 유럽 제국주의의 선봉장 노릇을 해왔기 때문이다. 불과 몇십 년 전만 해도, 피해자였던 유대인 들이 처지가 확 바뀌어서 아랍 세계를 겁주고 갈라놓는 가해자가 되 었다(이스라엘은 미국의 비호를 받아 엄청난 핵무기를 만들었다). 아랍인들 이 품는 증오심은 약자에 대한 것이 아니라 침략자에 대한 것이다. 하 지만 아랍인들도 이스라엘 국가를 비판할 일이지, "유대인들은 원래 죄다 나쁜 놈들"이라며 '반유대주의' 이데올로기에 놀아나서는 안 된

---

132. 유럽 곳곳에 신新나치 바람이 불고 있으니 이것도 안심할 일이 못 된다. 우크라이나 동 부에 사는 유대인들은 나치 시절의 유대인 박해가 다시 찾아올까 봐 요즘 불안해하고 있다.

다. 서아시아 지역에 평화를 되찾을 길은 이스라엘 국가를 민주화해서 평화 애호 국가로 고쳐내는 것이지, 이스라엘의 절멸이 아니기 때문이다.

"유대인은 죄다 밥맛없다!"는 선동은 대단히 감정적인, 곧 이성이 증발해버린 것이다. 이 선동에 세뇌된 한 독일 시민이 있다고 치자. 그런데 그의 이웃에는 선량한 유대인이 살고 있다. 서로 마주치는 일들이 잦아 농담도 건네고 함께 밥을 먹을 때도 있었다. 이 독일인은 이웃의 유대인이 참 친절하고 순박하다는 것을 알았다. 이 교류 경험은 독일인으로 하여금 유대인에 대한 자기의 편견이 잘못되었다는 것을 반성하게 해줄까? 그럴 수도 있지만, 그렇지 않을 때가 더 잦다. '반유대주의'는 대중에게 참 솔깃하게 먹혀드는 것이라서[133] 아무리 수많은 착한 유대인을 만난다 해도 선뜻 바뀌지 않는다(사람은 자기 기분 꼴리는 대로 살아간다). 자기가 옳다고 우기려고 무슨 핑계든 끌어다 댄다.[134] "저 유대인들이 저렇게 착하다는 것이야말로 저들이 악마라는 증거야! 그들의 본성은 이중적이거든!" 하고 같잖게 떠들어댄 독일인도 있었다. 그럴 때 그 인종주의 이데올로기는 빛나는 성공을 거두는 셈이다.

1943년, 네덜란드의 어느 컴컴한 지하실에 숨어 살았던 열네 살의 유대인 소녀 안네 프랑크는 제 일기책에서 이렇게 울부짖었다.

---

133. 옛날에 '전라도 사람'을 욕하는 사람이 많았다. 뭔가 세상에 화풀이하고 싶은 사람들이 애꿎은 사람들을 과녁으로 삼았다. 요즘 이성적 토론을 나누기 어려운 인터넷 사이트 '일베'가 요란해진 것도 그런 맥락이다.
134. 이런 경우는 있다. 독일 장교가 숨어 있는 유대인을 붙잡았는데 그 유대인이 "나도 1차 세계대전 때 독일군 장교로 참전했소!" 하고 자기를 소개하자, 독일군 장교의 말투가 금세 공손해졌다. 자기들과 운명을 같이했던 사람을 '벌레'로 몰아붙이기는 어렵다. 하지만 '저 사람이 착하다'고 해서 감명받는 일은 좀처럼 드물다.

솔직히 나는 선량하고 정직한 네덜란드인들이 왜 그런 색안경을 쓰고 우리를 쳐다보는지 도무지 이해할 수 없습니다. 이 세상에서 우리만큼 심한 박해를 받고 우리만큼 불행하고 불쌍한 민족은 없을 텐데 말입니다. 조국을 갖지 못한 유대인인 나는 여태껏 이 나라(네덜란드)가 내 조국이 되기를 간절히 바랐습니다.

나이 어린 안네가 수십 억 인류 앞에 항변했다. "기독교인 한 사람이 벌인 일은 그 한 사람의 책임이지만, 유대인 한 사람이 벌인 일은 유대인 전체가 책임을 져야 한다는 말을 저는 수없이 들었습니다. 과연 그래야 하나요?" 그 책임을 다하느라(?) 가녀린 소녀들이 죽어갔다. 우리는 안네의 일기를 잠깐 덮고서, 애꿎게 죽어간 꽃다운 넋들을 기리며 납작 엎드려서 석고대죄에 들어가야 하는 것이 아닐까? 멀쩡한 세상에 그런 야만극이 벌어진 것을 멀거니 구경만 한 죄에 대해!

어째서 반유대주의 이데올로기가 유럽 사회에 그렇게 활개를 쳤을까? 사회 지배층에게는 누군가 희생양이 필요했기 때문이다. 자본주의는 사회를 두 쪽으로 갈라놓는다. 자본이 굴러갈수록 있는 놈은 더 벌고, 없는 사람은 더 쪼들리게 된다. 그러다가 두 동네 사이의 거리가 하늘과 땅만큼 벌어지면 자본 경제가 갈팡질팡, 좌충우돌한다. 자본가는 상품을 잔뜩 만들어내는데, 이미 지갑이 말라붙은 민중은 그것을 사들일 돈이 없어 시장이 멈춰버린다. 그러면 공장도 굴러갈 수 없다. 1929년 세계 대공황이 그래서 터졌다. 살 길이 막막해진 민중은 "도대체 왜 이런 지경이 되었는지, 어느 놈 잘못 때문인지" 따져 묻게 된다. 사회 지배층은 분노의 화살이 자기들한테 쏠릴까 봐 두렵다. 그래서 "저 유대인 놈들 때문이야!" 하고 화살의 과녁을 그쪽으로 돌리려고 안간힘을 썼다. 유대인의 일부가 돈을 많이 벌어 사람들의 미움

을 사고 있었으니, 그 선동은 눈먼 사람들에게 쉽게 먹혀든다.[135]

> 덧대기
> 유대주의에 관한 잘못된 통념의 하나는 유대인 자본가가 너무 득세해서 대중이 그들을 미워하게 되었다는 것이다. 그러나 한나 아렌트는 19세기 후반, 국가주의 경제가 커가면서(다시 말해, 국가 바깥의 유대인 자본이 약해지면서) 그 선동이 시작되었다고 갈파했다.[136] 그 이데올로기는 유럽 자본이 지어낸 허튼 거짓말이다.

　군이 구분하자면 자본주의(자유민주주의) 이데올로기는 그래도 점잖은 편이다. '거짓 보편성'을 호들갑스럽게 떠드는 수준이니까. 자유는 저희들끼리만 누리면서도 "지금 우리 모두는 자유로워요. 자유 세상 만세!"라며 떠들어대는 이데올로기! 우리는 그 나팔꾼들과 말싸움도 벌일 수 있다. 그놈들도 '과학'을 추켜세우고 있으니 "어느 얘기가 더 과학적이냐?"라거나 "옳은 과학이란 과연 어떤 거냐?" 하고 맞붙을 일이다. 과학과 이성에 호소한다면, 쉽지는 않아도 그놈들을 설득할 수도 있겠다는 희망을 품어도 된다.

　하지만 파쇼(나치) 이데올로기나 인종주의 따위에 사로잡혀 있는 놈들하고는 토론이 훨씬 어렵다. 과학만으로는 대결이 안 된다. 그놈들이 그런 허튼 이데올로기에 빠져든 이유가 그것이 그들의 쾌락을 채워주기 때문이라서. "나는 별 볼 일 없는 밑바닥 인생이 아니라 위대한 독일 민족의 하나야!" 쾌락을 좇은 자기가 부끄럽다는 깨달음이 일어나

---

135. 한두 개별 사례를 들어 전체를 규정해버리는 것을 '일반화의 오류'라 한다. 안네 프랑크는 여기에 항의했다.
136. 유럽에 국가주의가 대세가 되자, 유대인들도 국가를 세우는 쪽으로 내몰렸다. 그런데 꼭 지금의 이스라엘 땅에 세울 근거는 없었다. 그때까지만 해도 유대인과 아랍인 사이에 싸울 일이 없었다.

지 않고서는 그들은 좀처럼 자기 생각을 바꾸지 않는다. 세상이 바뀌려면 그들이 부끄러워하게 만들어야 한다. 앎만으로는 안 된다![137]

수백 년 동안 유럽 놈들은 "흑인을 문명의 세계로 이끄는 것은 백인의 의무"라는 흰소리를 늘어놓았다. 그 거룩한 사명을 스스로 굳게 믿어야 아무런 죄의식 없이 흑인들을 착취할 수 있다. '나는 훌륭한 족속에 속한다'고 느끼는 우월감은 참 흐뭇한 것이다. 이런 이데올로기를 물리치려면 억압자에 맞서 훨씬 혹독한 투쟁을 일으켜야 한다. 억압받는 이웃을 돕겠다는 이타심으로 가득 찬 사람들이 곳곳에서 우뚝우뚝 일어서야만 이 야만의 세상을 바꿔낼 수 있다.

여성 차별의 이데올로기도 뿌리가 깊다

종교를 내세우거나 제 인종을 자랑하고 자기 체제(자본주의)를 두둔하는 이데올로기들을 살펴봤다. 이것들만큼이나 뿌리 깊은 것으로 여성 차별 이데올로기가 있다. 그런데 민주주의가 이데올로기(거짓 보편성) 수준에서나마 버젓이 자리 잡고, 여성해방 운동이 끊임없이 전진해온 결과로, 사회 지배층이 공식적으로 발언하는 자리(방송이나 학교 교과서)에서 여성 차별을 노골적으로 떠드는 일은 많이 줄어들었다. 그런 시대 변화는 고려할 일이겠지만, 그렇다고 여성 차별이 시원하게 사라진 것은 결코 아니다. 이데올로기는 법과 제도나 문화의 영역에서도 은밀하게(!) 작동하기 때문이다. 제도와 문화를 잠깐 살펴보자.

얼마 전에 가까스로 폐지된 것으로, 호주제戶主制라는 가족 제도가

---

137. 20세기에 정신분석학이 생긴 까닭은 그래서다. "사람들이 무슨 욕망에 사로잡혔기에 저런 짓을 벌일까?"

있다. 호주를 중심으로 가족 집단을 짜고, 이를 아버지에서 아들로 이어지는 남계男系 혈통으로 계승하는 제도다. 호주가 죽으면 맏아들이 대를 잇는다. 호주를 계승하는 순서는 장남 ⇒ 그밖의 아들 ⇒ 미혼의 딸 ⇒ 아내 ⇒ 어머니 ⇒ 며느리 순서다. 어머나! 맏아들이 저를 낳은 어머니나 누나보다 더 윗사람이 된다는구나! 법이 이렇게 남자 위주로 되어 있으니, 부모는 아들 낳기를 더 바라고 아들들에게 치인 딸들은 설움이 더욱 깊어졌다. 아들을 낳기만을 학수고대하는, 딸만 낳은 딸딸이 아빠!

대통령이 아무리 "남녀는 평등하다"고 말휘갑을 친다 해도 법과 제도가 이렇게 되어 있으니 그 말휘갑은 허튼 빈말이 된다. 호주제는 1948년 대한민국의 건국과 더불어 시작되었다. 우리는 그때의 대한민국 국가가 과연 진보적이었는지, 역사의 흐름을 제대로 받아안았는지 의문을 품어야 한다. 1950년대부터 그 폐지 여론이 (여성들 가운데서 외로이) 일어났지만 의회와 법원은 오랫동안 이 폐지 여론을 '개무시'하다가 민주화 바람이 불고 난 2007년에 와서야 마지못해 이 케케묵은 제도를 역사의 쓰레기더미 속으로 던져버렸다.

문화는 더 은밀하게 작동한다. 텔레비전은 여성을 남자보다 열등한 존재로 은연중에 깎아내리는 갖가지 이미지를 퍼뜨려왔다. 드라마에 나오는 여성은 대부분 순종적인 가정주부이거나, 직업을 가졌더라도 남성보다 지위가 낮다. 성품도 대부분 다소곳하다. 사회 활동이 활발한 여성은 흔히 갈등을 일으키는 말썽쟁이로 그려진다(셰익스피어의 희곡 「말괄량이 길들이기」가 이런 이데올로기의 선구자다). 또 자기 줏대를 고집스레 내세우는 여성은 악녀로 취급된다. 텔레비전 방송이 퍼뜨리는 주된 메시지는 "여성들은 가정을 지키고 남편을 보필하라! 여성은 남성의 도우미가 되라!"는 이야기다. 이따금 진취적인 여성을 그려내더라도 이는 남녀 사이가 그만큼 평등해진 현실을 뒤늦게 반영하는 것일 뿐이다.

TV에서 젊은 연인끼리 상대를 부르는 호칭을 유심히 들어보라. 남자는 여자에게 "○○야!" 하고 마음 놓고 부르는데, 여자는 "△△ 씨!" 하고 공손하게 되받는다. 대부분의 드라마가 그렇다. 여자들은 곰곰이 생각해보라. 이것, 남녀가 평등하다는 세상에 기분 나쁜 일 아닌가? 여자들을 은근히 기 죽이는 짓 아닌가? 남자가 띠동갑, 열두 살 차이 되는 어린 여자와 사귀는 것이라면 또 모른다. 두 사람이 비슷한 또래인데 그렇게 위아래를 구분한다(남자는 하늘, 여자는 발바닥!). 사람들의 실제 언어생활이 그러한가? 전혀 그렇지 않다. 띠동갑 사이라도 오래 사귀다 보면 어린 여자가 반말을 튼다. 드라마 작가들의 유별난 언어 취향 때문인가? 아니다. 사회가 정해놓은 암묵적 문화 관습에 따라서 드라마 작가가 대본을 쓴 것이다. 남녀 차별의 이데올로기는 이렇게 은밀한(그래서 시비 걸기 어려운) 문화 관습을 통해서 그 음흉한 몰골을 드러낸다. 그 대중문화의 지침서를 마련해준, 화면 뒤에서 비웃고 있을 사람들(사회 지배층)을 '공개 토론마당'으로 불러낼 때라야 그 이데올로기를 까발릴 수 있지 않을까?

흔히 여성 차별은 옛날로 거슬러 올라갈수록 더 심했을 것으로 착각하는 사람들이 많다. 하지만 우리나라나 유럽이나 15~16세기 이전까지만 해도 남녀 간의 차별이 그렇게 심하지 않았다. 남자가 더 힘이 세서 거친 일을 더 했으니 좀 더 대접받았을 뿐이다. 20세기의 대한민국처럼 '장남'을 그렇게 대접하지도 않았다. 봉건 사회의 모순이 심해지고 지배층이 민중을 억눌러야 할 필요를 크게 느낀 중세 말기에 이르러 "여자들을 길들여라!"라는 운동이 대대적으로 일어났다.[138]

가장 완강한 이데올로기 하나만 짚자. 여성 차별 이데올로기 가운데 사람들의 삶을 가장 완강하게 옥죄는 것은 살림살이(경제)와 관련된 것이다. "너희 여자들은 남편이 벌어오는 돈에 의지해서 사는 거야! 그러니 남편(남자)을 잘 받들어 모셔!" 거만한 남자들은 걸핏하면 이 사실(?)을 아내에게 일깨워줘서 그들의 기를 죽인다("너에겐 돈을 벌어오는 내가 하늘이다!"). 가정주부로만 살아온 중년 여성들 중에는 우울증을 앓는 사람이 적지 않은데, (고립된 가족의 울타리에 갇혀) 자기 존중심을 쌓아갈 여지가 적었으니 제 인생을 잘 살았다는 보람을 느끼기가 어려운 탓이다.

근대 자본주의 사회에 들어와, 자본가들은 자비롭게도(!) 남성 노동자의 월급봉투에 '가족 부양' 항목을 첨가해서 남자들의 기를 살려줬다. 이 월급봉투에는 남자가 벌어 여자를 먹여 살린다고 하는 허튼 이데올로기가 담겨 있다. 과연 그런가? 가정주부가 남편과 자식들을 지극 정성으로 보살피지 않는데도 그 남성 노동자들이 멀쩡하게 기업이 부과하는 노동을 해낼 수 있었던가? 자본가는 그 가정주부에게도 월급을 갖다 바쳐야 마땅하지 않은가? 이 차별 이데올로기는 남자와 여자 사이를 1등 시민과 2등 시민으로 갈라놓는다. 그래서 남녀가 뜻을 합쳐 자본의 질서(시장경제)에 도전하는 것을 어렵게 한다.

20세기 후반 들어, 일부 여성주의자들은 "가사노동(집안일)에 대해 국가(자본)가 임금(봉급)을 내놓아라!"라고 당차게 부르짖기 시작했다. 응달에서 주눅 들어 살아온 여성들이 자부심을 품고 살 새 세상을 만들어보자는 싸움이다.[139] 여성해방 없이 노동자도 임금노예의 삶

138. 남녀가 서로 내외하는 풍습도 조선 후기에 생겨난 것이다. 유럽도 근대가 시작될 무렵 여성을 길들이려고 "여성은 정조(처녀성)를 지켜라!" 하는 고리타분한 교리를 퍼뜨렸다.
139. 히말라야 숲의 벌목에 저항한 인도 밑바닥 여성들의 '칩코(나무를 껴안아라)' 운동을 비롯해 수많은 여성이 생태계 파괴에 맞섰다. 미래를 개척할 섬세한 감수성은 제3세계 밑바닥 여성들에게 있다.

으로부터 풀려날 수 없다. 아니, 2등 시민으로 살아온 여성들이야말로 돈이 최고인 세상에서 가장 억눌린 삶을 살아가는 밑바닥 노동자들이다.[140]

끝으로, 현대 사회의 지배층은 옛날보다 훨씬 뻔뻔해졌다는 것을 유념하지 않으면 안 된다. 무슨 비판이든 맞받아친다. "자본주의 사회에서는 사회 불평등이 영원히 개선될 수 없는 것 아니냐!"라고 다그치면 "그럴지도 모르지. 하지만 이것 말고 딴 길이 어디 있어? 어디, 보여달라고!"라며 배짱을 부린다. 1980년대 마거릿 대처 영국 수상과 도널드 레이건 미국 대통령이 이렇게 노래를 불렀다.

자본주의 아닌 대안의 세계가 지금 뚜렷이 보이지 않는 까닭은 자본주의가 다른 가능성들 모두를 억눌러버렸기 때문이다. 우리는 미국이 수십 년간 (자본주의 경제와 결별한) 쿠바와 북한, 심지어 (자기들 패권에 감히 도전한다 하여) 이란 등에 경제 봉쇄를 해왔음을 알고 있다. "옳고 그름이 문제가 아냐. 힘이 있고 없고가 문제야." 하고 그들은 버젓이 떠든다. 솔직하게 냉소주의를 자기들 통치 논리(이데올로기)로 내세운다.

요즘은 이데올로기가 신념의 차원에서 작동하지 않는다. "자본주의가 지구 멸망을 가져오는 것 아냐?" 하고 들이대도 그들은 눈 하나 깜짝하지 않는다. 이데올로기는 사회 기구와 제도 속에서 완강하게 굴러간다. "자본주의가 심각한 모순을 안고 있을지 모른다"고 순순히 고개를 끄덕이는 부르주아들도 많다. 그런데 그들이 주식시장에 돈을 쏟아부을 때에는 그런 이성적인 생각 따윌랑 까맣게 잊어버린다.

---

140. 예수는 몸을 파는 막달라 마리아야말로 하느님 나라에 1순위로 들어갈 거라고 단언했다. 괴테는 여성적인 것에 희망을 걸었다. 분명한 것은 여성 가사노동자들의 해방 없이 인류는 구원받지 못한다는 사실이다.

마르크스는 사람들이 순진하게 진짜로 믿고서 자유와 평등의 노래를 부른다고 여겼지만, 요즘의 냉소적인 사회 지배층은 그 노래가 거짓일 수 있다는 것을 알면서도 주식시장을 굴려가는 그 짓을 계속 벌인다. 이데올로기적 환상은 경제학 교과서에서 작동하지 않고, 증권거래소에서 작동한다. 어떤 시민이 노동조합을 지지하고 진보정당에 투표한다 해도, 그가 '증권거래소는 영원할 것'이라 믿고 제가 노동해서 번 돈을 거기 쏟아붓는 한, 그는 자본주의라는 '자동 장치'에 경배를 올리는 셈이다. 21세기의 인류는 우리에게 미래는 없다고 늠름하게 떠드는 냉소주의와도 싸워야 한다.

덧대기
학생들은 왜 인문학을 공부해야 하는가? "솔직히 저는 더 좋은 상급 학교와 직장에 들어가는 데에 보탬이 되기 때문에 공부해요!" 하고 털어놓을 학생도 많겠다. 사람은 어떻게든 입에 풀칠을 해야 하므로 입시와 취직을 위한 공부를 말릴 수는 없다. 하지만 학교 교과서와 대학 수능시험지에 들어 있는 공부거리는 지배 이데올로기에 의해 비뚤어져 있거나 절박한 현실과 동떨어진 사변적思辨的인 내용들이 많다는 사실을 헤아리면서 그 공부를 소화하기 바란다. 인문학 공부의 참된 가치는 학생들이 인류 사회를 더 성숙한 곳으로 발전시킬 재목으로 커가게끔 깨달음을 베푸는 데에 있지, 학생들이 무슨 회사 실무를 익히게 해주는 것이 아니기 때문이다. 또 학생들도 더 속 깊은 눈으로 교과서를 돌아볼 때라야 거기 담긴 그 나름의 앎도 더 쉽게 깨칠 것이다.
세상에는 갖가지 이데올로기가 창궐해서 민중의 머리를 어지럽힌다. 올바른 생각을 단단히 틀어쥐고 그 이데올로기들을 떨쳐낼 때라야 세상 사람들은 한마음 한뜻의 사회를 세울 수 있다. 무엇으로 하나가 된 사회를?

141. 베토벤이 위대한 까닭은 단지 새로운 음악을 창안해서가 아니다. 근대 시민혁명의 진취적인 정신이 거기 녹아 있어서다. 모차르트와 베토벤의 음악이든, 칸트와 포이어바흐의 철학이든, 너나없이 시민혁명의 열광적 시대 흐름을 표현해낸 것으로 읽어야 우리는 세상에 눈을 뜨게 된다.

위대한 음악가 루트비히 판 베토벤의 교향곡 〈합창〉은 다들 안다.[141] 끄트머리에 가서 합창단이 벌떡 일어선다. 장중한 멜로디와 함께, 모든 인류의 동포애를 감격에 겨워 찬양하는 〈환희의 송가〉가 울려 퍼진다. 프랑스혁명(1789) 직전 독일의 시인 프리드리히 실러가 쓴 시 구절이다.

"…… 모든 인간은 형제가 된다 …… 사람들아, 서로 포옹하라! 온 세상을 위한 입맞춤을!"

우리는 어떤 세상을 바라는가? 이렇게 인류 사회의 성숙(낡은 봉건 사회로부터의 도약)을 기뻐하는 한마음으로 하나가 되는 세상을! 인류는 그런 감격스러운 순간들을 이따금 맛봤다. 유럽인들에게는 1774년 미합중국의 독립이나 1789년 프랑스혁명이 미래에 대한 희망을 불어넣는 감격스러운 순간이었고, 한국인에게는 1894년 동학농민혁명의 횃불이 타오른 때나 일제의 말발굽 밑에서 풀려난 1945년의 해방이 온 민중을 같은 동포로 느끼게 해준 감격스러운 순간이었다.[142] 우리는 그때보다 한 걸음 더 나아간 이상적인 세상이 찾아오기를 간절히 바란다. 그래야 응달에서 눈물 짓던 수많은 약자들의 얼굴에 웃음꽃이 피어난다.

1930년에 민족시인 심훈은 노래했다.

"그날이 오면, 그날이 오며는/삼각산이 일어나 더덩실 춤이라도 추고/한강물이 뒤집혀 용솟음칠 그날이/이 목숨이 끊기기 전에 와주기만 할 양이면/나는 밤하늘에 날아가는 까마귀같이/종로의 인경(종)을 머리로 들이받아 울리오리다./두개골이 깨어져 산산조각이 나도/기뻐서 죽사오매 오히려 무슨 한이 남으오리까."

100년 가까이 세월이 지난 요즘의 우리도 그 노래를 다시 불러야 한다. 또 그날의 실현을 앞당기기 위해, 세상을 뒤덮은 갖가지 허튼 이데올로기(악령)들과 싸움을 벌여야 한다. 주먹싸움이 아니라 옳은 생각을 추구하는 이념 싸움을! 꽃답게 죽어간 소녀 안네의 뜻을 기리는 것은 영혼 있는 모든 이의 의무가 아니겠는가. 인문학 공부의 목적은 이 싸움을 준비하는 것이다. 동포여, 그대는 이 싸움에 함께하지 않겠는가?

---

142. 작은 감격의 순간은 더 있다. 1968년 유럽의 6·8혁명 때나 1987년 한국의 민중항쟁 때처럼! 하지만 둘 다 세상을 바꿔내기에는 좀 미약했고 단명했다. 존 레논의 맑은 노래 〈이매진〉도 1968년의 시대 분위기 속에서 태어난 것이다. "천국이 없다고 상상해봐요. 어렵진 않을 거예요……."

3 시장, 키워야 하나, 없애야 하나?

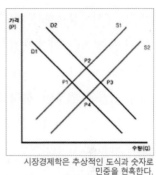

시장경제학은 추상적인 도식과 숫자로
민중을 현혹한다.

중3 사회책 '시장경제' 단원을 간추리면 아래와 같다.

① 시장경제의 주체는 가계·기업·정부인데 시장경제는 늘 돌고 돈다. 시장경제는 사유재산 제도를 인정하고, 경제 활동의 자유를 보장하고, 사적 이익을 추구하는 것을 원칙으로 한다. 시장경제는 효율적이긴 하지만 형평성을 이루기 어렵고 경제가 불안정해질 수 있으며 환경 파괴와 인간 소외를 빚기도 한다. 한국은 혼합경제다.

② 시장에서 공급자와 수요자가 만나 거래한다. 수요와 공급에 따라 가격이 결정된다. 수요·공급이 바뀌면 가격도 바뀐다. 가격은 경제 활동의 신호이고 유인誘因이다.

③ 시장경제는 자유 경쟁을 중시하지만 공정하고 투명하게 경쟁해야 한다. '나 홀로 시장'은 공정 경쟁을 막는다. 사적인 이익의 추구는 제한이 있어야 한다.

한 세대 전의 사회책은 "시장경제는 좋은 것"이라는 주제를 별 고민 없이 써내려갔다. 그런데 민주화 시대를 겪고 나서 사회책이 좀 너그러워졌다. "시장경제에 문제도 꽤 있다. 그것도 고민해보자"고 어조가 다소 바뀐 것이다. 이런 변화는 인간 사회가 스스로를 고쳐내는 힘이 좀 생긴 덕분이기도 하고(이는 문제 제기하는 주체들이 더러 생긴 결과다), 한 세대 이전에 견주어 한국과 세계의 경제가 더 불안해지고 어려워진 탓이기도 하다. 지배층도 자기 자랑만 일삼아서는 씨알이 먹히지 않는다는 것을 눈치챘다.[143]

그런데 그것으로 족한가? 책의 내용이 상대적으로 개선된 것이야 분명하지만, 그렇다고 절대적으로, 곧 그것 자체로서 만족할 만한 일일까? 결코 그렇지 않다는 게 내 생각이다.

①을 찬찬히 읽어보자. "시장경제는 효율적이긴 하지만, 이러저러한 문제도 있다." 두 면을 다 살피는 것은 진취적인 태도이지만, 문제는 어느 쪽에 방점을 찍느냐다. 그러니까 "크게 바꿔야 할 일이냐, 조금만 바꿔도 될 일이냐?"에 대해 자기 관점을 분명히 해야 한다는 것이다.

그렇지 않고 애매하게 "좋은 점도 있고, 나쁜 점도 있다"고 두루뭉수리로 말하는 것을 '절충적 태도'라고 일컫는데, 그렇게 말해서는 무엇을 하자는 얘긴지, 남들에게 뚜렷한 앎을 주지 못한다. 초등학교 교과서에 세종 때 황희 정승의 일화를 좋은 이야기인 양 소개했는데, 형편에 따라서는 그렇게 너도 옳고 개도 옳다고 등을 두드려주는 것이 슬기로운 처신일 수 있지만 인류 사회의 운명을 놓고 벌이는 토론은 훨씬 엄격해야 한다. 절충론자들은 어떤 극단으로 치닫지 않는 미덕은 있어도, 뾰족한 대안을 내놓지 못하는 무기력한 얘기에 머물 때가

143. 학생들이 경제 흐름에 대해서는 앎이 얕으므로, 이 글은 '시장 제도가 옳은지' 생각해보자는 정도로만 서술했다. 하지만 2008년 경제 대공황이 터진 뒤로, 이 물음에 대한 답은 더 뚜렷해졌다. 시장의 논리에 따르면 4조 달러에 이르는 돈을 무너지는 은행을 살리는 데에 써서는 안 되었다. '자본 좀 살려달라'고 납세자들에게 시장이 구걸한 셈이다. 시장(곧 자본)의 눈먼 운동을 멈춰 세우지 않고서 인류의 앞날은 없음이 분명해졌다.

많다.

둘 다 옳다는 말은 한쪽만 옳다고 우기는 사람의 눈길을 넓혀준다는 면에서는 긍정적이다. 생각과 생각을 주고받고 입씨름 벌이는 공부 자리에서는 괜찮은 말이다. 그런데 막상 현실의 어떤 문제가 불거져서 "어떡할 거냐?"를 결정해야 할 때에는 "난 모르겠어요!" 하고 무책임하게 발뺌하는 얘기가 된다.

이를테면 정부나 기업이 돈벌이에 유리한 어떤 사업을 벌였는데, 환경 단체에서 "그거, 환경을 파괴하니까 그만둬라"고 반대하고 나섰다고 치자. 이때에는 정부나 기업을 편들지, 환경 단체를 편들지, 둘 중에 하나를 선택해야 한다. 현실의 구체적인 다툼을 놓고서 둘 다 옳다며 두루뭉수리의 절충론을 말할 수는 없다. 또 현실의 어떤 자질구레한 문제를 놓고서는 "이쪽으로 가도 좋고 저쪽을 선택해도 크게 어긋날 것은 없다"고 대수롭지 않게 판단할 수도 있겠지만, 한 사회의 긴 앞날을 놓고서는 '어느 쪽인들 어떠랴.' 하고 태평하게 바라볼 수 없다. 뜨뜻미지근한 절충론에 머물러서는 안 된다.

교과서는 한국 경제가 혼합경제랬다(①). 시장과 국가를 섞었다는 말이다. 이를 설명하려고 국가자본주의나 국가독점자본주의라는 개념을 지어낸 학자들도 있다. 누가 처음 그러자고 했나? 1929년 세계 대공황을 맞아 자본주의의 위기를 헤쳐가려고 존 메이너드 케인스가 처음 혼합경제의 상像을 내놓았다. 그런데 혼합경제라는 말은 자본주의가 이질적인 무엇인가를 받아들여 많이 바뀌었다는 느낌을 준다. 그럴까? 자본주의 원리가 크게 바뀌었나? 달라진 것은 별로 없다.

이 낱말은 "자본주의가 많이 개선되었으니, 이제 믿어주세요." 하고 자본주의를 두둔하는 뜻을 담고 있다. 그러니까 교과서의 관점은 케인스주의에 입각해 있고, 자본주의의 기본 원리는 그대로 유지하되

부분적인 개선만 꾀하자는 생각을 깔고 있다.

②에서는 "수요와 공급이 서로 만나 가격을 결정한다"고 했다. 틀린 설명이 아니지만, 문제는 이 말이 무슨 뜻인가 하는 것이다. 다른 모든 조건을 다 빼버리고, 수요와 공급만으로 따져봐 "가격이 이러저러한 방식으로 결정된다"고 말할 뿐이다. 이것을 '추상抽象'이라 한다. 덜 중요하다고 싶은 면들을 모조리 빼버리고 중요하다고 싶은 면만 뽑아낸 것!

이 추상은 수요와 공급과 가격이 서로 어떤 관계를 맺고 있느냐를 알려준다. 그런데 이 추상은 머릿속에서 가상으로 진행된 것이다. 현실에서 지금 무슨 물건의 값이 어떻게 정해졌는지를 알려면 단순히 수요와 공급이 얼마인지만 알아서는 안 된다. "가격은 이렇게 결정돼요." 하는 추상적인 앎만으로는 지금의 현실 속에서 벌어지는 경제 현상을 그대로 설명할 수 없다는 것이다. 추상적인 관계만 따진 것은 '닫힌 체계'일 뿐이다.

이를테면 위에서 "수요 곡선과 공급 곡선이 만나는 교차점에서 가격이 결정된다"는 공식은 수요자나 공급자가 시장이 돌아가는 형편을, 곧 정보를 다 알고 있다는 것을 미리 전제한 공식이다. 물건의 공급을 몇 개의 독점기업이 좌지우지하고 그 기업들이 공급 정보를 쉬쉬하고 감춘 탓에 수요자 대부분이 시장의 형편을 잘 모른다면, 현실에서는 위의 공식대로 가격이 정해지지 않는다. 공급자에게 유리한 쪽으로 가격이 결정된다.

현실에서는 그런 경우 말고도, 공급자의 사정이 딱 고정되어 있다든지 하여 수요-공급 곡선이 작동하지 않을 때도 있다. 교과서는 하나의 간단한 도식만 알아두라고 했을 뿐인데, 이것을 금과옥조로 여긴다면 아무리 그런 앎을 많이 저장해둔다 한들 세상 보는 눈이 트이지는 않는다. 중학교 사회책에 굳이 그런 도식을 실었어야 할지도 사실은 따져볼 일이다.

③도 숱한 생각거리가 뒤따르는 얘기다. 자본주의는 자유 경쟁을 좋은 덕목으로 떠받든다고 하는데, 과연 현실에서 자유 경쟁이 이뤄질까? 독점을 막는다고 하지만, 과연 독점이 막아질까? 공정 경쟁을 바란다고 했는데, 경쟁이 과연 공정할 수 있을까? 아니, 공정한 경쟁이라는 말이 성립하기나 할까? 사적인 이익의 추구를 제한한다고 했는데, 이는 '사유재산권 존중'과 충돌할 것이고 그럴 때는 어떤 잣대로 판단해야 할까?

근본적으로는 "사유재산 제도, 꼭 바람직한 것일까?"라는 것도 일반 국민 사이에서 토론해야 한다. 예를 들어보자. 싱가포르는 자본주의 사회다. 그런데 이 도시국가는 좁은 땅덩어리에 인구가 빽빽이 들어차 있다. 이런 조건에서 집을 사고파는 재화처럼 취급한다면, 집값이 엄청나게 뛰게 된다. 이는 자본주의 경제를 키우는 데에 결코 유리하지 않다고 싱가포르 지배층은 결론을 내렸다. 그리고 그 품목(땅과 집)에 한정해서 공공재로 삼았다. 그 뒤로 싱가포르의 모든 국민이 국가가 소유한 공공임대 아파트를 싼값에 빌려서 살게 되었다.

"사유재산 제도가 바람직한가?" 하는 물음은 대단히 어렵고 예민한 토론거리다. 쉽게 결론이 날 수는 없지만, 생각과 토론은 시작되어야 한다. 이것은 커다란 정치 문제다. 당장 불거질 문제는 아니지만 생각해볼 사례가 하나 있다. 북한 문제다.

모두 알다시피 한반도는 1945년 일본의 패전을 맞아 미국과 소련, 두 연합국이 38선 남쪽과 북쪽에 따로따로 군대를 보내서 점령함으로써 두 동강이 났다. 그로부터 어언 70년! 지금 남쪽의 대한민국 지배세력은 북쪽의 나라를 또 다른 독립된 나라로 인정하고 있는지, 아니면 "그것은 어엿한 나라가 아니니 없애야 돼!" 하고 부정할 속셈인지, 알쏭달쏭하다. UN에 두 나라가 다 대표를 보내고 있는 것을 보면, 국제적으로 두 나라가 존립하는 것이 분명한데, 두 나라 지배층이 서로 "언젠가는 저쪽 나라를 부정해버릴 거야." 하는 속내를 품고 있는 것은 아닌지 의심이 들기도 한다.

아무튼, 한반도가 둘로 갈리고 나서 북녘에서 남쪽으로 넘어온 실향민들 중에는 "북진 통일이 이뤄지면, 예전에 내가(우리 집안이) 소유했던 땅을 되찾을 거야." 하고 야무진 희망을 품고 살아가는 사람이 꽤 있다. 코흘리개 나이에 월남했을, 지금은 나이를 많이 잡순 노인들이나 그들의 후손들 중에! 이들은 "그 땅은 내 땅"이라고 여긴다. 혹시라도 북진 통일이 이뤄진다면(그렇게 될지 어떨지는 알 수 없지만) 그 땅에 오랫동안 살아왔던 수많은 북한 사람들더러 "사유재산 제도는 신성한 것이므로, 당신들, 이 땅에서 나가달라"고 쫓아내야 옳을까? 이것, 대단히 예민한 정치 문제다. 하나의 생각거리로 머릿속에 담아두기 바란다.

> **덧대는 말 1**
> 1960년대 이래 경제학 주류(곧, 폴 새뮤얼슨의 '신고전파 종합 이론')는 분배 문제를 쓰레기통에 버렸다. "자본주의 발전 초기에는 분배가 나빠지지만 좀 지나면 개선된다"고 요란하게 떠들면서. "그러니까 성장을 훼방 놓지 마! 우리가 더 가져가야 해!" 학교 교과서는 "자본과 노동은 생산에 공헌한 만큼 제 몫을 받는다"고 적어놓았다.
> 과연 그럴까? 최근 프랑스 학자 토마 피케티가 장기간에 걸친 경제 통계 자료를 다 뒤져서, 실제 현실이 어땠는지를 밝혀냈다. 19세기 말 유럽은 국민순자산(피케티의 "자본stock")이 국민소득에 견줘서 6~7배에 이르렀고, 1910~1950년대까지 2~3배로 뚝 떨어졌다가 1980년대부터 급격히 치솟아서 지금은 5배(한국은 5.6배)를 넘어섰다고 한다. 이 추세대로라면

야만스러웠던 자본주의 초기로 고스란히 되돌아갈 것이다. '신자유주의'란 딴 게 아니라 "우리, 그 시절로 되돌아갈래!" 하는 외침이다.

자본과 노동이 얼마나 가져갈지는 고매한 경제 수식이 정해주지 않는다. 그것은 오로지 계급투쟁에 따라 결정될 뿐이다. '성장 이데올로기' 덕분에 배를 불린 것은 자본뿐이다. '한계생산력설'은 한갓 허튼 논리일 뿐인데 수십 년간 수백, 수천만의 학생이 그 말장난에 줄곧 세뇌되어왔다.

한국의 사회경제적 불평등은 그 정도가 OECD 국가 중에 가장 심하고 특히 21세기 들어서는 더욱 그렇다. 또 앞으로 대부분의 나라는 경제 성장률이 차츰 더 낮아질 전망이다. 선진 자본국은 성장을 멈출 지경이고(그러면 자본이 위험에 빠진다), 인류 대부분의 살림살이가 갈수록 궁핍해지고 있다. 그러니 정작 쓰레기통으로 들어가야 할 것은 부르주아 주류 경제학이 아닌가!

지금은 과연 자본주의(또는 시장경제) 체제가 인류 대부분의 삶을 온전하게 지탱해줄 수 있는지, 근본 의문이 치밀어 오르는 시절이다. "왜 꼭 자본주의가 없으면 세상을 못 산다고 하니? 그것, 너희 재산 지키려고 하는 말이 아니냐?" 20세기 전반기에 빈부 격차가 많이 줄었던 비결도 자본의 모순이 전쟁과 사회혁명을 불러와 막대한 자본이 파괴되었던 덕분이다. 다시 3차(또는 4차) 세계대전을 벌이면서까지(←그래야 자본의 상당량이 파괴되므로) 꼭 자본주의를 받들고 가야 할까?

최근 유럽의 여러 학생들이 '경제학의 다원성(실현)을 위한 국제 학생들의 발의'라는 모임을 만들어 경제학 교육의 개혁을 요구했다. 대학을 주름잡는 '신고전파' 경제학 말고도 학생들이 고전학파, 제도학파, 생태주의, 여성주의, 마르크스주의의 목소리도 들어야 한다는 외침이다. 우리의 중고교 (사회) 교과서가 문제투성이라는 내 비판도 이런 맥락에서 나왔다.

덧대는 말 2

돈이 물신物神으로 숭배된 사례가 있다. 남미의 콜롬비아 저지대에서 살아가는 영세 농민들은 땅을 대지주에게 뺏기고 품팔이꾼으로 몰락한 뒤부터 교회에서 갓난아기에게 세례를 줄 때, 덩달아 돈에도 세례를 받는 의례를 은밀하게 행했다. 부모는 신부의 축복이 자기 돈에도 내리라고, 신부 앞에 1페소짜리 지폐를 들고 서 있다. "아이의 영혼일랑 팔아버려도 좋다!" 그러면 그 지폐가 '이자 딸린 자본'이 되어 점점 불어난다고 진짜로 믿는 것이다. 이처럼 자본 체제를 처음 접한 제3세계 민중 가운데는 "실제로 돈이 살아 움직인다"는 환각(!)까지 겪은 사람이 있다. 이제 21세기의 인류는 자본 체제에 완전히 세뇌되어 '돈이 돈을 번다'는 것을 아주 당연한 신의 섭리로 여기는 탓에, 굳이 돈에다가 세례를 베풀 필요를 느끼지 못한다. 황금에 대한 신앙을 교회(세례)가 지탱해주던 가톨릭 시대를 지나, 저마다 제 마음속에 '돈-귀신'을 든든히 모시는 프로테스탄트 시대로 세상이 옮겨 왔다!

한편 마이크 데이비스에 따르면 아프리카의 콩고인민공화국 수도 킨샤사는 공식 경제가 완전히 붕괴되었고, 임금을 받는 사람이 인구의 5%뿐이다(『슬럼, 지구를 뒤덮다』 참조). 인구의 3분의 2가 영양실조다. 거기 빈민층의 자녀는 때로는 '마녀'로 낙인이 찍힌다. 그러면 그 불쌍한 어린이가 순순히 제 죄(?)를 고백한다. "저는 사람들 800명을 잡아먹었어요!" 오순절파의 교회는 그곳 민중에게 '백인병에서 벗어나자'고 열정적으로 선교한다. 백인병이란 백인들이 세뇌시킨 '돈을 우러르는 마음'을 가리킨다. 인류는 콩고 민중과 같은 지경이 되어서야 가까스로 돈에 대한 믿음을 철회하기 시작할까? 인류는 어디까지 더 망가져야 할까?

덧대는 말 3

자본주의의 위기는 사회주의를 추구하는 학자들만 내다본 것이 아니다. 일찍이 데이비드 리카도(고전학파)는 자본 축적이 수확 체감의 원리에 따라 결국 이윤율 제로(정상 상태)로 귀착될 것이라 예견했고, 자본의 혁신 논리를 칭송한 조지프 슘페터도 자본 체제의 취약성을 염려했다. 케인스가 한창 두각을 나타내던 1930년대에 앨빈 한센은 자본 체제가 결국 투자 기회의 고갈을 맞을 것이라 내다봤다. 최근 서머스 전 미국 재무장관도 세계 경제가 만성적 수요 부족으로 오랜 정체(스태그플레이션)에 빠질 것이라 예견했다. 지금은 마이크로소프트사처럼 독점자본들이 비생산적 지대地代를 산더미로 긁어모아 세습 자본주의를 굳히고 있으니, '자본의 위기'를 더는 유령 같은 것으로 치부할 수 없다. 그동안 '가까운 시일 안에 경제 성장 이룩하기'에만 편협하게 매달려온 주류 경제학은 무대 뒤로 물러나야 한다.

4 '근대' 문학의 앞날

1990년대 초 미국이 이라크를 침략했을 때 미국인 대부분이 한 민족이 되어 열광했다.

이 글은 문학의 이모저모를 알아본다. 학생들에게 "문학이 뭐냐?" 고 물어본다면 "시나 소설이요!" 하고 대꾸할 것이다. 학교의 국어 교과서에서 그것들을 배우기 때문이다. 하지만 그렇게 간단한 답에 만족해도 되는지, 눈길을 돌려 두루 살펴보자.

(1) 문학의 정의: 문학은 한자로 풀어보면 글월 문文, 배울 학學이다. 그런데 이 '문文'이란 그 포괄 범위가 매우 넓다. 그래서 옛 중국에서 문학은 시나 소설이 아니라 모든 학문(배움)을 다 가리켰다. 한편, 영어로는 문학을 'literature'라 한다. 기록(글쓰기)을 뜻하는 라틴어 litteratura에서 비롯되었다. 글로 쓰인 것 모두! 그러니까 요즘의 문학은 옛 중국의 말뜻 '학문'을 이어받은 게 아니라 literature를 한자로 번역한 말이다. 이 '문학' 외에도 우리가 흔히 쓰는 다른 용어들('국가', '경제', '사회', '민족' 등)은 모두 유럽 문명을 한 발 먼저 받아들인 일본인들이 19세기에 만든 번역 용어이고, 한국과 중국에서 그 번역어들을 그대로 가져다가(!) 썼다. 기억해둬야 할 사실이다.

그런데 요즘 사람들은 문학을 본래의 말뜻('글로 쓰인 것')으로 알아듣지 않는다. '말이나 글로 된 것 가운데 멋진 것들'이라고, 낱말의 외연外延이 더 넓어졌다. 이렇듯 낱말 하나도 시대에 따라 사람들이 조금씩 달리 사용하면서 의미가 변화한다. 이제 우리는 문학이라 일컬으면서 그 뜻은 '말과 글로 이뤄진 예술'이라고 새겨야 한다. 수많은 사람들이 이렇듯이 부정확한 언어를 주고받으므로 낱말의 뜻이 바뀌어온 역사를 (번거롭지만) 일일이 헤아려야 한다.

말은 누구나 부려 썼지만 글은 일부 엘리트들만 쓰고 읽었다. 20세기 들어와 누구나 학교에 다니게 되면서부터[144] 글이 비로소 대중의 것이 되었다. 그러니까 '글=문학'이라는 좁은 정의는 엘리트와 대중 사이에 골이 깊었던 시대의 것이고, '언어(말과 글)=문학'의 넓은 정의는 대중이 좀 더 대접받는 시대로 바뀌었음을 말해준다.

(2) 문학과 근대: 학교(교과서)는 문학을 큰 비중으로 대접한다. 국어는 주요 교과의 하나이고, 그 절반을 문학(시와 소설)에 할애하고 있다. 그런데 조선시대에는 어땠을까? 사대부 집안의 자제가 『홍길동전』이나 『장화홍련전』 같은 소설 '나부랭이'를 읽고 있으면 부친의 불호령이 떨어진다. "네 이 녀석, 하라는 공부는 하지 않고!" 요즘 학생들이 만화를 읽거나 컴퓨터 게임을 하고 있을 때 부모들이 실망하는 것과 비슷하다. 사실 『홍길동전』에는 첩들 사이에 시샘을 벌이는 시시껄렁한 얘기가 잔뜩 들어 있다. 요즘 텔레비전 드라마에 나오는 흥밋거리 치정극과 별로 다르지 않다. 솔직히 공자와 노자의 철학만큼 무슨 깊은 깨달음을 주는 것이 아니지 않은가. 과연 문학(소설)이 그렇게나

---

144. 40~50년 전만 해도 농사꾼 중에는 제 자식을 꼭 학교에 보낼 필요를 느끼지 못하는 사람이 꽤 있었다. 글을 못 배워도 농사꾼으로 사는 데에 큰 어려움이 없었기 때문이다. 현대 자본주의 산업 사회로 바뀜에 따라 대중교육이 시행되었다. 남미의 몇 나라는 근래에 들어와 문맹 퇴치에 나섰다.

큰 대접을 받아도 될까?

문학의 위신이 높아진 것은 근대에 들어와서다. 그 이전에는 재미있어서 즐겨 읽거나 듣기는 했어도 대수롭지 않게 여겼다. 그러니까 "왜 근대 사회에 문학이 필요했느냐?"라는 질문과 "근대 사회에는 어떤 특징이 있느냐?"라는 질문은 같은 질문이다. 근대 초기와 견줘서 지금은 사회가 많이 달라졌으니 문학에 대한 대접도 달라져야 하지 않을까 하는 의문도 품어볼 만하다.

(3) 가족: 우리는 지금 시대의 사회에서 살아간다. 다른 사회를 살아보지 못했다. 그래서 옛날 사회의 모습도 지금과 마찬가지려니 하고 무심결에 지레짐작한다. 이를테면 옛날의 성인 남녀도 요즘처럼 제 자식을 끔찍하게 여길 거로 착각한다. 텔레비전 드라마가 만날 "가족 간의 사랑은 위대하여라!" 하고 떠들고 있고, 옛날을 그린 드라마에 나오는 가족 모습도 요즘의 것과 똑같으니 말이다.

역사책을 들춰보면 지금과 같은 가족은 최근에야 생겨났다. 유럽(프랑스와 영국)에 '가족'이 뿌리내린 때가 불과 18세기 말이고, 노동자와 농민이 가족을 갖게 된 것은 19세기 중반에 이르러서다.[145] 옛날에는 재산이 있는 계급만이 가족을 만들 수 있었고, 귀족도 오늘날처럼 아내와 자식이 동거하는 가족을 꾸리지 않았다. '낭만적 사랑'에 토대를 둔 핵가족은 근대 부르주아계급이 등장하면서 비로소 생겨났다.

> **덧대기**
> 근대에 들어와 '어른'과 '아이'를 따로 구분했다. 이는 근대에 들어와 '놀이'와 '노동'이 구분된 것과 짝을 이룬다. 남의 회사에 고용된 품팔이꾼으

---

145. 마리아 미즈의 『가부장제와 자본주의』 참고.

로 일하는 사람은 일의 보람을 잃기 십상이다. 먹고살려고 남이 시키는 대로 일하는 노동과 (스스로 추구하는) 놀이가 분리된다. 아이들까지 그런 강제노동에 몰아넣을 수는 없었기에(그러면 사회가 파괴된다), 근대 사회는 따로 '아이에 대한 보호책'을 마련했다. 그게 학교다.

낱말의 역사를 살피자. 영어 'family'의 어원은 가족 같은 뜻이 아니었다. 고대 라틴어 famulus는 원래 '하인'이나 '노예'를 가리켰다. 이 낱말이 (제 핏줄과 하인을 포함해서) '한집안'을 뜻하는 중세 라틴어 'familia'로 바뀌었다. familia를 이어받아 근대 영어의 family(프랑스어 'famille')가 생겨났다. 고대 로마의 가부장은 famulus(하인, 노예)의 구성원을 매매하거나 죽이고 살릴 권한을 누렸다. 아내와 자식도 (노예 신분은 아니지만) 가부장의 소유물이었다. familia는 '(평등한 관계로 생각하기 쉬운) 가족'보다 '식솔(食率, 딸린 식구)'로 번역하는 게 더 맞다. family도 '식솔'로 번역하는 게 더 날카롭다.

유럽이나 아시아나 옛날의 가난한 어버이는 제 자식을 부잣집에 얼마쯤 대가를 받고 종으로 팔아넘기는 일이 흔했다. 어버이 살림에 보탬도 주고, 거기 가서 밥이나 굶지 말라는 뜻에서다. 『심청전』의 여러 판본 중 하나를 보자.[146] '맹인잔치'에 불려간 심봉사가 대궐에서 자신을 찾는다는 말을 듣고 두려움에 빠진다. "내가 죄라고는 딸 팔아먹은 죄밖에 없는데 그 죄를 혼내려고 그러나?" 『심청전』은 공양미 300석을 효심의 표현으로 윤색했지만, 이를 현실로 보면 사람을 사고파는 야만성이 있지, 미담은 없었다.

(4) 네이션과 언어(문학): 근대로 접어들면서 무엇이 탄생했기에 문학이 융숭한 대접을 받게 되었을까? 근대 사회는 민족nation의 탄생과 더불어 왔다. 이 말을 미심쩍어할 사람도 있겠다. "우리는 단군 할아버지 시절부터 단일 민족이 아니었던가요?" 그때는 단일 종족tribe

---

146. 대량으로 인쇄할 수 없었던 200~300년 전에는 소설이 베껴 쓰기를 통해 전파되었다. 그래서 베껴 쓰는 사람마다 이야기가 조금씩 달랐다. 예를 들어, 『춘향전』의 주인공 성춘향도 얌전한 요조숙녀가 있는가 하면 괄괄한 말괄량이 캐릭터도 있었다.

이었을 뿐이고, 아직 민족은 선보이지 못했다. "우리는 옛날부터 하나였다!"고 민족주의자들이 계속 노래한 탓에 (옛날과 지금을) 혼동하는 사람이 많다. 이 용어법을 둘러싼 실랑이가 완전히 가라앉지 않았으므로, 혼동을 피하려고 앞으로 이 글에서는 민족 대신에 '네이션'으로 일컫겠다. 프랑스어('나시옹')나 독일어('나치온')나 스펠링은 똑같다.

영국은 잉글랜드인·스코틀랜드인·웨일즈인·아일랜드인이 두루 살았던 곳이고, 요즘은 인도와 아프리카에서 몰려온 인구도 제법 많아졌다. 핏줄(종족)로 네이션을 말할 수 없다.[147] 이와 달리, 독일은 1871년 프로이센의 비스마르크에 의해 통일되기 전까지, 수많은 독립된 공국公國[148] 들이 부대 자루 속의 감자처럼 데면데면하게 모여 있었다. 1871년 이전에는 독일 네이션이 있었던가? 독일이 하나의 경제권을 이루는 근대 자본주의 사회로 바뀌었으니 네이션이 (불완전하게나마) 있었던 셈인데, 그 네이션은 영국이나 프랑스처럼 '국가state'로 있지 않았다. 그래서 독일 부르주아 지식인들은 '언어'를 강조했다! "수많은 공국의 사람들이여, 우리는 같은 나라의 사람은 아니지만 같은 언어(독일어)를 쓰고 있습니다. 우리는 서로 남이 아닙니다! 하나의 네이션이 됩시다!"

자, 여기서 근대가 왜 문학에게 그렇게 융숭한 대접을 했는지가 드러난다. 독일은 하루바삐 네이션국가를 이뤄내야 한다. 그래야 강국인 영국이나 프랑스에 맞서 독일 네이션이 힘을 발휘할 수 있다. 「파우스트」를 쓴 독일 문학가 요한 볼프강 폰 괴테는 독일이 한창 근대로 접어들던 때에 살았다. 독일인들이 괴테를 그렇게 떠받드는 까닭은 그의

147. 영한사전은 nation을 '민족, 국민, 국가, 나라'로 옮겨놓았다. 일상 용법에서는 그렇게 불분명하게 쓰인다.
148. 왕보다 낮은 지위(공작·후작·백작)의 군주가 다스린 나라. 비슷한 한자말은 '제후국諸侯國'이다.

문학 작품들이 '같은 언어와 문화를 나누는 독일인'이라는 정체성을 불어넣어줬기 때문이다(셰익스피어도 마찬가지로, 근대에 들어와서야 칭송을 받았다).

(5) 네이션과 우애: 네이션은 근대 사회가 인공적으로 만들어냈다.[149] 네이션이 제대로 형성되었을 때는 '그것(겨레)을 위해 죽는 게 영원히 사는 것'이라는 기분을 그 구성원들이 느끼게 되었을 때다. "네이션을 위해 피를 흘려도 좋다!"

그런데 역사를 보면 네이션은 우연히 생겨나기도 한다. 수많은 나라가 종족들의 모여들고 흩어짐에 따라 우연히 생겨났다. 20세기 후반 들어 식민지로부터 독립한 아프리카 나라들을 보라! 종족 간에 아무런 인연도 없었지만, 오직 똑같은 제국주의에 의해 지배받았다는 이유 하나만으로, 독립 이후 한 나라에 소속되는 사례가 흔했다. 그래서 하나의 네이션을 쉽게 이뤄내지 못하고 끝없이 내전을 겪어오지 않았던가.

아무튼 근대 사회는 네이션을 이뤄내려는 열정들로 넘쳐났다. 왜 그랬을까? 서유럽에서 네이션이 형성된 것은 18세기 이래 계몽주의 사상과 문화에 의해 종교가 부정된 뒤부터다. 종교라는 '마음 기댈 곳'이 사라져감에 따라 '상상의 공동체'로서 네이션을 떠받드는 사상이 생겨났다. 낭만주의자들이 이 일에 큰 몫을 했다.

여기서 프랑스 시민혁명 3대 이념의 하나인 우애友愛를 들여와야 한다. 다른 3대 이념인 자유나 평등과 달리 우애는 어떤 감정이다. 인류 사회에 언제나 있었던 감정이 아니라 18세기 후반에 나타난 어떤 감

149. 이 내용은 일본 학자 가리타니 고진의 『문자와 국가』를 참조했다.

정 형태! 이 감정은 근대적 자유가 한껏 실현되어서 어떤 심각한 모순을 낳았을 때 쏟아져 나왔다.

자유는 폭넓은 개념이지만, 현실에서 판치는 자유는 돈 있는 자들(곧 부르주아)의 경제적 자유다. 이 자유는 공동체를 깨뜨리고 숱한 사람들을 가난의 구렁텅이로 몰아넣는다. 어떤 공동체든 다 무너져 내릴 때, 근대 사회의 '개인'은 어떤 '마음 붙일 곳'을 찾게 된다. '사람들이 함께 (친밀감을 느끼며) 살아가는 곳'이라는 관계를 상상 속에서나마 실현하고자 한다. 이를테면, 1990년대 초에 미국은 서아시아의 이라크를 침략했다. 알다시피 미국은 빈부 격차가 무척 심한 나라다. 그런데 대부분의 미국인이 이 걸프전쟁에 열광했다. 미국 국내에서는 '우리는 하나'라는 일체감이 생겨나기 어렵다. 하지만 바깥의 어떤 적과 맞설 때에는 그 우애의 환영이 생겨난다. 나라 안에서 푸대접받고 소외된 미국인들이 그런 감정에 목말랐기 때문에 그렇게 정신 나간 열광을 보냈다.

(6) 네이션과 교육: 근대로 넘어오는 데에 왜 '교육'도 중요했는가? 1800년대 초 나폴레옹 군대가 프러시아를 침략했다. 독일인들은 나폴레옹군의 침략을 겪고 나서부터 네이션의 형성에 매달렸다(이는 동학 농민군이 1894년 일본군의 침략에 꺾이고 나서부터 한국 네이션이 형성되기 시작한 것과 같다). 1800년대 초 독일 철학자 요한 고틀리프 피히테는 '독일 국민들에게 알림'이라는 유명한 연설에서 네이션 교육을 일으키자고 부르짖었다. 중세에는 교회가 교육을 떠맡았는데, 근대에 와서는 국가가 교육을 떠맡는 방향으로 바뀌었다. 사실 프랑스 자체도 프랑스 혁명 이후 나폴레옹의 제국을 통해 네이션 교육이 실행됨에 따라 '프랑스인'이 생겨났다. 그런데 프랑스가 통일된 국가와 자본주의 경제라

는 뒷받침을 받아 네이션이 차근차근 형성된 반면, 19세기 초 독일의 네이션 형성은 아직 '상상적인 것imaginary'에 불과했다. 부르주아혁명이 아직 일어나지 않아 봉건 영주들이 지배하는 수많은 공국이 저마다 따로 놀던 시절에 '하나의 독일'은 현실 속에 없었다.

한국은 어떤가? 식민지 시절(1910~1945)에 한반도에는 네이션 형성을 북돋는 사립학교들이 곳곳에 생겨났다. 평안도 정주 고을에 이승훈이 세운 오산학교와 차미리사가 서울에 세운 근화여자실업학교가 그 나름으로 치열하게 민족정신을 고취했다. 일본이 민족 사학私學을 집요하게 탄압한 탓에 그들의 참교육이 온건한 수준을 넘어서기는 어려웠지만 3·1운동을 비롯해 독립운동의 주체들을 길러내는 산실로서 얼마쯤 이바지했다. 1920년대 서울의 고학당苦學堂 같은 노동자 야학에서는 사회혁명의 주체까지 길러냈다.

(7) 네이션과 속어: 문학과 뗄 수 없는 문제이지만, 네이션 형성에는 언어가 결정적인 구실을 했다. 중세 시절에 아시아는 한문이, 유럽은 로마 제국의 라틴어가 보편 언어였다. 한국이나 일본, 베트남의 지식인은 (요즘 배웠다 하는 사람들이 미국의 영어를 공용어로 삼는 것처럼) 한문의 세계에 더 친숙했다. 가까이 있는 민중의 세계는 알 바 아니었다.

그러나 도시와 시장경제가 발달하면서 세계 곳곳에서는 자기들의 속어(俗語, 민중의 언어)를 가다듬으려는 노력이 시작되었다. 이탈리아어는 단테가 『신곡』을 이탈리아 속어로 서술함에 따라 이 작품을 본보기로 삼아 다듬어지기 시작했다. 독일어는 루터가 성경

루터가 독일어로 번역한 성경책.

을 자기들 속어(게르만어)로 번역함에 따라 수준 높은 언어로 상승하게 되었다. 18~19세기 한국과 일본에서도 한자에서 벗어나려는 문화 운동이 벌어졌다. 18세기 일본의 국학파는 한문 아닌 자기들 말(야마토 말)로 쓰인 문학 작품을 높이 떠받들었고 한국에서는 한글로 쓰인 『홍길동전』에 이어 『독립신문』이 한글판과 영어판으로 나왔다.

근대에 들어와 아시아와 유럽에서는 '언문일치言文一致' 운동이 벌어졌다. 지배층끼리만 썼던 보편 언어(한문과 라틴어)를 멀리 밀쳐버리고 자기 나라(고장)의 말로 글을 쓰자는, 아래로부터의 운동이다. 그런데 보편 언어는 호락호락 물러나지 않았다. 『신곡』은 라틴어를 토대로 해야만 태어날 수 있었다. 일본 말로 쓰인 옛 시집 『만엽집』도 한자의 세계에서 길어 올렸다. 『신곡』이나 일본의 『겐지 이야기』는 연애 이야기였기에 속어로 쓸 수 있었지만, 정치와 역사를 담아내려면 라틴어와 한자의 도움을 받지 않을 수 없다. (박지원이 한문으로 『열하일기』를 썼듯이) 일본이나 한국이나 정통 문학은 한문학이었다.

좀 더 들어가 보자. 1920년대에 소설 「감자」, 「광염소나타」를 쓴 김동인은 자신이 언문일치 문장을 확립했다고 자랑했다. 어느 글이나 과거형 종결어미 '~했다'를 들여왔던 것인데 그보다 좀 앞서 일본 소설가들이 종결어미를 죄다 '~다だ'로 바꾼 것과 대응한다.[150] 종결어미의 변화도 언문일치의 작은 일부이긴 하지만, 그 핵심은 어디까지나 '한문에서 벗어나기'다. 일본의 국학파는 옛 일본에도 일본어가 있었다고 장담했으나 이는 '제 눈에 안경'인 사람들이 제가 보고 싶은 대로 과거를 윤색한 것에 불과하다.

---

150. 새로운 종결어미('~했다')는 글을 쓰는 주체의 존재를 없앴다. '~했다더라, ~했느니라' 처럼 주관을 물씬 풍기는 어미와 견줘보라. 1인칭이 아닌 '3인칭 관찰자 시점'을 가능케 한 것이다. 근대에 들어와 '개인'이라는 개념이 확립되었는데, 언문일치는 내면을 지닌 개인 주체와 객관적 대상을 분리시킨다.

한자 얘기 더. "한자가 (대중에게) 너무 어려우니 차라리 알파벳으로 표기하자"는 목소리가 19세기에 베트남과 중국에서 들끓었다. 중국은 한때의 목소리로 잦아들었지만 베트남은 20세기에 들어와 그 요구가 관철되었다. 대중에게 글 읽기를 널리 가르치고 싶었던 베트남 사회 운동가들이 한자 말살을 꾀했던 프랑스 식민지 정부의 방침을 긍정한 탓에, 문자의 전환이 손쉽게 이뤄졌다. 하지만 요즘에는 대중의 언어 능력이 떨어진 것을 걱정해서 '한자를 가르치자'는 소리가 베트남에서 다시 일어나고 있다.

간자체簡子體를 쓰는 중국, 히라가나·가타가나를 한자와 함께 쓰는 일본과 달리 한국은 공식 언어를 한글로 표기하는 과감한 혁신을 단행했다. 그것은 (대중이 글 읽기에 쉽게 다가간다는 점에서) 칭찬할 만한 변화이지만 새로운 문제도 생겨났다. 애당초 우리말 대부분이 한자에서 비롯되었기 때문이다. 예를 들어, '서라벌'이라는 토박이말 대신에 '경주'라는 한자말이 자리 잡았다. 지식인은 (한자를 알고 있으니) 한글로만 표기된 책을 읽더라도 거기 담긴 한자 어원을 대부분 짐작한다. 그래서 책 내용이 금세 머리에 들어온다. 하지만 한자를 습득하지 않은 나이 어린 세대는 낱말 뜻을 죄다 통째로 (어원도 모르고) 외워야 하니[151] 어휘력과 독해력이 아무래도 떨어질 수밖에 없다. 한자 교육을 계속 외면해도 되는가, 영어가 우리말 속에 마구 범람하는 것은 또 어찌해야 하는가 등의 문제가 누적되어, 이제 곧 대안 마련을 숙고하지 않으면 안 될 때가 올 것이다.

거꾸로, 중국은 '한자 익히기가 버겁다'는 문제에서 여전히 벗어나

---

151. 예컨대, '애국심'이 무슨 뜻이라고 통째로 외워야 한다. '사랑할 애愛, 나라 국國, 마음 심心'으로 쪼개서 깨칠 수 없다. 그런데 국어 교과서는 한자말 익히기를 체계적으로 고민하지 않고, 어휘를 공부하게 하는 '시늉'만 낸다.

지 못했다. 게다가 한자는 컴퓨터로 표기하기가 여간 어렵지 않다(한글은 컴퓨터와 궁합이 맞다). 컴퓨터 시대에 들어와 중국인의 한자 어휘 능력이 급격히 떨어졌다는 보고도 있다. 일본 말도 번역 능력과 낱말 만들기 능력이 많이 떨어졌다. 예를 들어, 일본은 '재산 불리기'를 '재테크財tech'라는 국적 불명의 낱말로 나타낸다(우리도 그 낱말을 쓴다). 한자와 영어의 마구잡이 혼용이다! 또 tech는 technology의 약칭인데, 줄임말의 범람도 대중을 어지럽힌다. 우리는 1~2세기 전의 아시아 사람들이 언문일치(또는 보편 언어 내쫓기)를 낙관한 것만큼 쉽게 낙관할 수가 없다.

(8) 네이션과 문학(소설): 네이션은 속어로써 형성된다고 했다. 뿔뿔이 흩어져 있는 사람들을 '우리는 이탈리아인'(단테)이라거나 '우리는 독일인'(루터, 괴테)이라고 묶어세운 것은 '공통 언어'다. "우리가 남이가? 우리는 같은 말을 쓰는 백성 아니냐?" 그런데 이렇게 (네이션의) 공통 언어가 힘을 발휘하려면 이 언어를 쓰는 문학 작품을 많이 만들어 대중에게 안겨줘야 한다. 신문과 소설이 이 구실을 톡톡히 했다. 근대에 들어와서야 글을 읽을 줄 아는 대중이 차츰 늘어났다는 사실을 기억해두자.

그때까지 이탈리아인나 독일인, 일본인이나 할 것 없이 '부대 자루 속의 감자' 같았다. 비슷한 지역에 살기는 했어도 서로 '남남'이었다. 어느 동네에 무슨 사건이 벌어져도 옆 동네 사람들이 그 사건을 똑같이 '우리 일'로 여기지 않았다. 그런데 소설과 신문은 '어느 지역(가령 한반도)에서 벌어지는 일은 우리 일이야!' 하는 일체감을 사람들에게 선사한다. 1920년대 현진건이 쓴 단편소설 「운수 좋은 날」은 식민지 조선인들에게 "(주인공의 아내가 죽은) 이 사건은 남의 일이 아니고 바로 우리가 다 같이 안타까워해야 할 일"이라는 메시지를 던져준다. 1980년대에 양귀자가 쓴 소설 제목은 '원미동 사람들'이다. 원미동은 경기도 부천시에 있는 실제 지명이다. "한글을 읽을 줄 아는 사람은 다들 부천시 시민들이 어떻게 살고 있는지 관심 좀 보내주세요." 하는 부탁이다. 현진건은 "우리, 네이션을 만들어봐요!" 하고 권유했고, 양귀자는 그 네이션에게 "여기, 그늘진 곳의 사람들을 봐주세요." 하고 말을 건넸다. 여기서 사람들이 믿고 의지하는 '우리 사회'는 다름 아니라 '네이션'이다. 근대 소설을 통해 우리는 한반도가 다 함께 관심을 모을 공간임을 느끼게 된다.

19세기 초 독일 철학자 헤겔은 국가가 네이션의 정치적 형태라고 말했다. 하지만 헤겔이 살아 있을 때 독일은 하나의 나라를 이뤄놓지 못했다. 그러므로 그때 '네이션'이라 함은 독일 문학(을 공유하는 집단)을 가리킨다. 독일 네이션은 괴테의 소설 속에 '상상적인 것'으로 나타났을 뿐이다. 일본은 1867년에 메이지 유신을 단행해서 근대 사회로 접어들었지만, 국가의 꼴만 갖췄지 네이션을 당장 형성해내지는 못했다. 내셔널리즘이 한창 고양된 것은 청일전쟁 때(1894)로, 소설과 신문을 많이 펴낸 자유민권파들이 주도했다. 이 운동은 일본의 제국주의화로 말미암아 정치적 좌절을 겪었고, 그 패배한 운동 속에만 네이션이 깃들어 있었다.[152]

네이션은 실제의 친족이나 부족(종족)이 만들어내는 게 아니다. 미국의 내셔널리즘을 보면 안다. 영어는 미국인만 쓰는 게 아니므로 미국 네이션의 기초가 못 된다. 곳곳에서 몰려온 이민자들로 이뤄진 나

---

152. 일본이 제국주의로 나서면서 민권파가 꺾이고 국가에 복종했다. 러일전쟁(1904)에서 승리한 뒤 일본 지배층이 여유를 찾자 민권 운동이 회복되고(1925년 보통선거법 제정), 민주주의와 내셔널리즘이 얼마쯤 일어났다.

라이므로 당연히 어떤 부족이나 인종이 그 기초인 것도 아니다. 미국의 내셔널리즘은 19세기의 문학가 랠프 에머슨이 처음 표현해냈다. 유럽적 전통(또는 인문학)과 단절하고, 자기 안에 들어 있는 이성과 실제 경험에 따라 자주적인 네이션 문화를 만들자는 초절주의 transcendentalism[153] 사상 운동이다. 그 뒤로 미국은 '자유와 민주주의'를 구호로 내걸고 세계 여러 나라를 지배해왔다. 지금은 그 구호(이데올로기)가 미국 내셔널리즘의 핵심 내용이다.

간추리자. 네이션은 문학에 기대어서 생겨났다. 식민지 조선이 그랬을 뿐 아니라, 나라 꼴은 갖추고 있었던 일본도 네이션 형성의 열정은 문학을 통해 표현되었다. 국가 통일이 이뤄지기 전의 독일도 똑같다. 근대 문학은 '우리는 하나'라는 네이션의 동일성을 사람들에게 불어넣는 문화 제도로서 태어난 것이다. 근대 학교들이 문학을 융숭하게 대접해서 주요 교과로 가르치는 까닭도 그래서다(중세 때는 그런 관념도, 제도도 없었다).

(9) 근대 문학에 대한 비판: 위에서 네이션을 이뤄내는 과정에 근대 문학이 어떤 구실을 했는지 서술했다. 그런데 그렇게 형성된 유럽의 네이션국가가 어디로 갔는가? 곧바로 제국주의로 치달았다. 강력한 국가를 이룬 네이션이 어떻게 위험한 역사적 반동의 길로 치달았는지는 일본과 독일의 현대사를 보면 안다. 네이션은 저희끼리 똘똘 뭉치는 정치 공동체라서 (힘이 커졌을 때) 남을 짓밟는 쪽으로 나아가기 마련이다.

문학은 제국주의 시대에 무슨 구실을 했는가? 20세기 중후반 한국

___
153. 모든 피조물은 하나이고, 사람은 본래 착하며, 논리나 경험보다 깨달음(통찰)이 더 윗길이라는 세계관.

에는 '순수 문학'이 많았고, 20세기 초 일본에도 '개인의 내면'에 고개를 파묻는 문학가가 허다했다. 여기서 '순수'라는 것은 무엇에서 거리를 둔다는 뜻이다. 무엇에서? 정치로부터! 일본의 여러 작가가 내면만 들이판 까닭도 정치에 실망했기 때문이다. 자유 민권 사상이 실현되기를 바랐던 문학가들은 전쟁 기계가 된 국가로부터 거리를 뒀다!

그런데 이 '순수파'와 '내면파(?)'들이 결국은 제국주의에 포섭된다. 소설은 '인간의 내면'만 그려내도 괜찮지만, 바꿔 말해 정치를 멀리할 수 있지만, 현실에서는 그럴 수 없다. 제국주의에 순종하든지 거부하든지, 두 길밖에 없는데, '모든 정치'를 다 멀리한 사람은 결국 강자의 정치에 순종하는 쪽으로 수그린다. 순수·내면의 문학은 다들 제국주의에 들러리 서는 문학이 되었다.[154]

한국의 순수파들이 칭송한 시인 서정주를 보자.

"영산홍 꽃잎에는 산이 어리고//산자락에 낮잠 든/슬픈 소실댁//소실댁 툇마루에/놓인 놋요강//산너머 바다는/보름 살이 때//소금발이 쓰려서/우는 갈매기."

그에게 '(지나간) 과거'는 모든 것을 오롯이 감싸 안는 신화적 향수의 대상이다.[155] 그 달콤하고 아련한 환상의 세계에는 현실에서 살아가는 삶의 목소리가 끼어들 여지가 없다. 그가 일제강점기 말에 침략전쟁의 총알받이로 나가는 병사들을 찬양하는 시를 썼고 1980년대에는 광주 항쟁의 학살자 전두환을 칭송하는 글을 쓴 것과 그의 '(텅 빈) 순수' 문학은 완벽하게 한 뿌리에서 나왔다. 인류 사회를 일으켜 세우는 데에 이런 순수 문학이 얼마나 이바지할 수 있을지, 무척 미심쩍다.

---

154. 영국의 문화이론가 테리 이글턴은 순수 문학이 세계의 중심에 관조적·개인적 자아를 놓는다고 비판한다. 문학에서 소유 추구형 개인주의에 상응하여 협소한 관계에 갇힌 개인 의식이 모든 것의 판단 기준이 된다는 것이다. 그의 『문학이론 입문』 참조.
155. 시인 김수영은 서정주의 시 세계를 "신라 시절로 도피한 것"이라 비판했다.

⑩ "근대 문학은 끝났다!": 일본의 가라타니 고진이 여러 해 전에 이 말을 과감하게 못 박아서 한국의 문학 연구자들 사이에 한참 실랑이가 벌어졌다. 고진의 요지는 이렇다. 근대 네이션국가에게나 네이션을 만들려는 사람들에게는 그 정체성('나는 ○○인이다')을 북돋아줄 문학이 몹시 필요했다. 근대 문학은 네이션 언어를 갈고 다듬는 일뿐 아니라 바람직한 네이션 형성을 위해 국가를 비판하는 두 겹의 임무를 치르면서 근대의 신화로 대접받았다. 그런데 네이션국가가 전 세계 규모로 완성되고 그 제국주의적 폐해를 끔찍하게 드러낸 오늘날에는 네이션 형성이 갖는 정치적 진취성이 많이 줄어들었다. 한편으로 문학 자체는 대학(국가)이나 출판시장(자본)에 포획되어 건강성(급진성)을 많이 잃었다. 사회의 인문 교양을 쌓고 후손들을 교육하는 데에서 문학 작품들을 특별히 융숭하게 대접해야 할 까닭이 많이 사라졌다는 말이다.

이 주장의 취지가 대체로 옳아 보인다. 혼동을 피하려고 덧붙이자면, 문학에 특별한 대접을 베푸는 것을 삼가자는 말이지, 인문학적 실천의 한 분야로서 문학이 지닌 가치를 아예 부정하자는 말이 아니다. 또 이때 깎아내리려는 문학은 '글로 쓰인 것 모두'가 아니라 근대 문학의 주요 장르였던 소설과 시를 가리킨다.

언어 환경도 많이 달라졌다. 근대 문학이 피어나던 18~19세기는 인쇄물이 주된 표현 수단이었던 때다. 20~21세기는 컴퓨터와 영상 매체의 열광자들(예컨대 마셜 맥루한)이 들떠서 노래했듯 인쇄 매체 위주에서 영상 매체 위주로 문화 패러다임이 완전히 교체된 것은 아니라 해도, 인쇄 매체가 지니는 문화적 영향력이 많이 줄어든 것은 엄연한 사실이다. 이 변화의 방향은 글 위주에서 말 위주로 옮겨 가는 것이라서 '대체로' 바람직한 것이기도 하다. 대중이 문화의 주인이 되기가 훨씬 수월해졌으니 말이다.

　그러니 소설의 사회적 영향력은 많이 줄겠지만, 그렇다고 모든 문학이 다 타격을 받는 것은 아니다. 문학의 형태는 영상이 가미된 문학(곧 영화)이나 음악이 가미된 문학(팝 음악)으로 얼마든지 다양하게 변신할 수 있다. 다만, 인류가 근대 사회로 넘어오는 과정에서 문학이 누렸던 특별한 대접은 거둬야 한다는 얘기다. 실제로 민주화의 열기가 차츰 사그라지던 1990년대 이후로, 우리 사회에서 근대 문학의 문화적·정치적 영향력도 쇠퇴하기 시작했다. 시나 소설의 등장을 간절히 바라는 진취적인 사람들의 규모도 줄었고, 시대의 진실을 날카롭게 파헤치는 강렬한 문학 작품도 별로 나오지 못했다. 고진은 그 이유를 명쾌한 개념으로 설명해줬을 뿐이다.

　(11) 문학과 교육: 교육(또는 학교 교육)은 이와 같은 시대 변화의 흐름을 어떻게 자기 커리큘럼으로 받아안아야 할까? 상아탑 속의 문단 문학은 자기의 사회적 존재 의의를 잃어버린 지 오래다. '문학의 죽음'이 내포하는 가장 주된 뜻은 문단(제도권) 문학이 깡그리 빛을 잃었다는 것이다. 하지만 대학이나 중고교의 문학 교육 혁신은 (무슨 시/소설을 교과서에 싣느냐만 따질 것이 아니라) 아예 문학의 범위를 훨씬 넓히는 쪽으로 나아가야 한다.[156] 이를테면, 광고 방송도 따져보고 아이들의 게임 문화도 비판적으로 음미하는 것처럼, '모든 말과 글'을 다 다루겠다는 포부가 필요하다.

156. 문단은 문학가 자격을 부여함으로써 기성 문학의 권위/위신을 관리하는 보수적인 문학가 대표(관리) 기구다. 대학과 시장에 포섭되어 있어 기성 지배체제에 순응적으로 되는 경향이 뚜렷하다. 제도 교육은 '문단 문학'의 권위에 의존해온 데서 벗어나야 문학 교육을 살릴 수 있다. 커리큘럼의 큰 혁신을 꾀하는 자리가 마련되고, 사회 운동 주체들이 거기 충분히 참여할 때라야 환골탈태할 수 있을 것이다.

'(근대) 문학의 죽음'은 오히려 활력 있는 문학이 다시 태어날 기회가 될 수도 있지 않겠냐고 인문학자 테리 이글턴은 조심스럽게 낙관한다. 문학 이론도 여태껏 나온 ('근대'를 세우는 데에만 골몰한) 문학 이론·비평의 비좁은 울타리에 갇혀 있을 게 아니라 모든 언어를 다 대상으로 삼았던 옛 '수사학rhetoric'의 통 큰 범주를 현대적으로 되살리는 쪽으로 발상의 전환을 하자는 생각이다.

　예전의 수사학은 어떻게 언어로 표현해야 남들을 설득할 수 있을지, 언어의 사용법(또는 의사소통법)을 탐구하는 학문이었다. 고대 그리스와 로마인들이 웅변술을 연구하던 데에서 처음 시작되었다. 근대 문학이 등장하면서 수사학 연구는 시들해졌으나, '문학의 죽음 이후' 그 공백을 메꾸고 인문학을 더 발전시키는 데에 수사학의 전통은 참고로 삼을 대목이 많다.[157] 물론 옛 수사학을 그대로 되살리자는 어리석은 말이 아니라 더 깊어진 수사학 모델을 구상하자는 제안이다.

　의사소통(커뮤니케이션)의 문제로 접근하면 그것을 가로막는 권력의 문제와 어김없이 맞닥뜨린다. 그러므로 수사학은 권력/이데올로기 분석을 반드시 포괄한다. '정치와 무관한 문학을 하겠다'는 생각이 망상이라는 것을 수사학은 곧장 드러내준다.

　문학 교육의 커리큘럼을 혁신하는 과제와 관련해서는, 지배세력(교육부 관료, 문단)과 대결할 네 가지 영역이 있다. 생각할 줄 아는 짐승으로서 사람은 열정을 바칠 무엇이 있을 때라야 '사람이 사는 것 같다'고 느낀다. 그리고 문학은 그 열정이 솟아나도록 길을 열어주는 일이다. 사람들 대부분이 문화적(문학적) 열정을 뿜어낼 영역은 제국주의에 맞서 네이션의 주권을 찾는 일, 억압과 차별과 모욕에 시달리는 여

---

157. 학교 교육과 관련해 나온 연구물로는 이대규의 책 『수사학』이 눈에 띈다. 독서와 작문의 이론을 간추렸다.

성들이 존귀한 주체로 일어서는 일, 임금노예(노동자)들이 사회의 주역으로 우뚝 서는 일, 그리고 문화를 상품으로 팔아먹는 (물신物神 들린) 사회 문화에 맞서는 일, 이 넷이다. 한국의 문학은 외세와 맞서 네이션을 세우는 데에 한몫 거든 투철한 전통은 있으나, 나머지 세 영역은 아직 걸음마 단계다. 요컨대 사회적·정치적 대결이 뒤따르지 않고서는 힘차고 영혼 깊은 문학이 널리 생산되기 어렵다.

그런데 근대 자본 체제의 사회경제적 모순이 깊어질 대로 깊어진 요즘, 그런데도 세계의 노동자계급이 뿔뿔이 갈릴 대로 갈려서 어디에도 미더운 주체들이 보이지 않는 지금, 무엇보다 절박한 일은 인류의 현실에 맞서 세상을 바꿔낼 용기를 품은 사람들을 길러내고, 그들이 서로 손을 맞잡아 힘(역사의 동력)을 키우도록 북돋는 정신 활동이 아닌가? 문학이 죽은 지금이야말로 바야흐로 문학이 되살아나야 할 때가 아닐까?

1 노예에서 사람으로

노예의 값을 매기는 노예 상인.

'노예 제도의 역사'는 어떻게 접근해야 할까?

역사 공부를 하는 방법은 두 가지가 있는데 그 하나는 무슨 시시콜콜한 얘기를 잔뜩 떠벌리는 역사책을 붙들고 거기 들어 있는 얘기를 달달달 외우는 공부다. 이것 잘하면 학교 성적도 올라가고, 퀴즈 게임 같은 것으로 상품도 타기 쉽고……, 그런데 세상을 보는 눈(깊이와 감수성)은 하나도 달라지지 않는 그런 공부! 또 하나는 소설과 시와 노래, 영화 같은 것을 통해 세상의 역사를 가슴으로 받아들이는 공부! 글쓴이는 역사책에 밑줄 잔뜩 긋는 공부보다 이 후자를 공부의 윗길로 여긴다.

미국에서는 몇몇 고등학교의 역사 교육 프로그램 중에 (인류의 역사를 죄다 박식하게 읊어대는 교과서는 멀리 밀쳐두고) 미국 흑인의 역사만 들이파는 대안 교재가 있다고 한다.*미국 흑인 학생들은 '역사 일반'을 다룬 수업보다 이 수업에 훨씬 몰입했고 이것이 교육 효과가 훨씬 컸다. 그럴 수밖에 없는 것이, 그 수업은 나를 알아가는 공부, 자기의 정체성(뿌리)을 찾는 공부였기 때문이다. 그리스와 로마, 중국과 아라비아에 관해서 깜깜하게 몰라도 좋다. 자기들 흑인의 역사적 자취를 아는 것만으로도 그들은 세상의 발자취를 웬만큼 안다. "세상은 이런 곳이구나!" 하는 강렬한 깨달음을 얻는다. 하나를 배우면 열을 안다.

허접스러운 역사 교과서는 학생들로 하여금 자신을 옛 문명의 지배자와 동일시하게 한다. 이를테면 "나는 칭기즈칸의 후예다. 그 시절, 우리는 아시아와 유럽 대륙을 누비며 용맹함을 뽐냈지!" 하는 따위의 허튼 자랑! 여러분은 혹시 집안 어른들한테서 "우리 집안은 조선 때 고매한 벼슬아치 아무개의 후손이니라!" 하는 자랑의 얘기를 들었을지도 모른다. 그 자랑들이 얼마나 실제 사실일까? 조선 말기에 이르면 인구의 대부분이 양반이 되었다고 한다. 돈 주고 양반 족보를 사들인 사람이 한둘이 아니었다는 것이다(박지원의 「양반전」 참고). 지금의 한국인들 대부분은 조상이 사실 양반도, 개다리소반도, 그 무엇도 아니었다. "우리 조상은 성도, 이름도 없는 민초였을 거"라고 솔직하게 생각하는 쪽이 더 성숙한 사람이 아닐까?

이것저것 역사적인 사실을 기억하기 전에, 먼저 예술을 통해 감수성부터 틔워보자. 1978년에 미국의 4인조 흑인 음악 그룹 보니엠이 〈바빌론 강가에서〉라는 노래를 불렀다.

바빌론 강가에 우리는 앉아 있었지요.
시온zion을 생각하며 우린 눈물을 흘렸어요.
침략자들이 우리를 끌고 와서 노래하래요.
하지만 이방인의 땅에서 어떻게 주님의 노래를 부를 수 있겠어요.
주님! 오늘 밤도 우리의 간절한 소원을 들어주옵소서!

히브리(이스라엘) 민족이 바빌로니아의 노예가 되어 사슬에 묶여 살았던 그 참담한 시절이 구약 성경과 유대교의 간절한 믿음을 만들어냈다. 19세기 말부터 팔레스타인 땅에 이스라엘 국가를 세우려고 했던 운동인 시오니즘zionism이 과연 피억압 민족의 간절함을 대변한 운동이었는지는 의심스럽지만, 고대 히브리인들이 이집트와 바빌로니아의 노예 생활에 허덕였던 것은 우리의 동정을 넉넉히 자아낸다. 노예들의 간절한 바람이 유대교와 기독교를 만들어냈다!

우리 조선 백성은 어땠는가. 일본의 노예가 된 뒤, 스님 한용운이 노래했다.

…… '민적民籍 없는 자는 인권이 없다. 인권이 없는 너에게 무슨 정조냐.' 하고 능욕하려는 장군이 있었습니다. 그를 항거한 뒤에, 남에게 대한 격분이 스스로의 슬픔으로 화化하는 찰나에 당신을 보았습니다. 아아, 온갖 윤리, 도덕, 법률은 칼과 황금을 제사 지내는 연기煙氣인 줄을 알았습니다. ……

앞에서 나는 미국 흑인들의 발자취만 제대로 알아도 세상을 다 알 수 있다고 했다. 제국주의 강대국의 법률과 도덕과 문화가 과연 어떤 것인지, 그 핵심은 밑바닥 노예의 자리에서 세상을 본 사람만이 꿰뚫어 본다는 얘기다. 근대 인류 사회에 생겨난 숱한 그럴싸한 도덕 사상과 법률 질서는 너나없이 "칼과 황금을" 섬기는 허튼 신기루 같은 것이다. 일제 식민지 말기에 (이광수와 최남선을 비롯해) 조선의 여러 의젓한 지식인들이 "천황께 충성을 다하는 것이 문명인의 도리"라고 열변을 토했는데 불과 몇 년도 되지 않아(2차 세계대전에서 패망하자), 그 천황(일본 왕)은 전범(전쟁 범죄자)으로 인류 사회의 손가락질을 받았더랬다. 그런데 식민지 백성의 처절한 역사를 겪어보지 못한 요즘 일본인들은 아직도 그 일본 왕이 허튼 신기루 같은 존재임을 절실하게 깨달지 못하고 있다. 그 허튼 신기루가 또다시 침략전쟁의 나팔수로 나서지 말라는 법이 없는데도!¹⁵⁸

그런대로 문명화된 세상에 사는 우리는 '눈물 젖은 빵'을 별로 먹어보지 못했다. 대중매체를 통해, 온갖 소비 욕구와 성적 욕구를 충동질당하는 우리는 사람됨을 부정당하는 처절한 존재들의 피눈물을 공감하려면 자신의 무뎌진 인문학적 감수성을 더 날카롭게 벼려야 한다. 역사책을 읽기 전에 (20세기 초에 미국에서 나온) 슬픈 노래 한 가락부터 떠올리자.

"내 고향으로 날 보내주오. 오곡백화가 만발하게 피었고, 종달새 높이 떠 지저귀는 곳, 이 늙은 흑인의 고향이로다. 내 상전 위해 땀 흘려가며 그 누런 곡식을 거둬들였네."

그리고 『톰 아저씨의 오두막집』처럼 우리의 감수성을 틔워주는 소설부터 읽어야 한다. 그 작가인 해리엇 비처 스토 부인은 세상 역사에 대한 깊은 철학까지 갖춘 사람은 아니었다. 소박한 기독교인의 눈으로 노예들을 바라본 것에 불과하지만, 진정성이 있는 사람이었기에 그 소박한 마음만으로도 인류 사회의 야만스러운 짓거리를 처절하게 고발할 수 있었다. "이 자식들아, 아무리 돈벌이에 눈이 어두워졌기로서니 그렇게 멀쩡한 사람을 마구잡이로 부려 먹을 수 있니? 이 인간 말종들아! (자기 잇속을 챙기려고) 딴 사람을 개돼지로 취급하는 너희야말로 개돼지가 아니냐?"

인류 사회가 '야만'에서 넘어온 것은 최근의 일이다. '동등한 사람들의 사회'로 뚜렷이 바뀐 지 오래되지 않았다는 얘기다. 아직도 나라

---

158. 2013년 여름, 일본의 어느 고위 관리가 "나치가 독일 헌법을 슬쩍 바꿔치기한 것을 본받는 게 좋지 않을까." 하고 뇌까려서 국제적인 입방아에 올랐다. 나치 독일과 군국주의 일본이 인류에게 역사적 죄악을 저질렀다는 역사적 앎을 지워버리고 싶은 게다. 인류 역사를 어떻게 봐야 하는지는 대단히 예민한 정치 문제가 되었다.

와 나라, 민족과 민족 사이가 썩 평등하지 않고, 있는 사람(유산계급)과 없는 사람(무산계급)의 사이가 하늘과 땅만큼 벌어졌다. 텔레비전의 통속 드라마를 보면, "떵떵거리는 재벌 집안의 자녀들은 '없는 집' 자식들이 감히 넘볼 수 없는 현대판 귀족계급"이라고 뻔뻔스레 선동하고 있다(현대판 불평등 사회를 예찬하는, 퇴폐적이고 건강하지 못한 드라마들!).

그렇기는 해도, 노예가 당연시되던 고대나 중세 사회와 지금의 현대를 어찌 견주랴. 옛날에는 사람과 사람 사이가 태어날 때부터 다르다는 생각이 너무나 뿌리 깊었다. "우리는 너희와 다른 별개의 종족이야! 밑바닥을 기어 다니는 너희는 감히 넘볼 수 없어! 우리는 (환인처럼) 하늘에서 내려온 사람이고, 하늘의 아들이야!"

고대 그리스와 로마는 선진 사회였던가? 그리스가 민주주의 사상·제도의 발상지라고 유럽인들은 자랑이 대단하다. 그 자랑을 얼마쯤은 수긍할 수 있지만 그리스의 민주주의는 '지배층끼리의 민주주의'였을 뿐, 그놈들을 거두어 먹인 노예들과는 전혀 무관했다. 민주 제도의 본보기 하나를 제공했다는 의의는 있어도, 그 전체로는 일부 집단이 딴 일부 집단을 조직적으로 부려 먹은 착취 사회였다. 그때는 아무리 고명한 철학자라도 "노예? 개네는 말할 줄 아는 짐승일 뿐"이라는 교만한 편견에서 벗어나지 못했다. 노예들의 사람됨을 부정하지 않고서 어찌 그리스 지배층이 즐겁게 살 수 있었겠는가?

옛 그리스의 귀족은 집안에 노예들을 거느리고 살았는데, 개네는 눈과 코와 입이 달린 점에서야 자기들과 다르지 않았지만 자기들이 부려 먹고 있으니 짐승에 불과하다. 귀족 여성은 남자 노예가 버젓이 지켜보는 자리에서 옷을 홀딱 벗고 새 옷으로 갈아입었다. 짐승이 쳐다보는 것은 전혀 부끄러운 일이 아니다.

그러니까 그 시대에는 요즘처럼 '하나의 인류 사회'라 할 만한 것이 없었다. 저마다 자기 종족이 세상에서 유일무이한 존재요, 자기 종족을 뺀 나머지 모두는 짐승(노예)이거나 미개인(다른 종족)이었다. 저마다 따로 놀았던 종족들! 요즘의 눈으로 보자면 그리스도, 중국도 미개하고 야만적인 문화일 뿐이다. 팔이 안으로 굽는다고, 인류 문명을 자꾸 좋은 쪽으로만 두둔하면 안 된다.

그런데 말이다. 그 노예들이 원래부터(조상 대대로) 노예로 태어났을까? 그랬다면야 '저것은 짐승이야.' 하는 얘기가 조금은 말이 된다. 하지만 그 노예들은 불과 얼마 전까지만 해도, 이웃 지역에서 자유롭게 제 삶을 누리던 종족이었다. 철기 문명을 먼저 받아들인 족속이 (그 문명을 아직 받아들이지 못한) 뒤처진 족속을 쇠칼의 힘으로 짓밟고 노예로 삼았을 뿐이다. 힘센 저희들이 짓누른 것에 불과한데도 "그들은 말하는 짐승이다"라며 새빨간 거짓말을 했다. 플라톤과 아리스토텔레스의 정신세계가 아무리 고매하다고 해도, 걔네들의 폴리스polis가 깡패 짓을 한 덕분에 번영을 누렸음을 애써 부인하는 한, 그네들의 철학은 거대한 거짓말 위에 피어난 꽃일 뿐이다.

스파르타쿠스는 원래 로마의 변방에서 자유롭게 살아가는 종족의 후예였다. 그러니 그의 정신은 '종살이가 내 운명이요, 신분'이라고 찌들어 있지 않았다. "우리가 싸워서 저놈들을 물리칠 수 있다면 우리는 자유로운 사람이 될 수 있다!" 그가 제 목숨을 걸겠다고 결심한 순간, 고대 그리스·로마 문명이 얼마나 옹색하고 허튼 것인지, 온 세상에 다 드러나버렸다. 노예의 피땀을 갈취해서 이룩한 문명의 탑은 모래 위의 성에 불과하여, 오래지 않아 무너져 내렸다. 2010년에 방영된 미국 텔레비전 드라마 〈스파르타쿠스〉는 고대 사회의 지배계급이 얼마나 잔인했는지를 아주 생생하게 그려냈다.

그런데 우리가 멀찍이 떨어져서 역사의 흐름을 한눈에 볼 때에는 또 다른 면이 보인다. 노예 사회가 그 이전의 사회보다는 '상대적으로' 진일보한 사회였다는 점이 그것이다. 간추려 말하자면, 아직 고대 국가를 이루지 못한 부족(군장) 사회는 자기 생존의 입지를 마련하려고 끊임없이 다른 부족 사회와 전쟁을 벌여야 했다. 딴 부족을 부정하고 그들의 씨를 말려야 자기들이 살아남는다. 전쟁에서 패배한 적군 포로들은 그냥 죽여버리거나 식인食人의 대상이 되었다. 부족 사회는 사람들을 체계적으로 부릴 군사력과 조직력을 갖추게 되자 국가로 발전했다. 이들은 자기들이 정복한 이웃 부족을 죽여버리는 대신, 노예로 삼았다. 노예로라도 살려주는 것이 닥치는 대로 죽이는 것보다 훨씬 너그러운 처사라는 것은 부인할 수 없다. 또 '죽느냐, 죽이느냐'의 해법밖에 없는 대결은 막다른 골목의 대결이라서 양쪽을 다 파멸하는 쪽으로 몰아간다.

고대의 큰 나라들은 수많은 노예를 체계적으로 부려 먹음으로써, 피라미드와 거대 신전 같은 문명의 작품들도 창조하고 경제의 생산력도 높였다. 이렇게 갈취당한 노예의 처지에서야 고대 노예 사회가 인간적인 사회일 리 없고, 어떻게든 무너뜨려야 할 체제인 것이 분명하지만, 서로 죽고 죽이는 경쟁밖에 없었던 (고대 이전의) 부족 사회 질서에 견주자면 진일보한 측면이 있다는 얘기다.

하지만 우리가 그저 목숨을 살려주는 것에 감지덕지할 일이 아니라면, 야만의 사회에서 벗어나기를 소망하고 있다면, 지금 국가의 상대적 진보성을 예찬하는 것은 시대착오다. 진지한 사람이라면 인류가 노예의 역사와 얼마나 단절했는지를 따져야 한다.

"노예가 왜 자신의 노예됨을 거부할 수밖에 없는지"를 철학으로 잘 나타낸 사람은 19세기 초에 독일 관념론 철학을 완성한 헤겔이다. 노예 제도 비판의 바탕이 되는 이 얘기, '주인과 노예의 변증법'을 간단히 살펴보자.

먼저 주인. 그는 '나는 누구'라는 분명하고 독립적인 자기의식을 품고 있다. 주인은 사물(땅·재산·총칼)을 소유하고 있고, 이 사물을 통해 노예를 지배한다. 그러나 주인은 땀 흘려 자연을 가공하지는 않는다. 그는 노예를 통해서만 사물에 관여할 수 있다. 그러니 주인의 자기의식은 관념적인 것에 불과하다.

다음은 노예. 주인이 두려운 존재이기에 노예는 주인을 받들어 모실 수밖에 없지만, 주인을 인정하고 말고는 결국 노예의 자유다. 노예가 거부하겠다면 언제든 '주인됨의 자격'은 철회된다. 사물의 세계에서도 주인은 노예의 피땀 없이는 그것을 누릴 수 없다. 그러니 얼핏 겉으로 보아서는 노예가 주인에게 의존하고 있는 것 같지만 그 속을 들여다보면 주인이 노예에게 의존하고 있음을 알 수 있다.

주인이 할 수 있는 일은 노예노동으로 생산된 것을 누리는 것뿐이다. 주인은 '동물적 존재'로 굴러떨어지고, 자기 욕망만 좇으니 보편성 없는 개별 존재에 불과하다. 결국 주인은 아무런 자유의식도 품을 수 없는, 노예에게 기생하는 존재가 된다.

노예는 처음에는 '자립적 존재는 주인'이라고 여긴다. 그러나 자신의 자주성을 포기한 것은 죽음에 대한 공포 때문이다. 그의 예속 상태는 일종의 '자기 생명 유지를 위한 긴급 피난'이다. 노예는 주인을 볼 때마다 자기의식(노예해방 욕구)을 갖고 싶어진다. 한편, 노예는 주인에게 봉사하는 가운데 실제 사물에 대한 지배자로 커간다. 세계를 실제로 창조해내는 것은 주인이 아니라 노예다.

주인과 노예가 서로 '상하 관계'를 맺은 초기만 해도 자유로운 쪽은 주인인 것처럼 보였다. 그러나 주인이 노예를 지배하면 할수록 자유는 노예 쪽으로 넘어온다. 주인과 노예의 모순된 (변증법적) 관계가 노예

해방의 역사로 이어지지 않을 수 없다는 얘기다.

이 '주인과 노예의 변증법'은 인류 역사를 나아가게 하는 숨은 원동력이다. 그런데 근대 시민혁명을 일으킨 유럽인들은 노예 제도에 대해 어떤 태도를 취했을까?

프랑스의 시민혁명가들은 자기들의 혁명을 "봉건적 불평등이라는 노예제로부터 민중을 자유롭게 할 해방 운동"으로 생각했다. 1789년 격변의 시기에 "자유로운 삶이 아니면 죽음을", "노예 생활보다는 차라리 죽음을"이라는 구호를 어디서나 외쳤고, 프랑스의 국가國歌가 된 〈라 마르세예즈〉라는 혁명가요는 오랜 노예 생활을 규탄하는 내용이다.

18세기에 이르러, 노예 제도는 모든 사악한 권력을 비판하는 유럽 정치 철학의 기본 은유가 되었다. 절대 왕정과 봉건적 특권에 맞선 영국 (크롬웰의) 명예혁명가들은 이스라엘 민족이 노예 상태에서 해방되는 구약 성경의 이야기를 대대적으로 선전했다. 영국에 맞서 독립투쟁을 벌인 아메리카 식민지의 혁명가들도 자기들이 '노예'라고 진심으로 믿었다. "우리가 동의하지 않았는데도 강제로 (영국 본토로부터) 세금을 징수당하니 우리는 문자 그대로 노예 신세다!"

그러나 유심히 살펴보면 "자유는 인간의 자연적 상태이자 누구에게도 넘겨줄 수 없는 고귀한 권리!"라고 부르짖은 그 근대 계몽사상가들이 실제로는 수백만 명에 이르는 식민지 노예에 대한 착취를 (주어진) 세계의 한 부분으로, 당연한 것으로 받아들였다. 16~17세기 네덜란드가 어떻게 '황금시대'를 누리게 되었는지 샅샅이 밝힌 (사이먼 샤마가 쓴) 뛰어난 역사책이 20여 년 전 출간되었는데, 그 책에는 네덜란드가 노예노동으로 얼마나 혜택을 입었는지 단 한 마디도 나와 있지 않다. 『리바이어던』을 쓴 홉스는 노예 제도를 "힘의 논리의 불가피한 일부"

로 간주했다. 존 로크는 "전 인류를 속박하는 노예제 사슬"을 규탄했지만 이는 영국 귀족들의 법적인 폭압에 대한 '은유'였지, 아프리카 흑인의 노예화에 대한 항의가 아니었다. 장 자크 루소는 노예 제도를 더 치열하게 비판했지만, 그것은 머릿속으로 근사한 얘기를 늘어놓은 것일 뿐이고, 실제로 있었던 유럽인 소유의 수백만 노예에 대해 언급한 적은 단 한 번도 없다.[159]

'노예 소유자'인 아메리카 식민주의자들은 더 기괴한 모순에 사로잡혔다. 토머스 제퍼슨처럼 '노예제라는 범죄'를 비난한 양심적 인물도 있었고, 독립을 달성한 몇몇 주州는 노예제 반대 법안을 가결했지만, 갓 태어난 미합중국 헌법은 버젓이 노예제를 합법화했다.

우리는 권력을 쥔 사람들이 떠벌리는 말잔치(이데올로기)와 실제 현실을 늘 견주어서 보지 않으면 안 된다. 유럽의 근대 시민혁명이 봉건 사회를 혁파해낸 진취성은 부인할 수 없지만, 그들이 떠든 만큼 완전 무결하게 자유 평등과 진보 사회를 이뤄낸 것은 결코 아니었다. 부분적으로는 역사의 도약이 있었지만, 다른 면에서는 새로운 억압과 걸림돌을 새로 창출해낸 과정이었다.

그들은 시민혁명의 정당성을 자부하는 데에 너무 들떠 있었다. "우리야말로 노예다. 우리의 싸움은 거룩하다!"고 큰소리를 쳤지만 실제로는 그들이야말로 노예제로 톡톡히 혜택을 누린 사람들이었다. 18세기 중반에 노예 제도는 유럽 경제 체제와 유럽인 살림살이를 온통 떠맡게 되었다. 노예들의 피땀을 갈취한 사람들이 자유 평등의 대변자로

---

159. 영국인들은 아프리카에 군대를 보내 식민지로 삼은 데에 대해 "그 덕분에 노예 제도를 없앨 수 있었다"고 얄미운 변명을 늘어놓은 적이 있다. 그들을 계몽했다는 자랑이 가증스러운 까닭은 영국의 번영이 수백 년에 걸친 노예무역 덕분임을 뻔뻔스레 감추고 있기 때문이다. 힘센 놈들의 변명(이데올로기)은 끝이 없다. 완강하게 '세상은 내 것'이라고 여긴다. 제국주의가 소멸하지 않는 한, 인류는 야만에서 벗어나지 못한다.

행세한 것이 근대 유럽 역사에서 가장 큰 이율배반이다.

근대 선진국의 대학은 갖가지 학문을 체계적으로 연구해내는 인류 문화의 아성이다. 그러나 이런 대학조차도 자기 사회의 지배층이 온통 어떤 물질적 이해관계에 사로잡혀 있었기 때문에, 어떤 면에서는 권력의 완강한 꼭두각시로 놀아났다. 그들은 한결같이 "유럽의 역사는 인간의 자유를 넓혀나간 일관된 줄거리를 갖고 있다"라는 얘기를 앵무새처럼 외쳐댔는데, 그들의 입김에서 한 발이라도 벗어나 유럽사를 바라보기만 해도 그 얘기가 얼마나 새빨간 거짓말인지, 대뜸 알아낼 수 있다. 한국의 사회 교과서는 이 새빨간 거짓말로부터 얼마나 멀리 벗어나 있을까?

인간 세상에는 '진실의 순간'이라는 것이 있다. 수많은 사람의 화려한 말잔치가 과연 진실을 담고 있는지 순식간에 판명 나는 바로 그 순간! 인류 역사에서 가장 극적이었던 진실의 순간은 1791~1804년 카리브 해의 섬 아이티에서 흑인들이 "우리는 이제 노예가 아니다!"라고 외치며 봉기의 횃불을 들어 올렸을 때 찾아왔다. "사람은 노예로 살 수 없다"는 외침이 유럽 사회에서 상식으로 자리 잡은 그 순간, 아이티의 노예들이 "너희, 진심으로 그렇게 생각하니? 그런데 왜 우리는?" 하고 다그쳐 물었던 것이다. "계몽주의 사상이 무척 자랑스럽다며? 너희, 겉 다르고 속 다른 것 아니냐?"

프랑스혁명에서 자유와 평등을 가장 철저하게 외친다고 자부했던 쟈코뱅파(로베스피에르)는 "노예제 철폐가 반대파(지롱드파)를 이롭게 한다"는 허무맹랑한 구실을 들어 노예제 철폐 입법을 훼방 놓았다. 나폴레옹은 군대를 아이티에 보내 대량학살을 저질렀다. 그는 노예 제도와 흑인법을 부활하려고 설쳐댔다. 인류 최초로 흑인들의 독립혁명이 성공했더라면 프랑스혁명은 세계 역사를 크게 뒤바꿔놓은 것으로 두고두고 칭찬을 들을 만하다. '검은 자코뱅'(아이티의 독립운동가들을 일컫는 말이다)은 바로 프랑스혁명에 감격하여 그들을 흠모하며 봉기에 나섰기 때문이다. 하지만 프랑스의 혁명가들은 누구랄 것 없이 검은 자코뱅을 억누르는 데에 한통속이 됨으로써 프랑스혁명은 한갓 위선적인 혁명에 그치

카리브 해의 섬나라 아이티.

고 말았다(아이티가 독립한 뒤에 프랑스는 다시 영향력을 뻗쳐서 아이티의 막대한 자연 자원을 갈취해갔다).

여기서 우리는 헤겔에 대해 잠깐 살펴야 한다. '주인과 노예'의 처지를 철학으로 들이파서, 노예들이 '해방 운동'에 나설 수밖에 없다는 놀라운 결론을 얻어낸 헤겔의 가르침은 훗날의 수많은 사회 운동에 큰 영감을 불어넣었거니와, 그가 아이티혁명에 대해 어떤 태도를 취했을지는 유럽 지성들이 얼마나 진취적이었는지 알아볼 한 잣대가 되기 때문이다.

헤겔의 주인/노예 변증법은 그저 말만 그럴듯한 비유가 아니다. 실제로 제국주의와 식민지 노예 사이의 관계를 언급한 것이다. 그런데 이 깊은 철학적 깨달음이 오로지 헤겔의 독창적인 머리에서 나왔다고 간주하는 것은 '천재'를 무턱대고 신비로운 존재로 숭배하는 얄팍한 통념이다. 실증 자료에 따르면 프랑스대혁명 시절에 그는 날마다 신문을 들이파서 세상의 흐름에 촉각을 곤두세웠다고 한다. 그 시절에 영국의 낭만주의 시인 윌리엄 워즈워드는 검은 자코뱅들을 기리는 시를 쓰기도 했는데, 헤겔이 아이티혁명을 몰랐을 리 없다. 우리는 현실

의 커다란 변화를 사람의 머리가 쫓아가지 못하는 것을 흔히 목격하는데, 훗날의 진보 운동에 영감을 끼친 헤겔의 철학 사상이 바로 아이티혁명의 놀라운 충격에서 샘솟았다고 봐야 자연스럽다(헤겔이 근대 부르주아 사회의 비밀을 탁월하게 밝혀낸 것이 아이티혁명에 대한 통찰과 어떤 관련이 있는지는 수전 벅모스가 저술한 책 『헤겔, 아이티, 보편사』에 자세히 나와 있다).

헤겔은 탁월한 저서 『정신현상학』에서 이렇게 말했다.

"노예는 목숨을 걸어야만 자유를 얻는다. 자기 목숨을 내걸지 않은 개인도 하나의 인격체로는 인정받을 수 있지만, '독립적 자기의식'이라는 인정認定의 진리에는 도달하지 못한다. …… 노예에게 자유가 없었던 데에 대한 책임은 애초에 자유 대신 삶을, 곧 단순한 자기 보존을 선택한 노예 자신에게 있었다."

이 이야기는 '아이티 (노예들의) 혁명'에 담긴 뜻을 고스란히 철학으로 풀어낸 것에 불과하다!

그런데 헤겔 이후의 진보적인 학자들은 이와 같은 노예해방의 철학과 실제의 노예해방혁명을 긴밀하게 연관 지어 읽지 않았다. 유럽 학자들이 "노예 제도는 옛날 옛적 이야기야." 하는 속편한 도식에 빠져서 17~19세기에 엄연히 벌어진 노예 착취의 역사를 소홀히 취급했기 때문이다. 그런데 "지금은 자본주의가 다스리는 세상"이라는 이들의 속편한 도식은 "유럽 자본주의가 노예 제도로 얼마나 큰 혜택을 입었는지"를 간과하고, "유럽은 자유 평등이 전진해온 자랑스러운 역사"라는 부르주아들의 자랑을 은연중에 묵인하는 결과를 낳았다. 유럽 근대 사상가들이 늘어놓은 자기도취의 자랑과 달리, 유럽은 19세기까지도 농노제가 살아 있었고 현대판 노예제가 자본주의적 번영의 커다란 버팀목이 되어주고 있었다.

헤겔 자신은 어떠했는가? 프랑스혁명의 정신이 살아 있을 때와 달리, 그는 늙어가면서 급진적 정치사상에서 차츰 후퇴했다. 더군다나 노예제 철폐와 관련해서는 뚜렷이 반동으로 돌아섰다. 훗날 "아프리카는 아무런 세계사적 의미도 갖지 못한 곳"이라고 그가 서슴없이 단언한 것을 떠올리면, 1급 학자와 안목 없는 소시민의 차이가 별것 아니라는 사실을 깨닫게 된다. 주인과 노예의 변증법을 갈파한 순간의 헤겔은 세계 역사의 흐름을 가장 선진적인 자리에서 통찰한 학자였다. 그러나 이 통찰은 그가 밑바닥 민중의 목소리를 경청하겠다는 겸손한 사람됨을 견지했을 때에 비로소 가능했다. 그가 권위 높은 학자로 명성을 높여감에 따라, 그는 아이티와 흑인 노예들의 저항에 대한 통찰을 잃어갔다. 가장 투철했던 학자도 이러했으니, 유럽의 지성사知性史가 인류 역사의 맨 앞자리를 개척해갔다는 그들의 자랑이 얼마나 가증스러운 것인지 넉넉히 알 수 있다.

헤겔은 '절대정신'을 찬미했다. 워낙 장광설을 펼친 사람이라, 절대정신이라는 것이 보통 사람들은 도무지 알 수 없는 어떤 것이려니 하는 신비로운 느낌을 자아낸다. 하지만 그 낱말은 박식한 학자들에게나 찾아올 어떤 신비로운 경지를 가리키는 게 아니다. 그 사람이야 그렇게 제 자랑을 늘어놓겠지만 우리는 그 허상을 깨야 한다.

아이티에서 흑인 노예의 봉기가 일어났을 때, 나폴레옹이 카리브 해에 파견한 프랑스 군인들은 반란 노예들이 부르는 〈라 마르세예즈〉를 듣고 부대장에게 소리쳐 물었다. "우리가 적군과 싸우는 것 맞아요? 쟤들, 우리 편 아니에요?" 어느 프랑스 부대는 아이티 흑인 포로 600명을 물에 빠뜨려 죽이라는 명령을 (징계받을 것을 각오하고) 거부했다. 절대정신은 박식한 헤겔이 독점하지 않았다. 오히려 늘그막의 헤겔은 거기서 차츰 멀어졌을 것으로 보인다. 절대정신은 흑인 노예들에게 발

포할 것을 (위험을 무릅쓰고) 거부한, 학식이 높지 않았던 그 프랑스 군인들에게서 그 순간 실현되었다. 절대정신은 어느 민중이라도 옳은 것을 위해 자기의 안위를 거들떠보지 않는 순간에 찾아온다. 인류의 지성은 이렇게 평등하다!

덧대기 1
카리브 해의 섬나라 아이티는 가장 선진적인 민주혁명을 이뤄낸 대가를 톡톡히 치렀다. 노예해방의 물결이 퍼져나갈 것을 염려한 미국과 자기 식민지를 잃은 프랑스가 아이티 신생 국가를 협박해 꼭두각시로 만들고, 목재 등 자연 자원을 깡그리 갈취해 갔다. 제국주의가 작심하고 보복했는데 불행히도 주변에 도와줄 연대 세력이 없었다. 2010년 (강도 7.0에 불과한) 지진이 일어났을 때 아이티는 죽거나 다친 사람이 50만 명이 넘고 인구의 3분의 1인 300만 명이 '이재민' 신세가 됐다. 이는 제국주의에 의해 사회와 생태계가 온통 파괴된 결과로 빚어진 인재였다. 쿠바가 비슷한 규모의 재난(허리케인)이 닥쳐도 재난 방어 시스템을 갖춘 탓에 별다른 피해를 입지 않았던 것과 너무나 대조된다.

덧대기 2
미국 학자 프레드릭 제임슨이 주장한 바로는, 미국은 반反지성주의가 판치는 나라다. 미국의 일반 대중은 남의 나라에 대해 관심도 엷은 편이다. 유럽과 일본은 근래(20세기 후반) 들어 미국의 대중문화에 푹 빠져서 활력을 잃었다. 그래서 제임슨은 문화의 활력이 남미와 동유럽을 비롯해 제3세계에서 샘솟을 것이고 서유럽과 미국, 일본이 이들의 문화적 활력을 흡수할 때라야 인류 문화가 더 진취적인 쪽으로 나아갈 것으로 내다보았다. 미국 대중문화가 줄곧 흑인 음악을 베끼는 데에 열중한 것도 유럽 백인들의 문화적 고갈을 말해준다. 헤겔의 주인-노예 변증법이 글로벌 자본주의 시대에 거의 비슷한 모양으로 작동하고 있다. 인간해방의 길은 노예와 후진국 민중이 앞장서야 주인과 유럽 백인이 (감명받아) 뒤따라간다.

2 마녀를 사냥해 자본주의를 얻다

현대 페미니스트들은 자신을 '마녀'와 동일시한다.

여러분, 마녀를 아는가? 어디서 본 적 없는가? 그녀는 400년 전, 영국 어디서 날품을 팔던 어떤 과부였다. 또 다른 그녀는 프랑스 어디서 먹을 것이 없어 이웃에게 구걸을 다니던 어떤 노파였다. 무슨 까닭에서인지, 이렇게 가난하고 힘없고 늙은 여성들 수십만 명이 (4세기 전) 유럽 곳곳에서 교수대에 목이 매달리거나 산 채로 불태워져 죽임을 당했다. 이들은 왜 죽어야 했을까? 학교 교과서에는 이들의 이야기가 실려 있지 않다. 대학의 역사학자들 중에도 관심 품는 사람이 별로 없었다. 한 세기(16세기 후반~17세기 전반) 동안에 수십만 명이 죽어갔다는데(누구는 50만 명이 넘을 거로 추정한다), 이들의 죽음은 알아야 할 가치가 없는 것일까?

역사책은 하잘것없는 사람들 이야기는 별로 다루지 않는가 보다. 그러니 프랑스인들에게 전설처럼 전해오는 어느 이름난 처녀 얘기를 꺼낸다. 1430년에 몸을 일으켜서 영국과의 백년전쟁(1337~1453년)에 앞장섰던 잔 다르크다. 가난한 소작농의 딸로 태어난 그녀는 놀랄 만한 용기를 발휘해서 프랑스군을 이끌었다. 백과사전에는 그녀가 "프랑스를 위기에서 구해낸 국가 영웅"이라고 적혀 있다. 20세기 들어와서는 성인聖人으로까지 추앙되었다고 한다. 그런데 그녀는 유관순보다 불과 한 살 더 먹은 열아홉 꽃다운 나이에 '마녀'로 몰려서 불구덩이 속에서 죽어갔다. 영국군과 프랑스군이 합작해서 그녀를 마녀로 몰았다. 우리는 이름 없는 과부가 불태워져 죽은 것이야 별것 아닌 일이라 쳐도, 대관절 왜 우리를 뭉클하게 하는 잔 다르크마저도 죽임을 당했는지는 알아야 하지 않을까?

우리는 서양 동화에서 빗자루를 타고 날아다니는 늙은 마녀의 모습을 자주 본다. 그런데 무슨 이야기든 아무 현실 근거 없이(곧, 단순한 환상으로) 생겨나지 않는다. 동화 속 마녀는 현실의 어떤 사람들을 어떤 생각으로 그려낸 것일까? 앞의 과부·노파와 동화 속 마녀는 무슨 관련이 있을까? 더 생각해보자. 빗자루는 무엇을 상징하는 것일까?

마녀사냥, 구체적으로 어땠는가?

1585년 영국의 타이번 지역에서 마거릿 하켓이라는 늙은 과부가 마녀로 고발되었다. 그녀는 목매달려 죽었는데 왜 그녀를 마녀로 심판했는지, 옛 기록이 전해온다.

그녀는 허락도 없이 이웃의 밭에서 배 바구니를 집어 들었다. 돌려 달라는 요구에 그녀는 화가 나서 배를 팽개쳤다. 그 뒤로 그 밭에서는 배가 자라지 않게 되었다. 나중에 윌리엄 굿원의 하인이 발효용 이스트를 달라는 그녀의 요구를 퇴짜 놓았더니 그의 양조장이 말라붙었다. 주인의 땅에서 땔감을 훔쳐가는 그녀를 붙잡은 관리인이 그녀를 때리자, 이 관리인은 미쳐버렸다. 어떤 이웃이 그녀에게 말을 빌려주지 않자, 말이 죄다 죽어버렸다. 어떤 사람은 그녀에게 신발을 사면서, 그녀가 부르는 값보다 덜 줬다가 나중에 죽었다.[160]

여기 적힌 내용이 다 사실이라면 하켓을 마녀라 부를 만하다. 하지만 아무리 과학이 덜 발달한 16세기라 해도, 학자들 중에는 하켓의 신통력이 사실일 리 없다고 본 사람도 꽤 있었다. 토마스 홉스는 이런 것을 사실이라 믿지 않았다.[161] 영민한 데카르트는 마녀인지 아닌지 잘 모르겠다고 얼버무렸다. 그렇지만 하켓 같은 사람들을 마녀로 단죄하는 데에는 전혀 반대하지 않았다. 그 시절 유럽에서 글줄깨나 읽거나 벼슬깨나 하는 사람들에게 최대 관심사는 이것이어서, 서로 만났다 하면 마녀를 헐뜯으며 스트레스를 풀었다. 그 시절 마녀는 지배층 모두가 일치단결해서 때려잡았던 것이다.

인류 역사에는 한 사회 집단이 자기가 혐오하는 사회 집단에 대해 어떤 편견을 품게 되는지 말해주는 사례가 헤아릴 수 없다. 고대 그리스의 귀족이나 근대 스페인·영국의 지배층은 그리스의 노예와 아메리카·아프리카의 식민지 백성들을 "말할 줄 아는 짐승"쯤으로 여겼다. 사회적 지위가 꽤 높아진 유럽의 민중을 놓고서 짐승이라 일컫지는 못했지만, 더럽고 비천하고 어리석은 존재로 경멸했다. 이렇게 완강한 멸시는 아니라 해도, 최근 반세기 동안 한국에는 전라도 사람에게 혐오의 감정을 품는 경상도 사람이 은근히 많았다(지역감정). 마녀에 대

---

160. 이 글은 실비아 페데리치의 책 『캘리번과 마녀』를 간추려 옮겼다. 페데리치는 "여성의 가사노동에 대해 국가가 임금을 지급하라"는 운동을 벌여온 페미니스트로, 마르크스가 미처 들여다보지 못한 여성 억압의 현실을 파헤쳤다. 가난한 여성의 자리에서 볼 때라야 세상 진실이 송두리째 보인다. 그동안 기성 학문은 '근대 사회는 (적어도 상대적으로) 좋은 곳'이라는 완강한 통념을 전파해왔는데 페데리치는 바로 이 통념을 허물고 있다.
161. 그런데도 홉스는 가증스럽게도 '사회 통제'를 위해 마녀사냥이 필요하다고 긍정했다. 근대 학문이 얼마나 허튼 것투성이이고 누구를 돕는 것인지 홉스가 보여준다.

한 박해도 이렇게 혐오받는 계층에게 일어난 비극이었다.[162] 근대 학문의 창시자라 칭송받는 학자들(데카르트, 토마스 홉스)이 마녀에 대한 고발이 허튼짓임을 알면서도 비루한 태도를 보인 것을 보면, 그 학문에도 거짓이 섞여 있지 않은가 하는 의문을 품는 게 옳은 태도겠다.

유럽의 가난한 여자들은 어떻게 박해를 받았는가? 악마에게 영혼을 팔았다는 이유로, 마술로 아이들 수십 명을 죽인 뒤 피를 빨아내고 살덩이로 묘약을 만들어서 이웃을 죽음으로 몰아넣었다는 이유로, 가축과 농작물을 못 쓰게 하고 태풍을 일으키고 숱하게 끔찍한 짓을 저질렀다는 이유로 고발당했다. 이들의 말은 고문을 당할 때 자백한 이야기밖에 전해오지 않으니 오늘날 이들의 사정을 당사자의 말로 전해 들을 기회가 없다.[163]

심문관들은 고발당한 여자를 발가벗기고, 몸에 있는 털을 죄다 없앤다(악마가 털 속에 숨어 있다는 이유로!). 도망 노예에게 그러듯이 여성의 은밀한 부위를 비롯해 온몸을 긴 바늘로 마구 쑤신다. 처녀인지 검사한답시고 강간한 사례도 있다. 이 여자가 바락바락 대들면 더 의심을 품었다. 자백하지 않으면 팔다리를 찢고, 쇠 의자에 앉혀서 의자 밑에 불을 지피거나 뼈를 으스러뜨린다! 목매달고 불태워 죽일 때에는 그 여자의 자식들을 비롯한 동네 사람 모두가 반드시 참가해서 이 광경을 눈 뜨고 지켜봐야만 한다. 그들에게 본보기로 보여주려는 정치 행사이기 때문이다.

---

162. 일제강점기 때 일제의 앞잡이가 된 조선인 경찰은 "조선 놈들은 명태처럼 많이 패줘야 말을 듣는다"는 말을 버릇처럼 떠들었다. 지금 한국의 지배세력은 "일본 덕분에 우리가 근대화되었다"고 일본 제국주의를 버젓이 찬양하는데 그들은 사유재산에 넋이 팔려 자기 민족이 비루하게 노예로 산 세월을 아무렇지도 않게 여긴다.
163. 숱한 역사책이 이들의 진실을 깡그리 외면했다. 역사에서 지워진 기억은 유령이 되어 세상을 떠돈다.

이 광경을 지켜본 사람들은 모두 겁에 질렸다. 남자들이 대부분 침묵했고, 와르르 몰려가 재판장을 뒤엎은 일은 드물었다. 오히려 일부 남자는 마녀를 찾는답시고 앞장서 설치기까지 했다. 이참에 평소에 못마땅했던 아내와 헤어지거나, 자신이 나쁜 짓(성폭행)을 저지른 여성들이 자기에게 품을 복수심을 짓누르는 기회로 삼기도 했다. 분명한 것은 자기도 마녀 편으로 몰릴까 봐 모두 입을 다물었던 것이다. 마녀사냥은 남녀 사이를 확실히 갈라놓았다.

왜 마녀사냥을 벌였을까?

당시 지배층은 아이 낳기를 거부한 여자, 이웃집에서 땔감을 훔친 거지 여자, 산파 등을 마녀로 몰았다. 성매매를 하는 여자나 바람기 있는 여자도 붙들려 갔다. 더러는 살인 따위의 분명한 범죄를 저지른 여자도 있었지만, 가난하고 미천한 여자들이 그저 이웃과 다퉈서 평판이 나쁘다는 이유로 붙들려 온 사례가 대부분이었다. 이들 애꿎은 피해자는 인간 세상의 야만스러움을 탓할 수밖에 없지만, 지배층이 노렸던 것은 요컨대 '여자 길들이기'였다. 그랬기에 동네 사람들을 마녀의 처형장에 강제로 불러냈다. 겁을 먹으라고!

서유럽 곳곳에 마녀사냥이 벌어지는 동안, 간통한 여자를 사형에 처하는 법이 제정되었다. 나중에 신대륙의 청교도 사회에서는 너대니얼 호손의 소설 『주홍글씨』에서 그려지듯 간통한 여자에게 낙인(주홍글씨)을 찍는 것으로 그쳤지만, 영국에서는 반역자와 마찬가지로 화형에 처했다. 몸을 팔거나 결혼 없이 출산하는 것도 불법이 되었고, 갓난아이를 죽이는 것은 중죄로 다스렸다. 여자들끼리 친하게 지내는 것

도 비판받았다.[164]

지배층의 속셈이 무엇이었을까? 한국도 가부장 질서를 규정한 종법宗法[165]은 조선 후기(16세기)에 들어서야 완강하게 자리 잡았다. 종법 이전의 한국이나 마녀사냥 이전의 유럽에서 남녀가 꼭 동등한 사회적 대접을 받은 것은 아니지만 그 차별이 심했던 것도 아니다. 그런데 종법과 마녀사냥을 고비로 하여, 여성의 역사가 큰 전환을 맞는다. 유럽 여성사에서 마녀사냥은 인류가 저지른 원죄로서 등재된다.

마녀사냥의 목적을 포괄적으로 말하자면, 여자가 할 일은 남자를 보필하고 아기를 낳는 일이라고 못 박겠다는 것이다. "여자들에게 버릇을 가르쳐서 (지배층이) 시키는 대로 하게끔 하자!" 지배층은 아랫것 여자들이 애 낳기와 무관하게 성을 즐기는 것을 혐오했다. 동화 속의 혐오스러운 늙은 마녀가 타고 다니는 빗자루는 남성 성기性器를 빗댄 것으로, 절제되지 않는 욕망의 상징이다. 애도 낳지 못하는 늙은 여자가 어디 건방지게 성을 즐기려 하느냐는 거다. 마녀는 짐승들(두꺼비, 고양이, 개)과 더불어 논다. "여자는 짐승과 마찬가지야!" 하는 뜻을 넌지시 풍기지 않는가.

지배층은 마법도 공격하기는 했다. 자본주의 문명의 발달은 마법에 대한 비판과 더불어 일어났다. 마법은 만물에 힘이 깃들어 있다는 믿음에서 비롯된다. 모든 사건은 그 신비한 힘의 표현으로 읽힌다. 그런데 이 마법에 더 기대려는 사람은 대부분 아등바등 살아가기 때문에

---

164. 아시아든 유럽이든, 중세 때는 부부 사이가 친밀하지 않았다. 아낙네는 아낙네끼리 어울렸다. 그러니까 마녀사냥은 여성 간의 우애를 끊어서 남편에게 아내가 복종하게 하려는 속셈이었다. 남성우월주의의 확립!

165. 중국 주나라 때(기원전 1100년~기원전 250년)부터 봉건제와 종법제가 실시되었다. 한국엔 삼국시대에 들어와 고려 말부터 사대부에게 전파되었지만 정착된 것은 조선 후기다. 그전에는 사대부 숫자가 몇 되지 않았다. 종법 이후로 여성 억압이 본격화되었으니 여성 역사의 흐름이 유럽의 흐름과 얼추 비슷하다.

늘 재난을 두려워하는 가난뱅이들이다. 요즘 한국도 처지가 딱하고 불안한 사람들이 점쟁이와 무당을 찾지 않는가. 그 마법을 지녔다 하여 주로 공격받은 대상은 여성이다.

지배층에게는 산파[166]도 마법사와 마찬가지였다. 산파는 약초藥草와 건강에 대한 지식이 풍부한 늙은 여성이다. 애 낳기는 산파가 도맡았으므로, 남자들은 그 근처에 얼씬도 못 했다. 산파는 출산만 도운 게 아니라, 여성들의 피임도 도왔다. 그런데 나중에 그 이유를 설명하겠지만, 16세기의 유럽 지배층은 얼른 인구를 늘려야 한다는 커다란 압박을 받고 있었다. 산파가 출산을 좌우해서는 이런 국가 지배층의 명령을 강제할 수 없었다. 산파가 같은 동네 여성을 편들어 피임약을 주는 것을 막아야 했다.[167]

마법이 원래부터 탄압 대상은 아니었다. 과학자들은 이치를 따져서 비판했지만 말이다. 르네상스 때의 (남성) 마법사들은 오히려 인기를 누렸다. 괴테의 「파우스트」는 실존했던 마법사 전설을 각색한 것이다. 중세 때 수많은 사람이 몰두했던 연금술(수은·납 등 값싼 금속으로 금은을 만들어내는 기술)도 일종의 마법이다. 연금술에 대한 실망이 커져갔어도 고급 마법에 대한 박해는 일어나지 않았다. 또 마녀사냥이 끝나고 나서는 마법이 다시 합법화되었다. 그 뒤로 상당수 여자들이 점을 쳐주거나 부적을 팔아서 밥벌이를 계속했다. 귀족들 사이에 마법에 대한 호기심이 퍼지기도 했다.

그러니까 마법, 곧 전前근대적인 미신이나 믿음 자체가 유럽 지배층

---

166. 경험 많은 동네 할머니가 산파 노릇을 했다. 산파는 별다른 직업이 아니다. 한국도 반세기 전까지만 해도 근대적인 병원이 많지 않았고 산파의 도움으로 애 낳는 여자가 대부분이었다.
167. 요즘 한국도 출산율이 아주 낮아져서 사회 위기가 커졌다. 하지만 어찌 강제로 애를 낳게 할 일일까.

이 없애려는 주된 과녁은 아니었다는 얘기다. 설령 데카르트의 제자들인 사회 지배층에게 미신을 혐오하는 신념이 아주 깊었다 해도, 그 혐오가 숱한 여성을 애꿎게 죽이는 광란의 학살극을 불러냈다고 보는 것은 어이없는 공상이다. 숲을 봐야 나무가 보인다. 유럽 지배층의 본심을 알려면 중세 유럽의 역사를 알아야 한다.

농노 제도가 무너져가던 중세 후기

4세기 무렵, 로마와 신생 게르만 국가의 노예들이 불온해지고 대담해졌다. 이들이 반란을 일으키거나 숲으로 달아나는 것을 막으려면 노예도 한 뼘 땅을 가지고 가정을 꾸리는 것을 허용해야 했다. 한편, 몰락한 자유농민은 밥벌이를 위해 지주(영주)에게 스스로 예속되었다. 노예는 발돋움하고 농민은 추락한 결과로, 농노제가 5~7세기에 탄생했다. 9~11세기에는 남의 땅 빌려 농사짓는 모든 소작농이 농노가 되었다. 농사짓는, 농토를 가진 노예![168]

농노는 노예보다 훨씬 자유로웠다. 생산수단(한 뼘 땅)을 지녔기에 굶주림에 대한 공포에서 벗어나 영주에게 맞설 수 있었다. "토지는 경작자에게!"라는 근대 혁명의 구호는 이 물질적 토대에서 비롯되었다.

중세 사회에서 숲·냇가·풀밭과 같은 공유지는 가난한 농민의 삶을 지탱해준 버팀목이었을뿐더러 공동체를 묶어준 토대였다. 이것을 토대로 마을 자치가 발달했다. 물론 중세의 마을이 평등한 사람들끼리의 공동체는 아니었지만, 여성들이 남성에게 종속된 삶을 살지는 않았다.

---

168. 조선시대에는 농노 신분에서 벗어났지만 남의 집 농사를 돕는 품팔이꾼 '머슴'이 있었다.

중세 때는 공동체가 가족보다 우선이었고, 여성들끼리의 협동이 여성들의 자주성을 유지하게 해줬다.

조잡한 역사책은 중세를 권태롭고 평화로운 시대로 묘사한다. 또 별다른 변화가 일어나지 않은, 역사의 암흑기로 여긴다.[169] 과학 기술의 발달이나 흥미진진한(?) 식민지 탐험이 벌어지지 않은 점에선 정적이었을지 모르지만, 잉글랜드 장원재판소 기록을 보면 중세 후기의 장원은 계급투쟁이 줄기차게 벌어진 곳이었다. 농노들은 영주에게 바치는 것을 줄이려고 끊임없이 대들었다. 13세기 중엽에는 영국 농노들이 한동안 부역 노동을 거부하기도 했다(농사 파업). 군대 징집에 대한 거부도 심해서[170] 국왕은 범죄자와 깡패를 군인으로 뽑아야 했다. 도시로 도망치는 것이 농노들의 주요 출구였다. 눈에 보이는 저항 말고도 꾸물거림, 무식한 시늉, 시치미 떼기, 좀도둑질 같은 일상의 소극적 태도도 고려해야 그때의 계급 갈등을 알 수 있다.

중학교 교과서는 (13세기에) 농노들이 지대를 돈으로 내게 되었다는 것(지대의 금납화)을 상업 발달의 자연스러운 결과인 것처럼 서술했으나, 이는 겉핥기의 앎이다. 한편으로, 이것은 농노들이 영주의 착취에서 벗어나고자 끊임없이 싸워온, 그래서 그들의 입김이 커진 결과다. 화폐 발달은 그 매개체였을 뿐이다. 영주는 고정된 분량 이상으로 농노들을 착취할 수 없었고, 이 때문에 농노제는 사실상 끝났다. 넓은 땅을 지닌 부농은 지대를 내고도 넉넉히 돈을 벌 수 있었다. 그리고 농민들 사이에 차츰 양극 분해가 일어났다. 일부는 고용주로, 일부는 땅 없는 프롤레타리아로!

169. 근대 자본주의 문명을 예찬하는 눈으로 보니 그렇게 보인다. 대부분의 역사책은 고쳐 써야 한다.
170. 동학전쟁 때도 농민군은 모내기철이 되자 고향으로 돌아가버렸다. 하물며 강제로 징발된 군인이야!

민중의 저항이 커져가다

12~13세기에 천년왕국 운동[171]이 일어났다. 몰락한 농민, 몸 파는 여성, 교회에서 쫓겨난 목사 등 온갖 버림받은 사람들이 거기 참여했다. 세계 종말과 최후의 심판이 임박했음을 알리는 묵시록적 전망이 퍼졌다. 가난한 직물織物 노동자들이 열렬히 지지했다. 이 운동은 지배층의 탄압으로 단막극에 그쳤지만, 그와 비슷한 반란이 여러 차례 일어났다.

이와 달리, 정통 교리에서 벗어난 '이단異端 운동'은 새 사회를 만들려는 의식적인 노력으로, 잘 조직되어 있어서 쉽게 꺾이지 않았다. 기독교의 여러 이단 종파가 300년이 넘도록 프랑스·독일·플랑드르의 하층민들 사이에서 활약했는데, 기성 교회가 집요하게 박해한 탓에 오늘날 전해오는 기록이 거의 없다(지워진 역사). 그들을 없애려고 교황은 억압적 국가 기구 중에서도 가장 사악한 종교재판소를 설치했다.[172]

이단 운동은 신앙 운동이라기보다 급진적 민주화를 갈망하는 저항 운동에 가까웠다. 그들은 더 높은 진리에 호소해서 왕국과 교회 권력에 도전했다. 그들은 위아래의 수직적 질서, 사적 소유, 부의 축적을 비판하고 일상생활의 모든 면(노동, 소유, 출산, 여성의 지위)을 새롭게 규정해서 진정한 '해방'의 문제를 꺼내들었다. 이단 운동은 국제적인 연락망을 엮어서 서로 교류한 탓에 최초의 '노동자 인터내셔널(연대 모

---

171. 그리스도가 다시 와서 천 년간 세상을 다스릴 것이라는 믿음이다. 로마가 교회를 공인하고 나서 이 믿음은 약해졌으나, 중세 후기에 다시 운동으로 부활했다. 세상의 변혁이 있기를 바라는 운동으로, 기성 교회 밖에서 일어났다.

172. 앞으로 가톨릭이나 개신교가 어떤 진보적 변화를 꾀한다 해도 (중세 말을 비롯하여) 권력층의 지배 도구로 봉사해온 부끄러운 역사를 속죄하지 않는 한, 그들 기성 교회가 세상 변화의 밀알이 되기는 어렵다.

임)'이라 부를 만했다. 그들은 기성 교회더러 영적靈的 권위를 되찾으려면 재산을 모두 포기하고 권력을 내려놓으라고 엄격하게 꾸짖었다. 몇몇 종파는 평등과 공동체 소유를 내걸고 공산주의 실험에 나섰다.

이단 종파들은 딴 종교에 대해 너그러웠다(관용). 상업이 발달하자 유대인 상인들을 혐오하는 반유대주의 기류가 곳곳에 생겼는데 이때 이들을 감싸 안았다. 원래 딴 종교에 대해 관용을 베푸는 사람들이야말로 진정한 종교인이다.[173] 일부 이단 종파들은 결혼과 애 낳기를 거부했다. 여성을 경멸해서가 아니었다(오히려 여성들이 이단 운동에서 큰 비중을 차지했다). 가난이 심해진 탓에, 시련의 세상에서 자식들이 '새로운 노예'로 살아갈 것을 염려해서다. 요즘 한국의 젊은 부부들이 우리 사회의 앞날을 안심할 수 없어 애 낳기를 꺼리는 것과 똑같은 마음이다.

이단 운동은 (동학이 그랬듯이) 농민 반란의 정신적 구심이 되었다. 1381년 영국 농민 반란의 지도자 존 볼은 이렇게 부르짖었다. "우리는 신의 모습을 본떠 창조되었는데도 짐승처럼 취급되고 있다. 신사(紳士, 영국의 귀족계급)와 농노가 따로 있는 한, 영국에서 아무것도 되지 않을 것이다." 고려 말 반란을 일으킨 노비 만적이 "왕후장상(왕과 귀족들)의 씨가 어디 따로 있느냐?"고 내지른 때도 이와 얼추 비슷한 때(12세기 말)이다.

한편, 기독교는 (로마가 교회를 공인해서) 세속 권력과 짝짜꿍이 맞으면서부터는 집요하게 성행위 규제에 나섰다. "성의 욕망을 참는 것이야말로 성聖스럽도다!" 여성은 속물스럽거나 저급한 존재로 취급되었

---

173. 가톨릭교회든 개신교회든, 지배층을 편든 어두운 역사에 대해 심판을 받아야 한다. 2013년 초 로마 교황이 유대교회에 들러서 "나치 탄압 때 우리도 당신을 도왔다"고 허튼소리를 꺼냈다가 랍비들에게 대뜸 면박을 당했다.

다. 교회는 예배와 미사를 치르는 성직자 자리에서 여성들을 내몰았다. 성행위는 이러저러한 규율에 따라야 한다는 교리문답서까지 펴냈다. 교회는 에로스를 억누른다는 구실로 여성을 깎아내려서, 가부장제도를 든든하게 지탱해주었던 것이다. 중세 후기로 갈수록 교회는 성문제에 병적으로(!) 매달렸다. 신자들의 침실을 몰래 엿보는 것을 넘어, 성을 국가적 문제로 삼았다. 피임하는 사람과 동성애자들에게 비난의 낙인을 찍고, 성행위가 허용되는 날짜까지 지정했다. 이단 종파들은 이런 성적 탄압에 맞서 여성해방을 부르짖기도 했다.

마녀사냥은 이단에 대한 탄압과 짝짜꿍이 맞는다. 우선 여성들은 애를 낳고 안 낳고를 스스로 결정하고 싶어 한다. 그것이 그들의 인권이 아닌가? "피임은 절대 안 돼!" 하는 교회의 명령이 그들에게는 엄청난 억압이다. 교회가 이렇게 눈을 부릅뜬 때는 흑사병이 나돌아 유럽 인구의 3분의 1이 죽어간 뒤부터다. 인구 부족이라는 사태에 맞닥뜨리자, 교회는 피임 규탄에 더 열을 올렸다. 그 뒤로, 교회가 규탄하는 이단은 '여성의 얼굴'을 띠게 되었다. 이단 박해는 자연스레 여성박해로 옮아갔다.

이단 종파 운동은 1533년 독일 뮌스터에 하느님 마을을 건설하려는 재세례파 운동이 끔찍한 탄압으로 허물어지면서 가라앉았다. 유럽의 지배층은 야만스러운 탄압을 저지르지 않고서는 민중 저항의 불길을 잠재울 수 없었다. 밑바닥 민중이 얼마나 이단 운동 지도자들을 믿고 기대했는지는 종교재판소의 갖가지 기록에 나와 있다. 1307년 이탈리아 북부 트렌토에서는 대안 공동체를 세운 돌치노와 그를 따른 민중이 교회 군대와 3년간 맞싸우다가 패배해 수천 명이 그 자리에서 학살되었는데, 돌치노의 반려자였던 마르게리타는 교회의 꼬드김을 뿌리치고 믿음을 지키려 했기에 애인 돌치노가 보는 앞에서 천천히 불태워 죽임을 당했고, 돌치노는 산길로 끌려다니며 몸이 찢겨서 죽어 갔다.

이렇게 민중 저항이 들불처럼 일어난 까닭은 사회적 불평등에 대한 분노가 워낙 깊었기 때문이다. 14세기 이탈리아에서는 부자와 빈자를 '큰 새'와 '작은 새', 또는 '뚱뚱한 사람'과 '깡마른 사람'으로 불렀다. 이 원한과 분노는 가난이 깊어져가는 농민과 도시 노동자들의 단결을 가져왔다. 이단 종파들은 "(노예) 노동을 거부하자"고 부르짖는 한편, "세상 만물은 다 우리의 노동이 빚어낸 것"이라며 노동자가 존귀하다는 것을 일깨웠다. 이들의 지도로, 곳곳에서 민중 봉기가 잇따르자, 재물을 쌓아둔 사람들은 없는 사람들(프롤레타리아)에 대한 공포에 떨어야 했다.

흑사병의 창궐로 인구가 부족해지자 없는 사람들의 끗발이 올라갔다. 14세기 말에는 "지대를 안 내겠다, 부역을 안 하겠다"고 하는 퇴짜놓기가 대세가 되었다. 지배층은 자기 재산을 지키려고 갖은 포악한 수단을 다 써서 사태를 되돌리려 했다. 피렌체에서는 노예제가 부활했고, 영국에선 최고임금을 제한하는 법을 만들어서 농민 반란이 일어났다. 반란 군중은 한때 여러 곳에서 지방 정부를 접수하기도 했다. 선술집과 작업장의 벽마다 "때가 왔다"는 구호가 적혔다. 민중의 저항은 1522~1525년 독일농민전쟁에서 절정에 이르렀다.

예전의 조잡한 역사책들은 15세기를 죽음이 춤추는, 죽음의 주문에 걸린 세계로 묘사했지만, 실제로는 유럽 프롤레타리아의 황금시대였다. 누구는 이렇게 썼다. "영국에서 그때만큼 임금이 높고 식료품값이 쌌던 적이 없다. 노동자들은 주 5일 노동을 요구했다." 이때에 이르러 유럽에서 농노 제도가 완전히 소멸하고 자유농민이 탄생했다.

반혁명이 시작되다

15세기 말이 되자, 유럽 지배층의 교활한 반격이 시작되었다. 정부는 젊은 남성 노동자들의 무분별한 방종을 부추기는 악랄한 성性 정책을 썼다. 밑바닥 여성에 대해 아무리 끔찍한 집단 강간을 저질러도 그 처벌이 겨우 손목 한 대 맞고 끝났다. 권력자들은 민중 봉기를 두려워했고, 없는 사람들이 권력을 잡으면 자기 부인들을 빼앗아 노리개로 삼을 것으로 믿었다. 그런 사태를 막으려고 국가가 나서서 밑바닥 여성을 강간하라고 부추겼던 것이다. 이 때문에 서로 힘을 합쳐야 할 가난한 남녀가 원수 사이로 틀어졌다. 공공의 적에 대한 분노는 까맣게 잊혔다. 강간의 합법화는 강렬한 여성 혐오 분위기를 북돋고, 여성에 대한 폭력에 둔감해지게 만들어 마녀사냥의 토대를 닦았다. 첫 마녀재판은 14세기 초에 열렸다.

없는 사람들을 서로 이간질하는 또 다른 제도는 성매매의 합법화다. "젊은이들아, 정치에 관심 갖지 말고 섹스나 즐겨라!" 하는 주문이다.[174] 곳곳에서 집창촌이 성황을 누렸다. 교회도 "동성애보다 낫다"며 성매매를 두둔했다.

부르주아혁명을 찬양해온 부르주아 학자들은 "중세 후기에 부르주아계급은 귀족계급과 격렬한 대립을 벌였다"고 책에 썼다. 프랑스혁명이 일어나기 직전에 서로 대립한 것은 맞다. 하지만 봉건 체제가 완전히 무너진 14~15세기에는 그러지 않았다. 중세 도시에서 자치권을 얻으려고 200년 동안 봉건 권력과 싸워온 부르주아계급은 정작 봉건 체제가 위기에 맞닥뜨리자, 이를 지키려고 나섰던 것이다. "경쟁 상대인

---

174. 20세기 후반, 세계 자본주의가 퍼뜨린 메시지도 "마음껏 소비해라! 정치에는 관심 끊고!"라는 내용이다.

영주(지주)들보다는 바락바락 대드는 밑바닥 노동자가 더 싫다!"는 게 다. 그들은 절대 국가로 가는 첫걸음인 '왕의 지배'에 자발적으로 복종해서 귀족 권력이 다시 세워지도록 도왔다.

봉건제를 거부하는 민중 반란은 1525년 독일농민전쟁이 패배하면서 차츰 가라앉았다. 10만 명이 넘는 반란군이 패전 뒤 모조리 학살당했으니 그 소식을 들은 민중의 사기가 얼마나 떨어졌을지 넉넉히 짐작할 만하다. 이때 농민 저항의 정신적 지도자인 신학자 토마스 뮌처도 처형당했는데, 그는 마르틴 루터의 종교개혁을 찬성하고 나섰다가 루터가 농민전쟁에서 봉건 영주 편을 들면서 '농민들을 쳐 죽여라!' 하고 부르짖자 그와 발길을 끊었다. 역사책은 루터의 서술 비중을 낮추고 뮌처를 크게 소개하는 쪽으로 다시 쓰여야 한다. 1535년 뮌스터 재세례파의 저항도 지도부가 가부장 옹호(여성을 억압하는 태도)로 변절하는 바람에 내부 분열이 일어나 무너졌다.

이런 민중 반란이 무너지고 한쪽에서는 '마녀사냥'이 일어나며 식민지가 팽창해 지배층이 두둑한 뒷돈을 챙기게 되자, 민중 저항의 분위기는 차츰 가라앉을 수밖에 없었다. 하지만 그렇다고 총칼을 휘두른다 해서 죽은 봉건제가 다시 살아날 리는 없었다. 노동 인구가 모자라서 도무지 농노들에게 강제노동을 시킬 수 없었다.

원래 중세 말에 나타난 유럽 자본가계급은 전혀 근대적인(진취적인) 사회 세력이 아니었다. 노예노동과 플랜테이션 체제에서 단물을 실컷 빨아먹은 천박한 사람들이었다. "돈 버는 짓이면 무슨 짓이든 다!" 노예 제도가 15세기 유럽에서 부활했다. 16세기 나폴리 왕국 인구의 1%가 노예였다. 18세기가 되어서야 영국에서 노예 제도가 불법화된 것으로 봐서, 지배층은 누구나 돈벌이가 되는 노예제를 열망했음을 알 수 있다.[175] 노예 제도를 유지할 물질적 조건이 부족했기 때문에 그것이

성행하지 못했을 뿐이다.

서유럽에서 농노제가 부활하지 못했던 까닭은 한편으로는 농민 저항 덕분이다. 농민들을 짓밟아 누르기는 했지만 지배층은 대들고 싸우는 농민에 대한 두려움이 워낙 깊었다. 또 노동력 부족 현상이 17세기까지 계속되어 노동자·농민을 심하게 착취할 수 없었다.

지배층(침략자)의 채찍질이 심해서 노동 인구가 줄어드는 모순은 아메리카 식민지에서 특히 두드러졌다. 유럽인이 처음 아메리카 대륙에 발을 디뎠을 무렵(1500년), 그곳의 인구는 작게는 5,000만 명, 많게는 1억 수천만 명으로 추정된다. 몇 세기가 지난 뒤 아메리카 원주민의 거의 대부분(95~98%)이 죽어나갔다. 물론 그 원인은 직접적인 살해와 노동 착취보다 유럽인이 퍼뜨린 천연두 같은 질병 탓이 훨씬 컸지만, 아무튼 이것은 인류의 일부가 저지른, 유례없이 참혹한(!) 역사다.

유럽에서는 나치 시절을 빼고는 아메리카만큼 대량학살 수준의 노동 착취가 벌어지지 않았지만, 토지가 사유화되고 물가가 높이 치솟아 가난과 죽음이 휩쓸었고 그리하여 자본주의에 대한 저항이 일어났다. 유럽에서 토지 사유화는 15세기 말 식민지 팽창과 더불어 시작되었다. 종교개혁은 상층계급의 토지 약탈을 동반했다. 목장에 울타리 쳐서 미개간지나 공동 방목장과 같은 공유지를 사유지로 만드는 인클로저enclosure 운동은 16~18세기까지 이어졌다. 그 결과로, 상업과 수출을 위한 농업 생산은 늘어났어도 민중을 위한 식량 공급은 줄어들었다. 아프리카·아시아·남미에서는 비옥한 땅의 민중마저 토지 사유화와 농업 상품화로 200년 동안이나 굶주림에 시달렸다.[176] 토지 사유화가 진행된 뒤, 유럽 곳곳에서는 부랑자 문제가 불거져서 어느 도시

---

175. "노예 제도는 아프리카와만 연관되었다"라는 사람들의 통념은 부끄러운 역사를 덮어 감추려는 그들의 노력이 성공했음을 말해준다.

든 그 대응책을 마련하지 않을 수 없었다.

임금노동에 대한 민중의 증오심도 커졌다. 중세 도시의 노동자는 임금에 대해, 영주에게 바치는 '부역'과 대조되는 자유의 수단으로 봤다. 하지만 토지를 잃어버린 농민들은 노예화의 도구로 느꼈다. 어느 농민 반란 지도자는 "임금노동을 할 바에야, 적의 지배를 받으나 동포의 지배를 받으나 마찬가지"라고 울부짖었다. 유럽 곳곳의 부랑자는 임금노동을 하느니 차라리 강제 노역을 하거나 처형당할 위험을 견디겠다는 것이다.[177]

영국에서 인클로저 반대 운동은 15세기 말부터 17세기까지 이어졌다. 이 투쟁에 여성 참여가 차츰 늘어났다. 토지를 잃고 마을 공동체가 무너지면 여성들이 더 피해를 보기 때문이었다. 여자들은 떠돌이로 살기가 어렵다. 임신과 육아 때문에도 그렇고, 방랑 생활 때 남성들의 폭력에 노출되기 때문에도 그렇다. 남성처럼 용병이 되어 입에 풀칠할 기회조차도 없다.

교과서는 그 시절에 "아메리카의 금과 은이 쏟아져 들어와서 유럽의 물가가 다락같이 치솟았다"고 썼다. 그것은 외부 원인일 뿐이다. 이미 사유화와 상품화가 진척되어 있었기에 그런 물가 상승을 가져온 것이다(내부 원인). 물가 상승 때문에, 소농小農이 몰락하고 실질 임금이 하락했다. 유럽의 임금이 중세 말의 수준을 회복하는 데에는[178] 수

---

176. 1980년대 이후, 세계은행의 구조 조정 프로그램이 강요한 "수출이냐 붕괴냐" 정책으로 아프리카 민중이 굶주림에 시달린 것도 이 역사 흐름의 반복이다.
177. '고용살이'를 당연하게 여기는 21세기 인류는 이 시절의 민중이 임금노동에 왜 진저리 쳤는지 알아야 한다.
178. 중세 말에는 식탁도 풍성했다. 인클로저 시기에는 중세 말의 고기와 맥주(포도주), 올리브기름이 사라지고 빵과 돼지기름 한 조각만 먹게 되었다. 프랑수아 라블레의 풍자소설 『가르강튀아와 팡타그뤼엘』에는 흥청거리는 식사 장면이 나오는데, 그것이 그때 사람들의 꿈이었다. 흉년엔 도토리와 나무껍질로 연명했다. 빵 가게나 곡물 창고에 대한 습격이 자주 일어났다.

백 년이 걸렸다. 굶주림에 시달린 민중이 곳곳에서 저항에 나섰다. 1652년 스페인 코르도바의 어느 마을에 사는 한 여인이 굶어죽은 아들의 시체를 안고 아침 일찍 동네를 울면서 지나갔다. 그러자 동네 사람들이 곧장 일어나 삽과 쇠스랑을 들고 그녀의 뒤를 따랐다. 그때 민중은 건드리기만 하면 폭발하는 시한폭탄이었다. 자식을 굶기지 않으려는 여성들이 앞장섰다. 역사 기록은 '코르도바의 봉기'라 부른다. 이런 봉기뿐 아니라 도둑질, 부잣집 곳간 털기 같은 갖가지 식량 투쟁이 유럽 곳곳에서 날이면 날마다 일어났다.[179]

넉넉한 삶을 누리는 지배층에게 이들이 어떻게 비쳤을까? 누가 이렇게 썼다. "길을 가거나 광장에 들르면 여럿이 달려들어 구걸하는데, 굶주림이 역력하고 퀭한 눈에 뼈만 앙상하게 남았다." 이들이 병을 옮길까 봐, 반란을 일으킬까 봐 지배층은 늘 두려움에 떨었다. 지배층은 이들을 어떻게든 악착같이 눌러놓아야 했다.

지주와 부르주아 개인들이 이 사태를 감당할 수 없어 중앙 정부가 나섰다. 부랑자에게 곤장을 치고 강제노동을 시키겠다고 엄포를 놓았지만 하릴없었다. 굶어죽는 사람을 구할 최소한의 공공 부조扶助를 벌이는 한편으로, 민중을 양순하게 길들일 억압책을 꺼내들었다. 무슨 모임이든 잔치놀이든 다 금지했다. 노동자는 모두 잠재적인 범죄자로 취급했다. 여자가 애 낳기를 꺼리는 것도 무거운 범죄가 되었다.[180] 여성을 길들이려고 마녀사냥 준비에 나섰다. 정부와 교회가 합작해서

179. 가상의 시나리오: 임꺽정이 개 같은 세상을 분노하며 허생(박지원의 소설 주인공)의 집을 찾았다. "세상을 구할 계책을 가르쳐주소." "(한숨 쉬며) 난들 알겠소? 소식이나 들려주지요. 우리 동네 한 아낙이 굶주리다가 헛것이 보여 제 갓난애를 닭인 줄 알고 잡아먹었다오!" 허생의 집에도 쌀 한 톨 없었다. 꺽정이는 허생네에 쌀 한 가마 부려놓고는, 눈 부릅뜨고 달려가 동헌(사또 집무실)을 때려 부숴버렸다!
180. 그때 유럽은 인구를 늘리려고 광분했다. 당시 지배층에게 피임을 하거나 특히 갓난애를 죽이는 여자는 악마였다.

마녀 찾기에 들어갔다.

16~17세기 유럽에서 처형당한 여자의 죄목은 마녀 행위 다음으로 갓난애 살해가 많았다. 마녀 행위도 애 낳기와 관련된 게 많았다. 산파를 밀어내고 남자 의사들이 출산을 떠맡았는데, 이는 산파들이 출산 여성을 감싸고도는 것을 막기 위해서였다. 산모의 생명보다 태아의 생명을 우선으로 돌보는 의술 관행이 생겨났다. 중세 때는 여자가 제 몸을 스스로 통제했는데(피임의 자유), 이제 여자들은 출산 노예 또는 출산 기계로 추락했다.

국가는 제 몸에 대한 여성의 권리를 빼앗았을 뿐 아니라 여성의 임무를 엄마 노릇(출산과 육아)에 가두었다. 그동안 여성들은 갖가지 일터에서 일했고, 그래서 그 나름의 사회적 자주성을 누릴 수 있었는데, 차츰 일터에서 밀려났다. 여자들이 도맡았던 술 빚기나 산파 일에서도 밀려났고 오직 남편을 돕는 허드렛일만 허용되었다. 같은 일도 남자가 하면 생산 노동이요, 여자가 해내면 집안일로 취급했다. 여자의 진짜 직업은 결혼뿐이라는 얘기다. 이렇게 여자들을 일터와 시장에서 몰아내려고 지배층은 여성을 비난하는 온갖 선동에 일떠섰다.

유럽 지배층이 창조(?)해낸 것은 '임금 가부장제'다. 기존의 역사책은 "농노들이 신분 예속에서 풀려나 자유로운 노동자들이 되었다"며 이를 근거로 근대 사회를 찬양한다. 임금노동 체제 밑에서 남성 노동자가 형식적으로는 해방된 게 사실이지만, 여성 노동자는 형식적으로도 해방되지 못했다. 여성들은 고용주뿐 아니라 남편에게까지 예속되는 존재가 되었다. (가내 수공업에서) 부부가 똑같이 일해도 아내의 소득은 법적으로 남편에게 돌아갔다. 여자는 자기 재산을 갖지 못했고 법률에서 무능력자로 간주되었다.[181]

여성들이 겪은 모욕은 이루 말할 수 없다. 일자리에서 쫓겨났을 뿐 아니라[182] 길거리도 함부로 다닐 수 없었다. 혼자 다니는 여자는 놀림 감이 되거나 성폭행을 당했다. 창가를 내다봐도 버릇없다며 꾸지람을 듣고, 딴 여자들과 수다를 떠는 것도 흉이 되었다. "여자는 원래 열등하므로 남자가 다스려야 한다"는 통념이 봄비에 땅 젖듯 뿌리내렸다. 그런 현실을 미화한 속담이 많았다. 우리나라에서 "암탉이 울면 집안이 망한다"거나 유럽에서 "여자 셋이 모이면 접시를 깨뜨린다"거나. 역사책에 나오는 똑똑하고 유명한 사람들이 모두 한 패거리가 되어 여성을 헐뜯었다.[183] 이 지점에서, 셰익스피어의 문학이 결코 일류의 문학이 아님을 새겨두자. 그의 희곡 「말괄량이 길들이기」는 순종하지 않는 아내를 비웃는 선언서다. 여성 길들이기를 무슨 자랑으로 아는 이야기를 (단지 수많은 사람들이 그 이야기를 즐긴다 해서) 추어주기는 어렵다.

여성 길들이기는 자본주의의 원죄다

마녀사냥은 마녀만 죽인 게 아니었다. 마녀를 꼭 공개적으로 처형한 데서 알 수 있듯이, 모든 여성(과 남성, 곧 민중)에게 겁을 주려는 게 진짜 목적이었다. 여성들은 (고발당하지 않도록) 행동을 조심해야 했을 뿐 아니라, 자유발랄한 제 마음속 생각까지 억눌러야 했고, 오직 세상에 순종하는 사람으로 살아야만 안전할 수 있었다. 200년 동안(15세기 말

---

181. 독일에선 중산층 여성이 과부가 되면 국가가 후견인을 임명해줬다. 여자는 법적으로 어린애라는 말이다.
182. 누더기 걸치고 빵 한 조각으로 때우는 빈민 여성은 그래도 어떻게든 집 밖에서 허드렛일이라도 찾아야 했다.
183. 여성 존중 사상을 품었던 사람은 응달에서 미래를 꿈꾼 이단 운동가들뿐. 동학교주 최제우가 그랬듯이.

~17세기 말) 국가와 사회 지배층이 여성과 밑바닥 민중을 상대로 온갖 테러(!)를 다 저지른 뒤에야 이 마녀 소동은 멈췄다. 왜 그들은 테러를 멈췄을까? 이제 민중을 두려워할 필요가 없어졌으니까! 지배 체제가 안전해졌고, 민중이 양순해졌다고 느꼈기 때문에!

말괄량이(?)가 길들자, 이제 고분고분해진 여성(19세기 영국 빅토리아 시대의 다소곳한 여성상!)에 대한 찬양이 시작된다. 괴테가 「파우스트」에서 "영원한 여성이 우리를 저 높은 곳으로 이끌어 올린다"고[184] 노래했듯, 숱한 문학가가 여성과 모성母性의 예찬에 나섰다. 그런데 그 웃음 띤(낯간지러운) 이야기가 나오기에 앞서, 200년 동안 여성을 2등 시민으로 눌러앉힌 폭력의 역사가 살벌하게 벌어졌음을 결코 잊어서는 안 된다.

'마녀사냥'은 자본주의가 어떻게 해서 인류 사회에 자리 잡았는지, 그 비밀을 밝혀주는 역사의 하나다. 근대를 찬양하는 수많은 역사책은 '진화론'을 철석같이 믿는다. 하등동물이 자연 법칙에 따라 고등동물로 진화하듯이, 저급한 봉건 사회가 고급스러운 자본주의 사회로 진화해왔다는 것이다. 여기서 비유의 함정을 놓치지 마라. 자연의 세계와 인간 사회는 엄연히 다른 실체다. 지금 이 근대 체제에 만족해서 사는 사람들은 "봉건 체제에서 자본주의 체제로 넘어오는 것 말고 딴 길은 없었다"고 단정해버리는데, 그 말은 그들의 자기합리화 욕구에

---

184. 「파우스트」의 결말. 메피스토텔레스가 "시계가 멈췄다"며 계약대로 파우스트의 영혼을 챙기려 하자, 천사들이 내려와 "누구든 줄곧 노력하는 자들은 구원받을 수 있다"고 합창한다. 그레트헨도 참회하는 여인으로 등장해 성모에게 그의 구원을 간청한다……. 「파우스트」는 길든 여성들을 들러리 세운 유럽 지배층(남자들)이 자기실현의 역사를 번 듯하게 자랑하는 이야기다. 21세기에 돌아보면 참 얍삽한 얘기다. 영국의 크리스토퍼 말로가 쓴 희곡 「포스터스 박사」는 포스터스(=파우스트)가 지옥으로 끌려가는 줄거리인데, 이쪽이 현실을 더 현실답게 그려냈다. 남들이 괴테의 책을 고전으로 칭송한다 해서 무턱대고 수긍해서는 안 된다.

서 비롯된 것이고 인류 역사의 갖가지 역동성을 짓누르려는 수작이다. "인류는 영혼을 지닌, 생각 깊은 존재들인데, 왜 딴 길을 개척하지 못하겠냐? 너희는 인류를 저급한 존재들로 깔보고 싶으냐?"

덧대기
흥미롭게도 부르주아들은 자연 탐구를 마녀사냥에 견주었다. 데카르트와 더불어 근대 철학을 개척한 프랜시스 베이컨은 자연에 대한 이해를 마녀라는 죄목으로 고문받는 여성에 비유했다. "사람의 기질은 화나기 전까지는 알 수 없듯이, 자연도 (기계 장치) 방법을 통해 성가시게 해야 마법을 풀고 자신을 드러낸다." 부르주아들은 가부장으로서 여성을 지배해 더 많은 노동자를 낳도록 강제하는 한편, 과학 기술의 힘으로 자연 자원을 폭력적으로 착취했다. 기술 발명의 대부분(화약·항해술·나침반)이 전쟁을 치르는 데서 나왔다. "아는 것이 힘"이라는 베이컨의 말은 이런 맥락에서 읽어야 한다.

유럽은 14세기에 봉건제가 무너졌다. 이러저러한 이유로 지주들은 농노를 변변히 착취할 수 없었다. 유럽 곳곳에는 봉건제를 무너뜨리고 더 나은 세상을 그리는 수많은 사람들의 실천이 있었다. 공동체적 삶을 추구한 풀뿌리 여성 운동이 있었는가 하면, 대안 사회를 좀 더 치밀하게 그려보려는 이단 운동도 일어나 새로운 평등 사회를 열어갈 전망을 찾았다. 이들의 싸움은 결국 패배했지만 아무튼 봉건제에 금이가게 했다. 유럽 지배층은 어떻게든 이 도전에 대응하지 않을 수 없었다.

"자본주의 말고 딴 길은 없었다"고 지레 못 박는 것은 이 수많은 사람들의 염원과 실천을 깡그리 외면하겠다는 뻔뻔스러운 수작이다. 봉건제를 무너뜨린 중세 민중들의 사회적 투쟁을 기억해야 하는 까닭은 지금의 세계 자본주의 체제가 인류에게 결코 운명으로 주어진 것이 아님을 그 투쟁의 역사가 말해주기 때문이다. 이미 자본주의를 넘어서려는 투쟁은 그때부터 시작되고 있었다. 그러니 그 시절을 제대로 알지 못하고서 우리가 21세기의 청사진을 변변히 마련할 수는 없는 노릇이다.

유럽에서 자본주의 체제는 어떻게 해서 등장했는가? 1525년의 독일 농민전쟁(이라는 결정적 싸움)이 농민들의 패배로 끝났기 때문에 등장할 수 있었다.[185] 그때 농민군 10만 명이 잔인하게 학살됨으로써 유럽 민중이 겁에 질렸기 때문에 자본이 거리를 뽐내며 활보할 수 있었다.

15~17세기(1450~1650년)는 유럽에서 봉건제가 무너지고 있었지만, 새로운 사회경제 체제는 아직 들어서지 못했던 때다. 무주공산無主空山! 다만 시장과 길드 같은 자본주의 사회의 몇몇 요소만이 모습을 드러냈을 뿐이다. 반드시 지금과 같이 자본이 저 혼자(!) 활개를 치는 사회로 바뀌리라는 법은 없었다. 지금과 같은 세상은 그 이행기에 유럽 민중에게 새 세계를 개척할 실력(생각과 전망, 조직적 연대)이 미약했던 탓에 유럽 지배층(영주와 부르주아의 동맹)에게 여지없이 패퇴한 것의 결과로 생겨났다. 봉건제 이후를 떠맡을 심지 굳은 대안 세력이 다 무너졌으니, 돈만 아는 자본이 활개를 칠 수밖에.

자본은 이 세상에 어떻게 태어났는가? 그놈의 괴물은 머리에서 발끝까지 자기 몸뚱이의 모든 구멍에서 피와 똥오줌을 뿜어대며 이 땅에 출몰했다. 자본은 아프리카의 수많은 사람들을 아메리카로 붙들어 가서 그 노예노동의 단물을 마구 빨아먹은 덕분에 제 몸집을 불렸다. 신대륙은 거대한 강제노동 수용소였다. 아메리카의 숱한 귀금속도

185. 봉건제의 무덤에서 일어난 것은 착한 백성들이 꿈꾼 천년왕국이 아니라 (신약 성경) 요한계시록이 예언한 질병·전쟁·굶주림·죽음이었다. 사도 요한은 일찍이 천여 년 전에 자본주의의 조짐을 예견했다.

뒷주머니에 챙겼다. 중국에다가 아편을 강제로 팔아넘겨 한몫 톡톡히 챙기기도 했다. 서유럽에서는 숱한 농민들을 토지에서 내쫓고(인클로저), 마녀사냥으로 사람들을 겁주고, 부랑자들을 붙들어다가 채찍질해서 돈을 벌었다. 동유럽에서는 '부활한 농노제'가 나타나 한 번도 노예였던 적이 없는 사람들을 농노로 삼으려고 했다. 요컨대 자본은 폭력을 지렛대 삼아 성장의 길을 달렸다. 이것을 '자본의 원시적 축적'이라고 일컫는다. 자본주의가 계속 굴러갈 수 있게끔 그 사전 조건을 마련하는 일!

자본가들은 사업을 벌일 큰 밑천이 필요하다. 또 무엇보다도 그들이 부려 먹을 프롤레타리아가 생겨나 있어야 한다. 자기가 부쳐 먹을 땅뙈기가 없어질 때라야 사람은 어쩔 수 없이 남의 집 고용살이를 하러 간다. 그런데 마르크스는 자본의 원시적 축적을 산업 임금노동자 형성의 면에서만 살폈다. 세계 프롤레타리아의 형성은 유럽 농민에게서 땅을 빼앗고 아프리카와 아메리카 원주민을 노예로 부려 먹은 데에 그치지 않는다. 여자들을 애 낳는 도구로만 삼아서 그들의 노동을 거저 빼앗았다. 마녀를 쫓는답시고 여성의 사회적 힘을 파괴하고 그들을 2등급 노동자로 깎아내렸다. 없는 사람들 내부에서 남녀를 수직으로 분할한 덕분에 없는 사람들을 더 철저히 착취할 수 있었다(임금 가부장제). 그러므로 우리는 어찌 되었든 노동자들이 봉건적인 신분에서 해방되었다는 점만으로 자본주의 축적을 진보적인 것으로 긍정해 줄 수는 없다. 여성 빈민의 자리에서 세상을 봐라! 자본주의의 출현은 "절반의 진보, 절반의 예속"이 아니라 '몽땅 예속'이고, 그야말로 인류 사회가 반동의 덫에 빠진 것이다.

'기억을 둘러싼 싸움'이 가장 엄중하다!

한동안 학자들은 자본의 원시적 축적이 근대 초기에 끝난 일로 치부했다. 자본주의가 자리 잡았으니 자본가들은 이제 공장 안에서 이윤을 챙기는 데에 몰두한다는 것이다.[186] 자본주의를 처음 들여올 때는 포악스러운 폭력이 불가결했지만, 자본주의 경제 법칙이 작동하고 노동자 길들이기가 완성되면 더는 경제 외적 폭력을 쓸 필요가 없어진다는 말이다. 정말 그럴까? 유럽만 놓고 보자면 그 말이 어느 정도 맞다. 그런데 유럽이 그나마 한동안 문명사회 같은 모습을 띠게 된 비결은 유럽 자본이 제국주의 침략을 통해 딴 대륙에서 크게 벌어먹을 수 있었기 때문이다. 그래서 자기 나라 민중에게는 얼마쯤 자비로운 지배자의 얼굴을 보였다. "우리가 바깥에서 많이 벌어먹었으니, 같은 인종인 너희에게는 덜 뺏어 먹을게!"

하지만 유럽 바깥에서는 그 뒤로도 원시적 축적이 계속되었다. 세계 자본주의의 위기가 깊어지자, 자본은 다시 포악스러운 얼굴을 드러냈다. 자본주의의 모순이 격렬하게 터져 나온 1929년의 대공황을 잠깐 살피자. 그로 말미암아 세계 민중이 너무나 혹독한 민생고에 시달렸다. 사회혁명의 기류가 세계 곳곳을 휩쓸었고, 마음껏 돈 버는 체제인 자본주의가 몽땅 무너질까 봐 거대 자본가들이 두려움에 벌벌 떨었다.

그들은 독일의 히틀러가 유대인의 씨를 말리자며 광란의 인종주의 정치를 벌이는데도 그가 별로 밉지 않았다. "그가 소련을 무찔러서 사

---

186. 이것은 자본가들이 퍼뜨리는 거짓말이다. 한국 재벌 중에는 공장을 돌리는 것보다는 땅 투기를 통해 큰돈을 번 재벌이 많다. 땅 투기는 없는 사람들의 재산을 애당초 빼앗아 가는 자본의 원시적 축적 방법 중 하나다.

회혁명을 막아줄 터인데 다른 짓이야 예쁘게 봐줘야지!" 가톨릭교회
가 나치당에 끝끝내 우호의 손길을 뻗었던 것을 보라. 미국은 독일이
저희에게까지 총부리를 겨누고서야 할 수 없이 전쟁에 끼어들었다(미
국 내 독일인들은 두 나라 간의 전쟁을 꺼렸다). 나치당이 아무 방해 없이
유대인을 600만 명이나 죽일 수 있었던 것도 각국의 자본주의 지배세
력이 저희를 은근히 비호해준 덕분이다.[187] 홀로코스트(유대인 대학살)
의 끔찍한 범죄에 대해 오직 히틀러와 나치당만 나무라는 것은 세상
을 겉핥기로 파악하는 짓이다. 600만 명의 대학살은 독일 국가가 몽땅
달라붙어야 실행되는 거대한 사업(?)이요, 세계 각국이 눈감아줄 때라
야 수월하게 진행된다. 이 참극 앞에서 석고대죄해야 할 사람이 몇이
나 될지 도무지 헤아릴 수 없다.

20세기 후반으로 넘어가자. 자본 체제가 다시 이윤율 저하의 위기
에 빠지자 세계 독점자본은 전 세계를 대상으로 더 맹렬하게 자본의
원시적 축적을 벌였다. 다시 말해, 자본-노동의 관계로 포섭되어 있지
않은 아프리카와 아시아의 모든 농촌을 (시장 수탈을 통해) 쥐어짜서
막대한 부를 일구어냈다. 그뿐 아니다. 알거지들이 수없이 늘어나야
자본주의가 다시 활개를 친다. 산업예비군이 우글우글해지면 노동자
의 품값을 얼마든지 후려쳐서 깎아도 된다. "저기 봐! 너 아니라도 일
할 사람 많아!"

2005년에는 세계의 빈곤층 인구가 10억 명을 훌쩍 넘어섰다.[188] 12
억 명이 하루 1달러 미만으로 살아가고, 30억 명이 2달러 미만의 돈으
로 살아간다. 굶기를 밥 먹듯 하는 사람 숫자도 8~10억 명이나 된다.

---

187. 유대인에 비해 숫자가 훨씬 적어서 주목을 끌지 못하는데 이때 나치는 유대인 말고도
　　노동 운동가, 사회적 소수자들까지 깡그리 잡아다가 학살했다. 그들이 유대인만 죽인 게
　　아니었다!
188. 이는 전 세계 도시 인구의 3분의 1에 해당한다.

굶주림은 특히 자라는 아이들에게 치명적이다. 16~17세기, 유럽에서 여성 깎아내리기가 한창일 때, 유럽 여성의 3분의 1이 부잣집 하녀살이를 했는데, 21세기 들어 필리핀과 인도와 방글라데시의 여성들도 다시 부잣집 하녀로 고용살이하거나 성매매로 몸 팔러 간다. 16세기의 유럽 민중만 굶주림에 시달렸는가? 19세기 유럽 민중도 굶주렸다. 유럽화가 고흐의 그림 〈감자 먹는 사람들〉을 떠올리자. 고흐가 흘렸을 눈물이 그 그림 속에 얼비치지 않는가? 근대로 접어들면서 세상은 줄곧 빌어먹을 세상이었다.

그래서 우리는 옛날 옛적의 마녀사냥이 과연 무슨 곡절을 안고 있었는지, 새삼 묻는다. 여성의 역사는 계급의 역사다. 무슨 소수자 문제로 바라보는 것은 눈길이 너무 좁다. 빈민 여성들이야말로 기성 체제로부터 가장 악랄하게 뺏기고 뜯기고 놀림감이 되고 죽임을 당하는 진정한 프롤레타리아다. 하느님 나라든, 유토피아든, 이들 때문에 생겨난 간절한 꿈이다. 이들의 자리에 서서 세상을 쳐다볼 때라야 우리는 세상의 민낯과 맞닥뜨린다. 우리는 "인류가 '봉건제 이후'를 놓고 맞겨룬, 15~17세기의 거대한 계급투쟁에서 유럽 민중이 여지없이 패배하고 나서는 줄곧 반혁명의 시대를 살아왔구나!" 하는 깨달음을 뒤늦게, 지금 21세기에 이르러서야 두렵게 받아들인다.

빼놓은 얘기가 있다. 마녀사냥은 유럽에서만 벌어지지 않았다. 아메리카 대륙에서도 숱하게 벌어졌는데, 원주민 박해의 한 부분을 이루었던 것이라 외부 사람들이 따로 구별해서 파악하지 못했을 뿐이다.

기막힌 것은 요즘도 아프리카와 아시아 곳곳에서는 마녀사냥이 벌어진다는 사실이다. 이를테면 1990년대 남아프리카공화국 트란스발 북부 지역에서는 100여 명의 가난한 노파들이 마녀로 낙인찍혀 불구덩이 속에 던져졌다. 겉으로 보자면 무지몽매한 사람들이 그렇게 애꿎은 사람을 죽이려고 설쳐대지만 그 뒷면에 깔려 있는 사회적 압력을 주목해야 한다. 가장 밑바닥의 힘없는 사람을 내쫓고 살해하는 메커니즘, 그것은 세계 자본주의 체제가 이들 제3세계 민중에게 보이지 않게 강요하는 짓이다.[189] 그 사례가 한둘이 아닌데,[190] 서방(미국과 유럽) 언론에는 단 한 줄도 보도되지 않는다. 그런데 이 현상이야말로 세계 자본주의가 한결 야만스러워졌다는 가장 또렷한 증거가 아닌가.

마녀사냥, 이는 인류 사회의 가장 부끄러운 치부일 뿐 아니라 현재 진행형의 역사다. 그런데 옛날이나 지금이나 사회 지배층은 한사코 이 부끄러운 역사를 감추고 있다. 진보적인 시민들도 그 두려운 민낯을 선뜻 쳐다보지 못한다. 그러니까 인류 공통의 절절한 역사적 기억을 되살리는 것이야말로, 인류 문명을 살려낼 마지막 정신적 무기가 아닐까? 교학사 교과서 파동과 교과서 국정화國定化 책동을 목도하면서 우리는 "기억을 둘러싼 투쟁"이야말로 지금 전열이 흐트러져 있는 세계 민중에게 최전선의 싸움이라는 것을 다시 깨닫는다.

---

189. IMF와 세계은행(세계금융자본)의 압박으로 농촌이 몰락하는 곳마다 마녀사냥이 나타났다.
190. 콩고의 킨샤사에는 2000년대 초 '해리포터' 미신이 퍼져 수천 명의 아이가 마녀로 고발당해 쫓겨나고 살해되었는데 대부분 극빈 가정 출신이었다. 짐스러운 존재들을 사회에서 쫓아내는 메커니즘! 마이크 데이비스의 『슬럼, 지구를 뒤덮다』 249쪽 참조. 콩고의 빈곤은 너무 참혹해서 마녀사냥을 비난할 겨를이 없을 정도다.

덧대기

전교조(전국교직원노동조합)도 한동안 한국판 마녀였다. 예전에 어느 얼치기 정치인이 "전교조의 명단을 공개하자(말썽쟁이들을 하나하나 낙인찍자)!"고 줄곧 떠들었다가 사법부가 그 명예훼손이 너무 심하다고 봐서 그에게 벌금형을 때린 적 있다. 선거가 되면 학교(교사 집단)를 불신하는 여론에 편승해서 "말썽꾸러기 교사들을 혼내주자"고 큰소리치는 작자들이 잇달아 나타난다. 약자를 매질하는 고약한 마녀사냥은 힘(돈과 총칼)을 뽐내는 작자들이 세상을 지배하는 한, 세상이 멸망할 때까지 걸핏하면 출몰할 것이다.

3 임금노예의 삶

초기의 자본가들은 주로 어린이와 여성을 착취했다.

이 글에서는 자본주의 초기에 노동자들이 얼마나 혹사당했는지 살펴본다.

오래전부터 민중은 자기를 지배하는 사람들을 위해 노동했다. 중세 때 농노의 생활이 이를 분명한 형태로 보여준다. 농노는 1주일에 사흘은 자기 밥벌이를 위해 일했고 사흘은 영주의 직영지에 가서 씨를 뿌리고 밭을 갈았다. 곧, 사흘은 자기에게 필요한 노동을 했고 사흘은 자기 삶과 무관한 잉여노동을 한 것이다.

지배자들은 아테네의 귀족이건, 에트루리아의 신정관神政官이건, 노르망디의 영주이건, 미국의 노예 소유자이건, 너나없이 민중에게서 잉여노동을 거둬들였다. 그러나 분명한 것은 돈(자본)이 돈(자본)을 버는 곳이 아닌 데에서는 지배자들이 자기한테 필요한 만큼만 잉여노동을 뽑아냈지, 민중에게 죽도록 일을 시키지 않았다는 사실이다. 이를테면 영주는 자기 직영지에서 농작물을 수확할 만큼만 농노가 일할 것을 요구했다. 더 많은 수확을 위해 농노더러 1주일에 나흘, 닷새를 일하라고 요구하지 않았다.

먼 옛날에 민중을 마음껏 부려 먹은 곳도 예외적으로 있기는 했다.

금과 은을 캐는 광산! 이런 곳은 민중을 더 많이 부려 먹을수록 더 많은 결과물이 나온다. 어느 역사책은 이곳의 노예가 "채찍의 강제 아래, 죽음이 그들의 고통을 끝낼 때까지 일했다"고 기록했다. 그렇지만 고대라도 이런 일은 드문 편이었다.

노예노동이 야만스러운 형태를 띠게 된 것은 그 지배자들이 자본주의 세계시장의 돈벌이 경쟁 속에 휩쓸려 들어간 뒤부터였다. 미국 남부의 백인들은 일찍부터 흑인 노예들을 부려 먹었지만, 생산의 목적이 바로 그 지역에서 필요한 물건들을 마련하는 것이었을 때에는 온건한 가부장의 낯빛을 띨 수 있었다. 그러나 면화 수출이 남부 지역 경제의 사활 문제가 되자 노예들을 죽어라고 쥐어짜기 시작했다. "저놈들을 7년간 뽑아먹자!"고 아예 계획을 세우기도 했다. 그 7년이 지나면 밭갈이에 진을 뺀 소가 병들어 죽듯이 그 '사람 가축'도 병들어 죽었다. 그러므로 자본주의만큼 미개한 체제도 없지 않은가.

자본주의만큼 야만스러운 것은 없다

자본주의 경제는 세계시장의 돈벌이 경쟁과 더불어 태어났다. 공장의 주인은 더 많은 이윤을 뽑아내려고 노동자들에게 1분 1초라도 일을 더 시킨다. 영국에서 1850년 공장법이 제정되고 나서 벌어졌던 풍습을 살펴보면 자본주의의 비밀을 알 수 있다.[191] 그 공장법은 노동자들의 오랜 저항 끝에 마련되었는데, 노동자들을 보호하기 위해 하루

191. 이 글은 1867~1894년에 출간된 마르크스(=맑스)의 책 『자본』의 한 대목을 주로 간추렸다. 최영미의 다음 시를 새겨두자. "맑시즘이 있기 전에 맑스가 있었고/맑스가 있기 전에 한 인간이 있었다/맨체스터 방직공장에서 토요일 저녁 쏟아져 나오는/피기도 전에 시드는 꽃들을, 집요하게, 연민하던."

평균 열 시간만 일할 것을 규정해놓았고, 이를 위반한 공장주들이 얼마나 있는지 공장 감독관이 조사보고서를 냈다(공장법이 적용된 곳도 처음에는 일부에 불과했다). 그 보고서 한 도막을 옮긴다.

사기꾼 같은 공장주는 (법으로 정해놓은) 아침 여섯 시보다 15분 전에 작업을 시작해서, 오후 여섯 시보다 15분 늦게 일을 마친다. 아침식사 시간으로 배정된 30분에서도 처음과 마지막에서 5분씩을 떼어내고, 점심시간으로 배정된 한 시간의 처음과 마지막에서 10분씩을 떼어낸다. 토요일은 오후 두 시보다 15분 늦게 끝난다. 그래서 그는 1주일에 340분, 나머지 노동을 더 시킨다.

그것(법정 시간을 넘는 과도 노동)에서 얻는 초과이윤은 공장주들에게는 무척이나 큰 유혹이다. 그들은 들키지 않을 것을 바라면서, 또 들켰을 때도 벌금액과 재판 비용은 몇 푼 되지 않으므로 불법을 거리낌 없이 저지른다.

자본이 노동자의 식사 시간과 휴식 시간에서 훔쳐내는 이 '좀도둑질'을 19세기 중반 영국의 공장 감독관들은 '분分 도둑', '분分 뜯어내기'라 불렀다.

인류 역사에서 밑바닥 사람들이 강제노동에 그렇게 혹사당한 것은 자본주의가 본격적으로 발달하고부터였다. 사회 지배층이 민중의 하루 노동 시간을 열두 시간으로 늘리는 데에 몇백 년이 걸렸다. 그러나 1760년대에 대공업(큰 공장)이 들어오자, 자본가들은 노동 시간을 늘리는 데에 아무 거리낌이 없어졌다. 1860년 1월 17일 자 영국의 『데일리 텔레그래프』지는 노동자들의 실상을 다음과 같이 전한다.

주州 치안판사 찰턴의 말은 다음과 같다. 노팅엄 시의 주민 중 레이스 제조 노동자들은 문명 세계에서 들어보지 못할 만큼의 궁핍 속에 살아가고 있다. …… 겨우 아홉 살짜리 아이들이 새벽 두세 시에 불결한 잠자리에서 끌려나와 입에 간신히 풀칠이나 하려고 밤 열한 시나 자정까지 노동하도록 강요당하고 있다. 아이들 팔다리는 말라 비틀어지고, 몸집은 작달막하고 얼굴도 창백하다. 아이들이 목석처럼 무감각하다. …… 성인 남자의 노동 시간을 하루 열여덟 시간으로 제한해달라고 우리 도시에서 공청회를 열고 있다는 것이 말이 되는가. …… 우리는 흑인에게 채찍을 휘두르는 미국 버지니아의 면화 농장주를 비난하는데, 과연 그들이 우리보다 더 흉악하다고 말할 수 있을까?

1863년에 펴낸 영국의 「아동노동 조사위원회 1차 보고서」에는 이런 대목도 있다.

윌리엄 우드가 노동을 시작한 것은 만 일곱 살 10개월 되던 때였다. 처음부터 그릇 만드는 틀을 하루 열다섯 시간씩 날랐다. 때로는 이틀 밤을 자지도 못하고 일했다. …… 스토크 지역에서 개업해온 의사 맥빈은 25년간 도자기공들을 진료했는데, 그들의 키와 몸무게가 점점 줄어들고 있다고 증언했다.

1863년 6월말 영국 런던의 신문들은 어느 이름난 여자옷 재봉소에서 스무 살 된 여공 위클리가 과로사로 죽은 소식을 보도했다. 위클리는 다른 소녀 예순 명과 함께, 서른 명씩 들어 있는 (환기 구멍도 변변히 없는) 방에서 스물여섯 시간을 쉼 없이 일하다가 죽었다. 『모닝 스

타』지는 "우리의 백인 노예가 무덤에 갈 때까지 혹사당하다가 지쳐서 쓰러졌다"고 개탄했다.[192]

이와 같이 자본이 맨주먹의 노동자들을 마음껏 부려 먹으려는 충동에 대해 민중(노동자들)은 어떻게 맞섰는가? 1830년대 이래, 노동자들을 보호하는 노동법이 한 걸음 한 걸음씩 진전되기 시작했다. 영국에서 1846~1847년은 획기적인 시대였다. 곡물법이 폐지되어 유럽의 농산물이 관세 없이 영국에 들어왔다. 지주들이 몰락의 길로 접어들고, 자유무역을 부르짖는 자본가들이 사회를 주도하게 되었다.

한편 노동자·민중의 보통선거권 획득을 목표로 투쟁하던 차티스트 운동과 함께 '(하루) 열 시간 노동'을 법으로 정하라는 운동이 절정에 이르렀다. 1848~1850년에 마련된 공장법은 노동자를 제대로 보호하기에는 결함투성이였는데도 그 법을 휴지 조각으로 만들어버리려는 반란에 지배층 모두가 단결해서 들고 일어났다. 교회든, 자유무역주의자든, 야당이든, 모두가! "재산과 종교와 가족과 사회를 구원하자!"고 그럴싸하게 외치면서! 그러나 공장법은 현대적 생산방식인 대공업 부문에 차츰 뿌리내리면서 일반화되어갔다. '표준 노동 시간을 얼마로 정하느냐'를 놓고 돈 많은 부르주아들과 알몸뚱이 노동자들 사이에 벌어진 100년 가까운 내전 끝에, 유럽 사회는 가까스로 문명국가의 모습을 되찾게 되었다.

노동자는 노동력이라는 상품의 소유자로서 기업주와 (노동시장에서) 만난다. 그는 기업주와 함께 쓰는 계약서에 "나 자신을 자유롭게 처분한다"고 적어 넣는다. 거래가 끝나고 (노동)계약서에 적힌 잉크가 마른 뒤에야, 그는 자신이 '자유로운' 행위자가 아님을 깨닫는다. 곧, 그

---

192. 그때의 공장들이 죄다 '감옥'을 본떠서 만들어졌다는 사실도 유념해두자. 흑인이든 백인이든 다 '임금노예'라는 말은 전혀 과장법이 아니다.

가 자유롭게 자기 노동력을 팔 수 있는 기간은 그가 어쩔 수 없이 그 것을 팔아야 하는 기간임이 드러나는 것이다. "노동자들은 자본과의 자발적인 계약에 따라 자신과 가족을 죽음과 노예 상태로 팔아넘기는 것을 막아줄 법률(곧, 강력한 사회적 장벽)을 제정하도록" 이 사회에 강요해야만 한다. 프랑스혁명에서는 "넘겨줄 수 없는 (고귀한) 인권"이라는 화려한 깃발이 펄럭였지만 그 60년 뒤에는 "법적으로 제한된 노동 시간"이라는 아주 나지막하고 겸손한 헌장이 선을 보였다. 이 헌장은 노동자가 자기를 판매하는 시간이 언제 끝나며 자기 자신의 시간은 언제 시작되는가를 비로소 밝혀주었다.

그 뒤부터 노동자는 '자기 시간이 언제 시작되는지'를 미리 알고 있음으로써 자기 시간을 자기 목적을 위해 미리 계획할 수 있게 되었다. 공장법은 노동자들을 자기 시간의 주인으로 만들어주었다. 그리하여 그들이 '우리도 정치권력을 쥐어보자'고 감히 포부를 품게끔 정신적 에너지도 불어넣었다. 영국 공장 감독관들이 보고한 바로는, 이 공장법은 자본가들에게 "돈벌이의 탐욕을 억누르게" 해줌으로써 그들에게도 "교양을 위한 시간"을 베풀어주었다고 한다. 그전의 자본가들은 돈벌이 말고는 아무 생각도, 할 일도 없었다.

자본주의 이전에 더 잘 살았다

우리는 "옛 사람들은 생산력이 낮아서 가난하게 살았고, 요즘은 옛날보다 잘산다"는 앎을 단순하게, 고정관념처럼 가지고 있어서 옛 사람들은 더 오래오래 힘들게 일했을 것이라는 선입견을 무심코 품게 된다. 과연 그럴까.

비둘기는 온종일 먹이를 찾으러 다닌다. 생식 활동을 벌일 때 말고는 늘 그래야 하고, 그러지 못하면 굶어 죽을 위험이 크다. 아마 자질구레한 먹이에 의존하는 짐승들 대부분이 그럴 것이다. 사람도 변변찮은 사냥과 채집 활동으로 목숨을 이어갔던 오래전 인류는 짐승들과 사정이 크게 다르지 않았으리라.

그러나 목축과 농경 생활로 접어들어서는 생산력이 크게 나아졌으므로 일하는 시간이 많이 줄어들었다. 아프리카처럼 기후가 따뜻한 곳에서는 채집할 식물도 많고 농작물도 금세 자랐으므로 살림이 더 유복했을 것이다. 어느 인류학자가 쓴 글에는, 아프리카 어느 부족을 관찰해봤더니 하루에 일하는 시간이 참 짧더라는 이야기가 실려 있다. 하루 두 시간쯤 일했다는 것으로 기억한다(아마 50년, 100년 전의 조사일 것이다). 자연환경이 식량을 구하는 데에 유리한 곳이었기에 조금만 일해도 되지 않았을까 싶기는 한데, 그렇더라도 하루 두 시간은 정말 짧다.

그 아프리카 부족은 남는 시간에 무엇을 했을까? 온종일 동네 사람들과 서로 친하게 놀았다! 이런 곳이 낙원이 아닐까? 상상해보라. 학생들이 하루 두 시간만 학교 수업을 듣고, 나머지 시간은 자기 맘대로 쓸 수 있게 된다면? 대학입시 같은 것이 없어서 사설학원 같은 데에 다닐 필요도 없고 그저 졸업장 따는 것만 신경 쓰면 된다고 할 때 우리 학생들의 생활은 얼마나 여유롭겠는가!

물론 그 부족은 오늘날에 견주어 물질적인 생활은 그리 풍요롭지 못했다. 식량 품목이 뻔했을 것이고 의약품도 빈약했을 것이다. 그렇지만 그들은 같은 부족끼리 참으로 정다웠을 것이고, 어쩌다가 누가 병이 든 때를 빼고는 늘 행복감에 젖어 살았으리라. 국가라는 것이 없었으니 감옥에 갇힐 일도 없고, 누구에게 고용살이하느라 눈치 볼 일도 없고……. 이런 곳을 가리켜 낙원이라고 부르지 않을까?

옛날의 인류가 모두 이 부족만큼이나 짧은 시간만 일했을지는 모르겠다. 아마 자연환경이 덜 유리해서 식량 조달에 시간이 더 걸린 지역의 사람들은 그 부족보다야 오래 일했을 것이다. 그렇더라도 옛 사람들은 해가 지고 나면 일하지 않았다. 캄캄하니까. 요즘 산업 사회는 전기가 발명된 것을 기회로 삼아서 노동자들에게 야근을 시키고 심지어 밤샘도 시킨다. 예전보다 조금 더 풍요로워진 대신에 더 많은 시간을 밥벌이하는 데에 뺏긴다.

옛 사람들은 농작물의 수확이 끝난 뒤부터 이듬해에 다시 씨를 뿌릴 때까지도 한참 놀았다. 1년에 석 달, 넉 달은 논 셈이다. 우리 학생들의 부모들은 1년에 휴가를 며칠이나 누리는가? 요즘 주 5일 근무가 늘어났지만, 얼마 전까지만 해도 주 6일 일하고 하루를 쉬었다. 1년 열두 달 꼬박꼬박 직장에 다니면서 1주일에 하루 잠깐 쉬는 것으로는 제대로 마음껏 쉬는 것 같지가 않다. 농사가 바쁠 때에 몰아서 일하고 1년에 서너 달, 곧 농사일이 한가할 때는 마음껏 쉬는 것처럼 현대의 도시인들도 그런 리듬으로 살아간다면, 밥벌이 말고 자기가 해보고 싶은 일도 1년에 두어 달 동안 따로 해보고 적극적인 자기실현 계획을 세울 수 있지 않을까?

연관된 생각거리 하나. 고대 사회의 노예는 비참하게 살았을 것으로 우리는 짐작한다. 주인에게 묶여 사는 신세가 비천했을 것은 분명하다. 그러나 노예의 신분이 비천했다 하여 그들이 꼭 오래고 고된 노동에 시달렸다고는 볼 수 없다. 귀족 집안에서 시중드는 노예는 그리 고된 일을 하지 않았다. 농장에서 강제노동을 했던 노예는 좀 고되었겠지만, 그렇다고 주인 내키는 대로 노예에게 채찍질을 하거나 장시간 노동을 시키지는 못했을 것이다. 왜냐하면 노예도 생각이 있는 존재인지라 언제든 반발하거나 도망갈 계획을 세우기 때문이다. 역사학자들이 연구한 바로는, 노예들이 자기 신세에 대한 화풀이로 가축에게 해코지하거나 기계(생산 도구)를 망가뜨리거나 하는 식으로 반발했기 때문에 농장 주인이 정교한 기계는 노예들에게 맡기는 것을 꺼렸다고 한다.

끝으로, 하루 두 시간 노동 얘기를 좀 더 덧붙인다. 경제학자들이 조사한 바로는, 현대의 산업 사회는 물자 생산력이 대단히 높아졌기 때문에, 모든 부가 전 세계적으로 아주 공평하게 분배되기만 한다면 인류는 하루 두 시간 노동으로 지금의 생산력을 거뜬히 유지할 수 있다고 한다. 마이크로소프트나 애플이나 삼성이나 GM이 움켜쥔 부를 민중에게 되돌리기만 한다면 아프리카 부족들과 같은 여유로운 삶이 한갓 꿈이 아니라 인류의 현실이 된다! "에이, 그런 꿈같은 얘기는 집어치워!"라고 말하는 사람은 지금 그런 대로 배부르게 살아가는 사람이다. 미래에 대해 불안감을 품고 살아가는 숱한 사람들에게는 그런 미래를 개척할 꿈이 절실하다.

근대 사회에 들어와서 인류 대부분은 늘어난 노동시간을 감당하느라 힘들게 살았다. 노동시간 줄이기는 200~300년 동안 숱한 민중에게 몹시 간절한 희망사항이었다

노예보다 못한 21세기의 임금노동자들

근대 사회는 자본을 움켜쥔 사람들이 지배해왔다. 이들은 "신분 제도로 묶여 있던 옛날과 견주어서 보라고. 근대 사회는 아주 멋지지 않아?"라는 자기 자랑이 너무 심하다. 우리는 근대(현대)를 찬양하는 이

야기를 귀가 따갑게 들어왔다.[193] 근대 사회가 한때 진취성을 띠었던 시절에야 그들의 그런 '자랑'도 얼마쯤 들어줄 만하다. 그런데 지금은 전혀 아니올시다. 이를테면 노동법이 진취적으로 개정되어갈 때에야, 임금노동자를 임금노예로 일컫는 게 좀 심한 표현일 수 있을 것이다. 하지만 그 노동법이 다시 휴지통 속으로 처박히는 시절에는 임금노예라는 표현이 전혀 과장된 수사법이 아니다.[194] 그뿐 아니라 세계 자본주의의 망조가 깊어지는 요즘, 세계의 변두리에서 살아가는 사람의 처지는 고대 그리스와 로마의 노예들만도 못한 가여운 신세가 되었다. 기성 보수언론들은 이 암담한 현실을 어지간해서는 쳐다보지도 않는다. 그러니 '어두운 곳'을 조금만 들여다보자.

사우디아라비아와 붙어 있는 작은 나라 카타르에는 요즘 150만 명의 딴 나라 노동자들이 몰려가서 일하고 있다. 인도·파키스탄·네팔·이란·필리핀 사람들이다. 월드컵 경기장 건설 등 대대적인 건설 바람이 일어났기 때문이다. 그런데 그 노동자들 대부분이 서아시아 특유의 이주노동자 관리 제도인 '카팔라 시스템(후원자 제도)'에 묶여 있다. 그래서 노예나 다를 바 없는 취급을 받는다.[195]

누가 카타르에 한번 입국하면 고용주의 허가 없이는 일터를 바꿀 수 없고, 출국할 수도 없다. 인력 알선 업체에 3~6개월치 월급을 뜯기는 조건으로 빚을 지고 올 때가 흔하다. 카타르 노동법에 하루 열 시

193. "제주는 곰이 넘고, 돈은 왕 서방이 번다"는 속담이 있다. 프랑스의 시민혁명에서 피를 흘린 사람들은 뜻있는 젊은이들이고, 그 열매를 따먹은 사람들은 돈 잘 버는 부르주아들이었으니, 세상의 그런 불공평은 동서고금을 가리지 않았다.
194. 2014년 초 한국의 집권층은 "쓸데없는 규제는 처부술 원수요, 암덩어리"라며 "사생결단의 불타는 애국심"으로 규제 혁파에 나서겠다고 부르짖었다. 그 속셈은 자본의 투자 활성화이고, 이윤 보장을 위해 노동자 권익 보장을 허무는 '노동권 해체'가 진정한 초점이었다. 세월호 침몰도 이명박 이후 규제 풀기의 흐름에서 나왔다.
195. 『한겨레』 2014년 4월 11일 자 기사 「카타르 이주노동자 '노예 삶'」 참고.

간 넘게 일을 시켜서는 안 되고 기온이 섭씨 50도까지 오르는 여름 한낮에도 일을 시켜서는 안 된다고 금지하고 있기는 하지만, 고용주들은 이를 조금도 아랑곳하지 않는다. 임금을 떼먹는 일도 흔하다. 그런데 카팔라의 굴레에 묶인 노동자들은 저항할 길이 없다. 카타르의 부자들은 임금노예한테 뜯어먹는 돈이 무척 달콤해 카팔라의 개혁을 한사코 반대한다.

사우디아라비아에도 말레이시아와 인도네시아를 비롯한 아시아 여러 나라의 노동자 150만 명이 모여들어 일하고 있는데, 노동권 침해를 둘러싼 실랑이가 끊이지 않는다. 휴일과 휴가도 없이 일하고, 월급과 휴일수당도 받지 못한다. 가둬놓고 두들겨 패는 일도 흔하다. 특별한 사유 없이 일을 그만두거나 일을 거부할 수 없다. "이슬람교를 '의무'로서 믿으라"는 새 법까지 나왔다. 휴대전화 사용도 금지되고 여권도 고용주에게 맡겨놓아야 했다.

특히 이주노동자의 70%가 넘는 여성 가사도우미, 옛날 말로 '식모'는 처지가 더 처참하다. 원래 식모살이는 한 개인에게 인격적으로 종속되어 사람의 자기 존중감이 파괴되기 십상인 데다가, 못된 고용주를 만나면 어떤 불행을 겪을지 모른다. 실제로 이들은 성적 학대를 겪기 일쑤였고, 고용주의 잘못을 폭로하려고 하면 물건을 훔쳤다거나 마술을 부린다고 (고용주들이) 트집을 잡는 바람에 오히려 쇠고랑을 차기까지 했다.[196] 이들이 노예가 아니라면 무얼까?

간추리자. 어느 학자는 오늘날 전 세계에 2,700만 명의 노예가 있다고 추산한다. 대부분 인도·파키스탄·방글라데시·네팔에서 남의 빚을 갚지 못한 사람들이 (채무)노예로 일한다. 또 미국의 교도소에는 세계

---

196. 『경향신문』 2014년 2월 21일 자. 노동 단체들의 항의가 잇따르자, 인도네시아 정부가 사우디 정부를 상대로 자국 노동자 보호에 나서기도 했다.

어디보다 많은 200만 명의 죄수들이 있는데, 그 일부는 민간 기업에 넘겨져서 노예처럼 품값도 받지 못하고 강제로 부림을 당한다.[197] 인류 사회에 노예 제도는 공식적으로 소멸되었지만 이와 같이 '사실상의 노예들'이 끊임없이 생겨나고 있다.

197. 미국은 경찰의 잔인한 취급에 반발해 민란('LA폭동')이 일어난 적 있는 경찰국가다. 또 감옥까지도 사유화해서 공과 사의 개념마저 뒤집어버린 나라다. 미국의 중앙은행(연방준비제도이사회)은 엄밀히 따지면 자본가들의 사적 의사결정 기구다.

4 아프리카의 미래가 우리의 미래다

문명의 역사는 곧 야만의 역사였다.

2014년 2월 10일, 서울 여의도 새누리당의 당사 앞에는 아프리카인 열두 명이 모여들어 "이주노동자를 노예로 취급하지 마라"며 외쳤다. 그들은 경기도 포천의 아프리카예술박물관에서 조각과 공연 등의 일을 해왔는데 법정 최저임금의 절반 안팎에 불과한 월급을 받았으며 쥐가 들끓고 난방도 안 되는 낡은 기숙사에서 상한 쌀로 밥을 해먹으며 살았다.[198] 박물관의 이사장이 새누리당 홍문종 의원이라서 새누리당사를 찾아 항의한 것이다. 한편 2013년 5월에는 한국 정부가 아프리카의 말라위 정부로부터 청년 노동자 10만 명을 받기로 밀약했다는 보도를 둘러싸고 설왕설래가 있었다. 그 진위야 어떻든, 아프리카인들은 우리 삶에 한 발짝 두 발짝 다가들었으며, 그들과 어찌 관계를 맺어야 할지 우리가 생각거리를 떠안게 된 것은 분명하다.

일반 한국인들은 아프리카인에 대해 어떤 생각을 품고 있을까? 아프리카는 한반도에서 무척 멀리 떨어져 있다. 게다가 국제 사회에서

198. 짐바브웨에서 온 파이나는 법정 최저임금이 127만 원인데 매달 65만 원을 받았고, 부르키나파소 출신의 엠마뉴엘은 최저임금이 106만 원인데 60만 원을 받았다고 한다. 『한겨레』 2014년 2월 10일 자 보도.

두각을 나타내는 일도 드물다. 커피나 코코아 말고 우리가 거기 것을 별로 갖다 먹은 적도 없고, 마라톤 선수나 축구 선수 말고 우리에게 알려진 사람도 몇 안 된다. 우리는 왕따 학생을 잊고 살듯 그들에 대해서도 잊고 산다. 그동안 그들과 인연 맺을 일이 적었으므로 이 무관심이 얼마쯤 이해될 일이기는 해도, 문제는 (무관심을 넘어) 아프리카인을 내심 업신여기는 사람이 많다는 사실이다. 그들을 깔보는 말을 꺼냈다가 흠잡힌 어느 사회 지도층의 존재가[199] 이를 짐작하게 한다. 한편 양식 있는 사람들은 동정심을 품는다. 여러 연예인이 거기 가서 눈물을 흘린다. 그런데 그것으로 충분할까?

사람들은 아프리카 하면 인간 문명보다 자연을 먼저 떠올린다. 텔레비전의 〈동물의 왕국〉 프로그램이 주는 이미지다. 딴 대륙은 원시 자연이 거의 사라졌으므로 우리는 아프리카만큼은 야생동물들을 잘 보존해주기를 바란다. 그런데 그 동물의 왕국과 더불어 '타잔'[200]을 떠올리는 사람이 많다는 것은 께름칙하다. 타잔은 아프리카에 버려진 백인이다. 그 소설이나 텔레비전 드라마를 보는 사람은 아프리카 대륙의 주인이 그곳의 원주민들이라는 사실을 깜깜히 잊어버린다. 타잔은 미지의 대륙을 차지하고서 마음껏 활개치고 싶은 유럽 백인(식민주의자)들의 욕망을 담뿍 반영한 문학이다.

교과서는 아프리카를 뭐라고 서술했는지 살펴본다.

포르투갈인들이 인도 항로를 찾아 아프리카 해안을 탐험할 무렵(15세기), 서부 아프리카에는 말리 왕국과 송가이 왕국이 있었다. 아프

---

199. 김태영 국방장관이 공석에서 '아프리카 흑인들은 무식하다'고 말해 비난받았다(경향신문 2010년 5월 10일 자).
200. 20세기 초 미국 소설가 버로스가 지어낸 인물로, 수십 년간 높은 인기를 누렸다.

리카 여러 나라는 일찍부터 이슬람교를 믿었고, 사하라 사막을 가로 지르는 중계무역으로 문명이 발달했다. 통북투는 14세기 이후 황금과 학문의 도시로 유럽인들에게 알려져 있었다.

교과서는 그런대로 양식이 있다. 이미 어엿한 문명이 거기 발달해 있었고, 불행한 "노예사냥"의 역사가 벌어졌다고도 밝혔다.

아메리카 원주민 숫자가 급격히 줄어들자, 유럽인들은 포르투갈 상인에게서 아프리카 흑인 노예를 사들였다. 흑인 노예는 16세기부터 아메리카로 옮겨 가서 농업노동의 대부분을 떠맡았다. 노예무역은 큰 돈벌이라서 서아프리카를 거점으로 크게 성행했다.

하지만 설명이 너무 간단해서 머리에 남는 게 없다. 아프리카 침략이 본격화되는 때는 19세기 말인데 그 얘기는 빼먹고 20세기 중반의 독립운동 얘기로 건너뛴다.

아프리카 여러 곳에 독립운동이 벌어져 먼저 이집트가 독립했다 (1936년). 사하라 사막 남쪽에서도 1950년대 후반부터 독립운동이 벌어져 1960년에 17개 나라가 독립했다. 그들은 반둥회의를 열어 '반식민주의와 평화공존'을 꾀하는 별도의 '제3세계'를 이뤄냈다.

교과서는 최근의 아프리카 얘기도 빠뜨렸다. 1960년대에 독립의 물결이 일어날 때만 해도, 아프리카에는 스스로 자기 역사를 개척한다는 진취적인 기운이 감돌았다. 하지만 그 뒤 반세기가 지난 지금, 신자유주의 세계질서에 송두리째 포섭돼서 빈곤이 한결 더 깊어졌다. 변변히 제 기능을 하는 민족국가가 거의 없다. 바꿔 말해, 유럽의 열강이 아프리카를 공동 관리, 즉 지배하고 있다. 그런데 그런 뼈아픈 진실은 '모르쇠'로 일관하고, (유럽인들이 거기서 돈을 많이 벌었다더라 하는) 다 아는 얘기만 살짝 했으니, 교과서가 학생들에게 가르쳐준 것은 아무것도 없다.

아프리카는 경멸당할 만한 곳인가?

아프리카 대륙은 유라시아 대륙 다음으로 크다. 중국과 인도, 미국과 멕시코, 서유럽을 합친 것보다 넓다. 인구는 10억 명으로 중국보다 적지만 근래의 인구성장률은 무척 높다. 54개 나라가 있는데, 인종과 언어와 문화와 기후가 갖가지로 다르다. 사하라 사막 북쪽(이슬람권)과 남쪽(흑인 문화)으로 크게 갈린다.

인류 문명은 맨 먼저 아프리카에서 샘솟아 나왔다. 인류의 어머니 호모 사피엔스 '루시'는 아프리카 동쪽에서 발굴되었다.[201] 인류 최초의 이집트 문명뿐 아니라 에티오피아에 있었던 악숨 왕국을 비롯해 아프리카에도 수많은 왕국이 있었다.[202] 아프리카에는 고유한 문자가 별로 없어서 그들의 역사가 기록으로 전해오지 않는다.

그렇다고 그들을 미개하다고 할 수 있을까? 그렇게 넘겨짚는 것은

---

201. 인류의 기원에 관해서는 '여러 지역에서 생겨났다'는 설과 '아프리카에서 생겼다'는 두 설이 대립해 왔다. 100~200만 년 전 아프리카에 살던 호모 에렉투스가 여러 지역에 퍼져 곳곳에서 호모 사피엔스로 진화했다는 것이 전자요, 아프리카에서 호모 사피엔스로 진화해 곳곳으로 퍼졌다는 게 후자다. 나중 가설이 더 유력한 편이지만 어찌 되었든 인류의 고향이 아프리카인 것은 분명하다.
202. 쿠시 왕국(기원전 10세기~기원후 4세기), 가나 왕국(4~11세기)을 비롯해 수많은 왕국들이 있었다. 악숨 왕국에는 고유한 문자도 있었다.

문자를 사용하는 문명이 더 우월하다고 하는 뿌리 깊은 편견의 표현이 아닐까? 문자를 쓰는 사회는 물질문명을 꽃피우기가 유리하고, 거대 국가를 세우기가 쉽다. 그러나 사람끼리 정을 쌓는 인간다운 문화를 꽃피우는 것은 문자 사용과 무관하고, 거대 문명이 세워질수록 인정의 교류가 더 가로막히기 십상이다.

아프리카는 용광로에 광석을 녹여 금속을 뽑아내는 제련 기술과 가축 다루는 기술이 유럽보다 일찍 발달했다. 북아프리카는 유럽과, 동아프리카는 인도양 건너 아시아 대륙과 교역이 활발했다. 이슬람교가 일찍부터 널리 전파되어 이슬람 성당인 모스크도 지어졌고, 곳곳에 대학도 들어섰다. 물질문명도 그렇게 뒤떨어졌다고 볼 일은 아니고, 이슬람교의 세례를 받았으니 정신문명도 미개하다고 할 수 없다.

근대철학자 헤겔은 세계사 서술에서 아프리카를 빼버렸다. 이는 그의 눈길이 어딘지 옹졸하다는 것을 말해준다. 근대에 들어와 노예사냥과 식민지 침략으로 아프리카인들이 주체적 역사 건설의 활력을 차츰 잃어간 것이 분명하다.[203] 하지만 그 이전의 아프리카 역사를 공백 상태로 보는 것은 식민지 침략의 역사적 범죄를 조용히 부인하고 싶은 집단 심리의 표현이 아닐까? 백인이 흑인을 "깜둥이"요, "무식쟁이"라며 집요하게 헐뜯는 것은 다 켕기는 구석이 있기 때문이다. 그들을 따뜻한 눈길로 바라보는 순간, 저희가 털어놓아야 할 죄상이 끝도 없이 나오지 않겠는가. 옛 아프리카가 공백 상태요, 무주공산이라는 식으로 자기들 이로운 쪽으로 생각해야 제 손으로 저지른 일에 대한 자

---

203. 아프리카에는 유럽인이 들이닥치기 전에도 노예가 많이 있었다. 그랬기에 유럽인이 노예를 사들일 수 있었다. 이 사실은 아프리카의 낙후성을 말해주겠지만 그 대신, 아프리카에는 토지의 사유私有개념이 없었다. 노예가 있어야만 공동체로부터 허락을 얻어 농토를 늘려 농사를 지을 수 있었다. 그 노예는 우리로 치면 '머슴'과 같은 식구食口 개념이었지, '말하는 짐승'류가 아니었다. 아메리카로 건너가서부터 모진 취급을 받았다.

의식, 죄의식을 지울 수 있다. 근대 자본주의 사회가 '역사적 단절'이요 '새로운 시대의 시작'이라고 단언하는 사람의 눈에는 자기들을 전혀 닮지 않은 아프리카에는 아무 역사도 없는 것으로 비칠 것이다. '제 눈에 안경'이다. 아프리카인들을 부정하고 싶은 마음이 유럽 백인에게 오죽 심했으랴. 그런 진화론적인 오만한 생각을 벗어나 있는 사람만이 아프리카인들의 역사를 자상하게 읽어낸다.

좀 살 만하다는 나라 사람들이 아프리카인을 경멸하는 감정은 몹시 끈덕지고 뿌리 깊다. 다음 일화가 빙산의 일각을 나타낸다. 2013년 10월 25일 프랑스의 법무장관 크리스티앙 토비라한테 동성결혼 합법화에 반대하는 사람들이 찾아갔다. 토비라 장관은 프랑스 식민지(!) 영토인 기아나 출신의 흑인 여성이다. 시위대에 끼어 있던 열한 살짜리 소녀가 "원숭이야, 바나나나 먹어라." 하고 고함쳤다. 우익(우파) 언론들이 잇달아 그녀를 "원숭이"라 비웃자, 그제야 "너무 심하지 않느냐." 하는 반대 여론이 고개를 들었다. 국가를 대표하는 사람마저 짐승으로 서슴없이 헐뜯는 것을 보면, 제국주의가 아프리카를 주름잡던 16~20세기에 유럽 백인이 아프리카인들 앞에서 얼마나 거들먹거렸을지, 짐작하기가 그리 어렵지 않다.

어떻게 공감해야 할까?

유럽 제국주의가 아메리카 원주민과 아프리카 사람들을 어떻게 짓밟았는지는 널리 알려져 있으니 길게 설명하지 않겠다. 아프리카인들이 얼마나 노예로 팔려갔을지 (꼼꼼히 조사하는 기관이 있을 리 없었으니) 정확한 통계는 알 수 없다. 1441~1880년 사이 400여 년간 1,500만 명이 끌려갔다는 설도 있고, 6,000만 명이 끌려갔다는 설도 있다. 어떤 규모였든 그 숫자에 한정되는 일이 아니다. 끌려간 사람 못지않게 (안 끌려가려고) 도망친 사람들도 많았을 테니, 사회 전체가 된서리를 맞았을 것이고, 더군다나 끌려간 사람들은 부려 먹기 좋은 튼튼한 젊은이들이었다. 사회의 주역이 씨가 말랐다!

노예 신세가 어땠을지, 상상해보자. (왕립아프리카회사에서 조사한) 18세기의 한 기록에는, 수송선에 탄 노예들이 폭 28cm, 높이 58cm, 길이 1.5m의 공간에 몇 달씩 갇혀 지냈다고 한다. 옴짝달싹도 할 수 없는 곳에서 말이다. 사람을 개돼지로 취급했다. 배를 타고 가다가 숱하게 죽어갔다. 사하라 남쪽 아프리카는 노예사냥으로 1750~1850년 사이에 전혀 인구가 늘어나지 못했다. 노예무역이 시들해지자, 유럽 제국주의는 식민지 침략에 발 벗고 나섰다. 19세기 말 이전까지만 해도 아프리카인들이 저항하는 데에 성공하기도 했으나 19세기 말, 자본주의 생산력의 발달로 서유럽의 군사 무기가 월등해지자 아프리카 전체가 열강의 손아귀에 들어갔다.

그들이 어떤 짓거리를 벌였는지, 콩고 사례만 든다. 1880년대에 유럽의 작은 나라 벨기에가 콩고를 집어삼킬 무렵, 콩고 인구가 2,000~3,000만 명이었는데, 식민지 착취와 억압이 20세기 초까지 30년간 벌어진 뒤에 850만 명으로 확 줄어들었다.[204] 유럽 제국주의의 악마 같은 성격을 정면으로 고발한 유럽 문학가는 소설 『암흑의 핵심』을 쓴 조지프 콘래드가 거의 유일한데, 이 소설은 콩고의 잔혹한 역사를 증언한 것이다.

204. 유럽인이 아프리카인을 노예로 삼기 이전에도 아프리카에 노예가 있었다. 처음에는 아프리카 왕국 지배층의 협조를 얻어서 노예무역이 시작되었단다. 그런데 고대 유럽의 노예 대부분과 마찬가지로 아프리카의 노예도 극심한 강제노동에 시달렸던 것은 자본주의적 착취의 대상이 되고부터다.

콩고 민중이 1,000~2,000만 명(!)이나 학살당하고 수백만 명이 병들어 죽었다. 불과 30년 동안에 그랬다. 오, 놀라워라! 죄 없고 힘없는 사람을 쏴 죽이고, 찔러 죽이고, 욕보여 죽이고, 심지어 찢어 죽이는 제국주의 국가의 위력이 정말 대단하시구나! 그러고서도 자기네 유럽 문명이 참 고상하다고, 입에 침도 안 바르고 떠드는구나! 홀로코스트보다 더 끔찍한 야만극이 벌건 대낮에 벌어졌는데, 이를 기억하는 백인이 많지 않다. 가해자들은 제가 저지른 범죄 중에 더 끔찍한 범죄일수록 더 재빨리 제 기억에서 지워버리는 법이다. 아프리카인이 '무시 못 할 존재'로 커가는 것 말고는 유럽인들의 뉘우침을 끌어낼 길이 딱히 없을까?

노예 제도를 어떻게 이해해야 할까? 역사 공부는 역지사지의 공감으로 나아가야 제 것이 된다. 한국 경제가 제법 잘 나감으로 하여 유럽에 대한 열등감에서 많이 벗어난 요즘의 젊은 세대는 한 민족이 남의 지배를 받는 것이 얼마나 끔찍한 일인지, 뼈저리게 깨닫지 못한다. 우리 자신이 지배받고 짓밟혀본 삶의 자취를 떠올릴 수 있어야, 다른 민중의 처지를 공감할 실마리도 찾으리라.

일화 하나. 일본 인류학자들은 1903년 오사카에서 열린 박람회에서 대만인, 일본 홋카이도의 아이누인, 오키나와의 류큐인과 함께 조선 여인 두 명을 구경거리로(!) 전시했다. 조선 왕조가 망하기 직전이었다. 1907년 도쿄에서 열린 박람회에서도 조선 남녀 두 명을 전시하는 일이 벌어졌다. 『대한매일신보』는 이 소식을 듣고 "오호, 고통스럽구나, 우리 동포여. 예전엔 우리가 아프리카 토인종을 불쌍히 여겼더니 오늘에 이르러서는 어찌 그들이 우리를 더욱 불쌍히 여기게 될 줄 알았으리오."[205] 하고 탄식했다.

요컨대 일본 제국주의자들은 조선 민중을 '개돼지'로 취급하려고 했다. 조선이 식민지가 됨으로써 조선 민중은 노예와 다를 바 없는 존재가 되어버렸다. 일제강점기 때, 일본의 앞잡이들은 걸핏하면 조선 민중을 가리켜 "조센징(조선인)과 명태는 두들겨 패야 말을 듣는다"고 비웃었다.[206] 식민지 백성이 된다는 것은 사람으로 대접받지 못한다는 뜻이다.[207]

아프리카로 돌아와서 또 다른 사례를 들어보자. 19세기 초, 남아프리카의 코이코이족이 백인의 침략을 받아 전멸했다. 유일하게 살아남은 여성인 세라 사르지에 바트먼의 큰 엉덩이와 가슴에 호기심을 느낀 어느 영국인이 그녀를 유럽으로 끌고 와서 "사람과 비슷한 짐승(!)"이라며 벌거벗은 몸 그대로 전시하여 큰돈을 벌었다. 그녀가 죽자, 백인들은 그녀를 조각조각내서 연구 대상으로 삼았다. 20세기 후반에 들어와 유전자 감식 끝에 그녀와 코이코이족이 사람이라는 결론(!)이 났다. (박제가 된) 그녀의 주검은 아프리카 국가들이 항의한 끝에 21세기에 이르러서야 아프리카로 되돌아갔다. 이것은 유럽 백인이 저지른 인종 차별의 가장 끔찍한 사례이다.[208] 그녀의 (살아 있는) 몸이 전시되었을 때 관람객들은 여성 신체의 은밀한 곳을 포함해 몸 곳곳을 멋대로 만지고 주물러댔는데, 그녀는 어떤 모욕도 말없이 견뎠다. 짐승은 그 백인들이었고, 세라 바트먼이야말로 인간으로서 윤리적 위엄을 잃지 않았다.

인류 역사에서 가장 큰 대립 구도는 이것이다. "사람이 딴 사람에게

205. 1907년 6월 21일 자 『대한매일신보』의 기사 내용.
206. 3·1운동을 비롯해 민족 저항 투쟁이 터져 나오고서야 일제는 한국인을 함부로 취급하는 것을 멈췄다.
207. 한국 지배층 일부가 떠드는 '식민지 근대화론(그 시절이 좋았다는 향수)'은 이 근본 사실을 까맣게 망각한다.
208. 그녀는 그 뒤 '호텐토트의 비너스'라는 별명을 얻었다. 호텐토트는 유럽인이 코이코이족을 비웃는 말이다.

짐승 취급을 받아도 되는 거냐!" 식민지 시절에 한때 짐승 취급을 받았던 우리는 노예 제도가 얼마나 끔찍한 야만의 짓거리인지, 역지사지하여 공감한다. 19세기 말 뒤늦게나마 조선 사회에서 노비 제도를 없애고 신분 제도를 혁파한 것이 문명사회로 넘어오는 결정적인 갈림길이었다는 것도 새삼 깨닫는다.

유럽 제국주의가 아프리카에서 저지른 가장 몹쓸 범죄는 아프리카의 갖가지 자연 자원을 약탈해간 것이 아니다. 물자야 아무리 많이 뺏긴다 해도, 허리띠 졸라매고 살면 된다. 유럽인들이 노예사냥으로 수많은 아프리카인을 부려 먹고 죽음으로 몰아넣은 것도 아니다. 끔찍한 일이긴 해도, 사람은 또 그 비극을 견디며 살아낸다. 가장 몹쓸 죄악은 사람을 사람으로 대접하지 않은 것이다. 노예사냥과 식민지 지배로 말미암아 아프리카인들은 인간으로서 자존심을 잃고 지독한 열등감에 시달렸다.

백인이 아프리카 민중을 어떻게 취급했는지, 굵직한 예를 든다. 노예사냥이 수월했을 때, 백인 사탕수수 농장주들은 흑인 여성 노예가 짝을 찾고 애를 낳는 것을 한사코 훼방 놓았다. 애 낳는 노예에게 돈을 들이느니 노예시장에서 사오는 게 더 싸게 먹힌다고 봤기 때문이다. 200여 년 전 얘기다. 애도 낳지 말라니, '노동하는 기계'가 되라는 채찍질이다. 그 뒤 어찌 되었을까?

백인들이 눈을 뒤집고 노략질을 일삼으니, 사냥감이 될 흑인 숫자도 줄었다. 백인의 자업자득인데, 그런 지경이 되니까 이제는 다급해져서 노예 여성들더러 "애를 낳아라." 하고 나섰다. 사람 구실을 해도 좋다고 허락받았으니 그 뒤로 흑인 여성들이 애를 낳았을까? 노예도 생각하는 사람이라는 사실을 잊지 마라. 농장주들이 왜 예전에는 애를 낳지 말라고 윽박질렀으며, 왜 지금은 태도를 돌변해서 애를 낳으라고 꼬드기는지, 억눌리고 짓밟히며 살아온 사람은 너무나 빤히 안다. 제가 낳은 아이가 어떤 세상에서 살아갈지도 뻔하다. 사람대접 받지 못하는 '흑인 여성=사람'들은 그래서 오래도록 출산 파업을 벌였다! "이런 지옥 같은 세상에 노예로 살아갈 바에야 아예 태어나지 말렴!"

아프리카 인구가 계속 줄어들었다.[209] 그들은 자기를 파멸시키는(자기 핏줄의 씨를 말리는) 자해를 통해서라도 백인에게 저항하고 싶었다(마리아 미즈가 펴낸 『가부장제와 자본주의』 참고). 노예 제도는 인류를 파멸시키는 '죽음의 제도'다!

400년 전에는 더했다. 인도네시아를 점령한 네덜란드 상인들은 유럽에서 계피 값이 내려가자 독점가격을 유지하려고, 그 나무들을 잔뜩 베어내고 그것을 키워온 농민들마저 마구 죽였다. 노예는 언제든 죽여 없애도 될 종자라는 게다. 그때 그곳의 백인이야말로 악마이지 사람이 아니었다.

주제를 좀 더 넓혀 보자. 유럽인들은 근대 사회에 접어들어 세계 곳곳에 제국주의 침략을 벌인 것을 자랑하여 지독한 우월감을 품어왔다(이 편견을 '오리엔탈리즘'이라 부른다). 아시아는 오랜 문명을 꽃피웠으면서도 근대화 과정에서 뒤처져 식민지나 반半식민지로 굴러떨어지는 바람에 유럽에 대한 열등감이 몹시 컸다. 20세기 후반 들어, 아시아 여러 나라가 제국주의를 물리치고 자주적 근대화를 이뤄내면서 비로소 그 열등감을 씻어내기 시작했다. 그래서 우리 아시아인들은 아프리카인들이 식민지 지배자들에 대해 얼마나 자기 멸시의 감정을 품고 살았을지, 넉넉히 짐작한다.

하지만 아시아인들이 제국주의로부터 겪은 역사적 피해는 아프리

---

209. 아프리카 노예 여성은 '어머니 되기'를 오랜 세월 포기하고 살았다. 여성답지 않아야 살아남을 수 있었다.

카에 견줄 바가 못 된다. 아시아인들은 한때 식민지 노예가 되었을 뿐이지만, 아프리카인은 처음부터 노예로 태어났다고 느낄 만큼, 노예가 아닌 당당한 인간으로 살았던 기억이 희미하다. 아프리카인들과 그 대륙의 역사는 15세기 유럽인들에게 그들이 발견되고부터 비로소 서술되고 있고, 그것도 침략을 당하는 수동적 존재로서만 묘사되고 있기 때문이다. 그들이 노예사냥과 식민지 침략을 겪지 않았더라면 어떤 내용으로든 자기 역사를 만들어냈을 것이다. 아프리카 곳곳에는 문명의 토대가 되는 국가들이 형성되어 있었다. 사람은 자기 삶을 긍정하는 역사가 있을 때라야 자기를 존중한다. 그러니 아프리카를 식민지로 집어삼켜 그들이 자기 역사를 창조할 기회를 앗아가버린 것이야말로 유럽 제국주의가 저지른 최대의 범죄다.

우리가 남에게 제대로 공감한다는 것은 어떤 것인가? 그들의 삶의 자취(곧 역사)를 읽어내는 것이다. 아프리카인들에게 공감하려면 그들의 잊힌, 지워진 역사를 되살려 읽어야 한다.

고대 이집트 제국이 반짝한 뒤로 15세기까지 역사책에 공백으로 남아 있는 부분을 어떻게든 채워 써야 한다는 말이다. 그런데 아프리카에는 문자 기록도 드물뿐더러, 문자 아닌 삶의 흔적조차도 제국주의가 숱하게 지워버렸다. 그들의 옛 삶과 역사를 소상히 복원해내는 것이 불가능에 가깝다. 무슨 일들이 있었는지, 자세히 밝혀 적을 수 없다. 어찌해야 하는가?

'상상력'을 발휘할 수밖에 없다. 깨진 기왓조각 하나, 피 묻은 천 조각 하나에서 역사의 숨결을 읽어내는 상상력! 범죄 현장에 도착한 형사가 실낱같은 범죄 흔적 하나에서, '무슨 일이 벌어졌을까?' 하고 윤곽을 그려내는 까다로운 과업을 떠맡는 것처럼 말이다. 문학과 예술과 종교와 살림살이의 모습들을 들여다봄으로써 그들의 역사를 상상하는 것!

덧대기 1
1902년 9월 초 케냐의 어느 키쿠유족 마을 사람들은 그곳에 제멋대로 눌러앉은, 그래서 원주민들의 땅을 빼앗은 백인 이주민 한 명을 사로잡아 그를 땅바닥에 눕혀놓고 입을 벌려 쐐기로 고정했다. 그가 숨 막혀 죽을 때까지 온 사람들이 그 입 안에 오줌을 눴다. 그가 죽자 성기를 자르고 배를 갈랐다. 그러자 영국군이 한밤중에 쳐들어와서 마을 사람 모두를 깡그리 죽였다. 이 비대칭의 결과를 보라! 백인에 대한 아프리카 사람들의 증오심과 (곧 휩싸이게 될) 두려움도 한번 상상해보라!

덧대기 2
프란츠 파농과 맬컴 엑스, 두 사람에 대해 알아두자. 파농은 20세기 초 프랑스 식민지였던 카리브 해 마르티니크 섬에서 태어난 흑인이다. 그는 어려서는 유럽 문화를 열심히 본받으려 한 모범생이었다.[210] 그러나 의학을 공부하다가 식민지 백성이 수없이 정신병에 걸린 것을 알게 되었다(그의 책 『검은 피부, 하얀 가면』 참고). 사람이 개돼지로 취급받을 때 온전한 사람으로 살 수 없다는 것을 깨닫고, 그는 유럽에 대한 부러움과 환상을 깨버렸다. 의학 공부를 그만두고 민족해방의 싸움터로 달려갔다. 수많은 민중이 정신병에서 벗어날 길은 민족의 자주독립뿐이었기 때문이다.
맬컴 엑스는 20세기 초 미국에서 태어난 흑인이다. 어려서 갖가지로 타락한 삶을 살던 그는 흑인해방 운동가와의 만남을 통해 비로소 제가 왜 타락한 삶을 살았는지, 그 원인을 깨달았다. 흑인들은 자기를 개돼지로 취급하는 미국 사회에서 비뚤어진 삶을 살 수밖에 없었던 것이다. 그 뒤 그는 목숨을 내놓고 흑인해방 운동에 나섰다.

210. 파농은 백인이 저지른 폭력보다 그들이 흑인에게 불어넣은 끈덕진 열등감과 노예근성이 더 심각하다고 했다. 백인들은 사회진화론·인종론을 떠들며 '흑인은 열등한 족속'이라고 오랫동안 비웃었다. "우리도 당신들(백인) 문명을 본뜰 수 있어요." 하고 인정받기를 구걸하는 비렁뱅이 몰골에서 벗어나자고 그는 부르짖었다.

값싼 동정은 하릴없다

아프리카인이 얼마나 가난한지 사람들은 조금은 안다. 굶주린 사람들 이야기가 텔레비전 화면에 이따금 선보이고, 세계 곳곳에서 "아프리카를 돕자!"는 운동도 가끔 벌어진 덕분이다. 아프리카의 땅 넓이는 한반도의 140배가 넘는데, 대륙 전체의 경제 규모는 한국의 1.7배에 불과하다. 인구 대부분(10억 가운데 9억)이 영양 결핍으로 고통받고 있다. 사하라 사막 이남은 하루 1.25달러(1,250원)보다 적은 돈으로 살아가는 극빈층이 절반 남짓이나 된다.[211] 한 달에 4만 원도 안 되는 돈이다. 그래서 어린이(5~14세)의 절반 가까이가 고된 노동에 시달린다.

아프리카의 가난은 1980년대 이후로 훨씬 더 심해졌다. 간단히 말해, 농업이 파괴된 탓이다. 농촌 곳곳에서 살 길을 잃은 농민들이 일자리도 변변히 없는 대도시로 무턱대고 몰려들어 거대한 빈민가가 수없이 생겨났다. 이들이 어떤 몰골로 살아가는지, 한 가지 예만 들자.

인구 1,000만이 넘는 킨샤사(콩고의 수도)나 나이로비(케냐의 수도)에는 하수처리 시설이 거의 없다. 나이로비의 라이니사바 슬럼(빈민가)에는 주민 4만 명이 구덩이 변소 열 개를 함께 썼다.[212] 그러니 주민 대부분은 '날아다니는 화장실'이나 '스커드 미사일'[213]에 의존해서 용변을 해결한다.

---

211. 세계은행에 따르면 극빈층 비율은 2002년 55.7%에서 2008년 47.5%로 떨어졌다고 한다. 그러나 세계 경제의 우연적 상황 덕을 본 것이고, 인구증가율이 높아서 빈곤이 더 깊어질 수도 있다. 사하라 이남이 북아프리카보다 더 어렵다.
212. 1998년의 통계이니 지금 사정이 다소 개선되었을지는 모르겠다. 그러나 큰 개선은 없었을 것이다. 마이크 데이비스가 쓴 『슬럼, 지구를 뒤덮다』 참조.
213. 배설물을 비닐봉지에 담아 아무 데나 던져버리는 것을 일컫는 말.

그것까지는 좋다. 하지만 사람이 굶어 죽는 것은 너무 참혹한 일인데, 아프리카에서는 그런 일이 수두룩했다. 인터넷으로 '소녀와 독수리' 사진을 검색해보기 바란다. 1993년 아프리카의 수단에서 벌어진 일

독수리가 아이의 죽음을 기다리고 있다.

이다. 예닐곱 살쯤 되어 보이는 한 여자아이가 이마를 땅에 박고 죽은 듯이 엎드려 있다. 워낙 굶주려 머리와 갈비뼈만 남고 팔다리가 실낱같다. 독수리가 가만히 서서 그 아이를 지켜보고 있다. 아이가 죽고 나면 뜯어먹으려고 기다리는 것이다. 누가 그 장면을 사진으로 찍어서 세상에 퍼뜨렸다.[214]

이처럼 충격적인 장면을 목격한 사람들은 양심이 찔리지 않을 수 없다. 동정심을 느낀 사람들이 한 푼 두 푼 모아 후원한다. 물론 누구를 동정하고 돕는 것은 갸륵한 일이다. 하지만 섣부른 동정은 삼가야 한다.

첫째, 누구를 돕는 것은 돕는 사람에게는 보람을 안겨주지만, 상대방은 '남에게 신세를 졌다'는 마음의 짐을 떠안게 된다. 언젠가 그 도움을 되갚아야 스스로 떳떳하고, 그 빚을 느끼지 않는 사람은 줏대가 없는 셈이다. 또, 사람은 남에게 적선을 베풀면서 은근한 우월감을 느끼기 쉽다. 거꾸로, 줄곧 남의 도움을 받아온 사람은 자기 존중감을 잃어버리기 십상이다. 돕는 자와 도움을 받는 자가 동등한 관계로 만

214. 그는 이 사진으로 퓰리처상을 받았다. 그러나 "그 다급한 순간에 아이부터 살렸어야지, 사진 찍을 생각을 할 수 있느냐"는 비난 여론이 일어났고, 그(사진작가)는 이에 상심해 얼마 뒤 제 목숨을 끊었다.

날 수 있을지는 몹시 예민한 문제다.

샤를 보들레르[215]의 산문시 하나를 보자. 줄거리인즉슨 이렇다. 시인은 파리의 길거리에서 구걸하는 거지와 눈이 마주쳤을 때, 동정을 베풀거나 외면하는 대신에 거지에게 달려들어 주먹으로 갈겼다. 거지는 화가 나서 그에게 덤벼들었다. 그러자 시인은 속내를 털어놓는다. "선생! 내가 주먹을 휘두른 것을 용서해주시오. 내 돈을 받아주시겠소?"[216]

보들레르는 값싼 동정이 얼마나 허튼짓인지를 갈파했다. 상대가 줏대 있는 사람이라면 내 행위가 행여나 그의 자존감을 상하게 하지 않을지를 먼저 걱정해야 한다. 내 적선을 상대가 받아줄 것을 정중하게 호소하는 것이 올바른 태도다.

동정(연민)이 섣부른 두 번째 이유는 아프리카인의 가난과 불행에 우리도 책임이 있기 때문이다! 이 세상이 어떻게 굴러가는지, 그 운행 원리를 똑똑히 들여다보지 않는 사람은 세상일이 저마다 따로따로 벌어지는 줄 안다. "아프리카인은 자기들이 못나고 게을러서 가난하고, 우리는 우리가 똑똑하고 애를 많이 쓴 덕분에 부자가 되었다!"는 식이다. 인류 문명이 발달하지 못한 역사의 초창기에는 그러기도 했다. 부족과 부족이 저마다 자기 땅에 처박혀 서로 교류 없이 살아가던 시대에는! 하지만 지구촌이 하나의 세계로 엮인 근대에 그렇게 말해서는 안 된다. 아프리카인이 가난하고 불행해진 데에는 우리가 끼친 영향도 있다는, 아니, 많다는 얘기다. 이게 무슨 얘긴가?

한국은 근래 들어 아프리카와의 무역을 늘려가고 있다. 2011년에는

215. 1857년 시집 『악의 꽃』을 펴냈다. 이 시집에서 보들레르는 대도시 파리를 예민하게 읽어 자본주의 문명의 어둠을 파헤쳤다.
216. 강신주의 칼럼(『한겨레』 2013년 12월 30일 자)에서 인용. 실제 사건이 아니라 상상 속의 이야기다.

251억 달러(무역 규모의 2.5%)까지 늘어났다. 한국 기업은 아프리카에 전자기기(스마트폰 등)와 자동차, 선박을 팔고 커피와 석유와 광물을 사들인다. 이것이 동등하고 서로 돕는 경제 교류일까?

경제학에 '협상 가격차'라는 낱말이 있다. 협상鋏狀은 '가위 모양'이라는 뜻이다. 농산물 값은 완전 경쟁을 이루고 공산품 값은 대부분 독점가격을 누리기 때문에 이 둘의 값 차이가 가위의 날이 벌어지는 것처럼 점점 벌어진다는 말이다. 공업국은 경제 발달에 유리하고 무역에서 더 이익을 누리지만, 농업국(또는 자원 수출국)은 경제 발달이 더디고 무역에서 이익을 덜 누린다. 양자 사이에 뚜렷한 경제적 불균형이 있어, "공정무역"을 부르짖는 국제적인 사회 운동이[217] 생겨나기도 했다.

가까운 나라 중국을 보면서 우리도 문제를 깨달아야 한다. 근래 들어 중국이 아프리카와의 경제 교류를 크게 늘렸다. 아프리카의 풍부한 자원을 사들이기 위해서다. 유럽 제국주의가 수백 년 동안 총칼을 앞세워 아프리카의 자원을 멋대로 약탈해간 것에 견주자면 중국의 아프리카 진출이 훨씬 부드러운 모습을 띠고 있긴 하지만, 아프리카가 '자원 수출, 공산품 수입'의 경제 관계에 묶여 있는 한, 자립적 발전의 길이 까마득하다는 점에서는 크게 다를 바 없다. 중국이 아프리카와 진정으로 서로 돕는 경제 교류를 하는 것으로는 보이지 않는다. 우리도 중국을 본받아야 할까?

2008년 말 한국 기업 대우로지스틱스가 아프리카 동쪽의 섬나라 마다가스카르에서 대규모의 땅을 빌려 쓰려 했던 사건(!)은 한국 자본

---

217. 20세기 후반 들어, 저개발국을 돕는 원조가 헛된 것임이 밝혀지자 무역 조건이 공정한지를 따져 묻는 사회 운동이 생겨났다. 그러나 무역 조건은 선·후진국 간의 불평등을 만들어낸 부분적 원인일 뿐이다.

이 유럽 제국주의를 본뜨려 한 악행으로 지구촌에 경종을 울렸다. 대우로지스틱스는 마다가스카르 정부로부터 130만 헥타르의 땅을 99년간 거의 헐값으로 빌리려 했다.[218] 한국의 농지 면적의 70%가 넘는 큰 땅덩어리다.[219] 대우 자본은 '한국의 식량 안보'를 위해서라고 내세웠고, 그렇다면 마다가스카르 정부는 자기들 경제 자립(자급자족)의 목표를 스스로 포기하는 셈이 된다. 마다가스카르 정부는 민족국가를 지탱해갈 줏대도 비전도 없었지만, 워낙 비판이 격렬하게 일어나자 대우 자본에 땅을 넘겨줄 생각을 포기했다.

한국 정부와 자본은 식량 안보를 위해 어찌했어야 할까? 마다가스카르든 또 어디든, 제3세계 국가들의 농업 발전을 진정으로 도와주고,[220] 그들이 자급하고 남은 농산물을 사들였어야 한다. 왜 그들의 땅에서 우리가 식량 확보의 안전을 걱정한다는 말인가. 안보라는 낱말 속에는 '우리 살림만 신경 쓴다'는 이기적인 뜻이 숨어 있다. 일제 강점기 때 일본은 조선 농민이 수확한 수많은 쌀을 군산 항구로 실어내서 저희 배를 불렸고, 그 대신에 식민지 조선의 백성은 보릿고개의 굶주림에 허덕여야 했다. 우리가 못된 제국주의자들을 비판하면서 스스로 그들을 닮아가는 것은 부끄러운 짓이다.

아프리카의 가난과 불행은 제국주의가 주범이다

아프리카는 딴 대륙에 견주어 농업이 발전하기에는 땅과 기후가 좋

---

218. 1헥타르는 1만 제곱(평방)미터로, 3,000여 평에 해당한다.
219. 한국의 농지 면적은 180만 헥타르로, 국토의 18%를 차지하고 있다.
220. 남미 여러 나라는 21세기 들어 ALBA라는 평등하고 호혜적인 (국가 간) 경제협력기구를 만들어냈다.

지 못한 편이다. 열대우림은 원시림이 자라는 데에 알맞고, 열대건조 (사바나) 기후는 강우량이 적으니 풍요롭게 농산물을 수확하기 어렵다. 하지만 그렇다 해서 굶주림이 곳곳을 휩쓸 만큼 척박한 곳은 아니다. 그런 곳이었다면 애당초 사람이 살지 않았을 것이다. 16세기 서아 프리카를 여행한 유럽인의 기록에도 아프리카인들이 참 풍요로운 물산을 누렸다고 적혀 있다.

아프리카의 기근은 천재天災가 아니라 인재人災다. 사하라 사막이 계속 넓어지는 것은 유럽 제국주의가 아프리카의 땅을 저희 멋대로 이용한 결과이기 때문이다. 알다시피 아프리카는 커피나 카카오 농사만 지었다(서구인이 현지의 값싼 노동력으로 특정 농작물을 대량생산하는 플랜테이션 농장이다). 단일 품종의 농작물만 대대적으로 지으면, 땅은 점점 메말라간다. 그런 짓은 땅의 힘을 뺏어먹는 짓이라 절대로 해서는 안 되는데, 자본주의에 포섭된 아프리카가 그 짓을 벌였다. 유럽인들의 밥상에 값싼 커피가 올라간 대신, 아프리카인들의 먹을거리를 자급자족할 농토가 사라졌고, 땅은 점점 사막으로 바뀌어갔다.

아프리카의 가난은 20세기 후반 들어 더 깊어졌다. 과잉생산·과소소비의 모순, 곧 자본주의 체제의 위기가 깊어지자 서구 자본주의는 전 세계 노동자와 민중을 더 악랄하게 수탈하는 반동의 길로 치달았다. 그 공격이 집중된 곳이 아프리카다. 서구 자본주의의 이익에 봉사하는 국제 자본 기구들(IMF, 세계은행)은 아프리카 국가들에 마구 떠안긴 빚을 무기로 삼아, 아프리카 국가들의 통치 권한을 빼앗고 민중 복지를 거둬들이도록 강제했다. 아프리카에서 공공 부문이 사라지고 경기가 후퇴해 일자리들이 자취를 감추었다. 농업 보조금이 끊기자, 유럽 농산물이 아프리카의 시장을 점령했다. 살 길을 잃은 농민들이 도시 빈민가로 몰려들었는데, 성장을 멈춘 도시가 그들을 먹여 살릴 리 만무했다. 아프리카인 대부분이 영양 결핍에 시달려, 수명마저 줄어들었다.

유럽인들은 19~20세기를 '발전의 세기'로 낙관해왔다. 과연 그런지도 따져볼 일이지만 그렇다 하더라도 그것은 유럽 얘기다.[221] 아프리카인들에게 19~20세기는 그들의 역사가 결정적으로 뒷걸음질을 친 '퇴보의 세기'다. 유럽인들이 아프리카를 침략한 것은 16세기부터이지만 본격적으로 내륙에 진출한 것은 19세기다. 그 이전에는 아프리카인들이 유럽의 침략에 성공적으로 맞선 때도 드물지 않았다. 유럽 자본주의의 생산력(곧 무기의 성능)이 크게 높아진 19세기 후반에 와서야 제국주의의 지배가 마구잡이로 관철되었더랬다.[222] 그래서 좁은 뜻으로는 19세기 후반에서 20세기까지를 제국주의 시대라 부른다. 유럽 독점자본이 세계시장을 제패하고 유럽 국민국가들이 이를 뒷받침하고자 정치·군사적으로 세계를 지배하러 나선 시대!

---

221. 우리 교과서도 이 얄팍한 발전 찬양론을 앵무새처럼 되뇐다.
222. 아프리카의 가난이 크게 악화된 것은 두 번의 외세 침략 때문이다. 1870년 이래로 유럽 제국주의가 아프리카 내륙까지 다 식민지로 삼아 깡그리 수탈한 때와 1980년대 이래로 신자유주의적 경제 침략이 노골화된 때! 후자는 정치·군사적 간섭은 뒷전에서 교묘하게 벌였기 때문에 사람들이 그것을 침략으로 느끼지 못했을 뿐이다. 사회책은 세계화를 좋은 것으로 서술하고 있는데 이는 사회책이 서구 제국주의의 지배 논리에 적잖이 오염되어 있기 때문이다. 신자유주의적 세계화 뒷면에는 제국주의가 작동하고 있다.

20세기에는 제국주의의 지배에 맞서 제3세계 민족해방 운동이 불타올랐다. 1960~1970년대는 아프리카 각국이 자주독립하여 스스로 자기 역사를 만들어갈 기회가 얼마쯤 열리기도 했다. 하지만 사회주의 국가(소련, 중국)들이 서구 자본주의와의 대결에서 패배해 아프리카에 대한 지원군 노릇을 멈추었고 아프리카 각국의 지배층이 서구 제국주의의 꼭두각시로 변질해서 민족이 자주적으로 발전하는 길을 포기하는 바람에, 아프리카 민중은 속절없이 세계 자본주의 체제의 희생양으로 추락해버렸다. 유럽인은 아프리카 국가들이 독립했으니 '식민지 시대가 끝났으려니.' 하고 속 편하게 생각하지만, 지금 아프리카의 국가 대부분이 민중에게는 있으나 마나 한 존재요, 세계 독점자본에는 주무르기 쉬운 만만한 존재다.

　자본주의를 곧이곧대로 긍정하는 사람은 "아프리카의 가난이 세계 자본주의와 무슨 상관이 있느냐"고 짐짓 시치미를 뗀다.[223] 세계의 자본들은 있는 나라들끼리만 교류한다. 아프리카에 공장을 짓겠다고 들어오는 자본가가 없고, 그러니 발전 가능성이 없는 것 아니냐고 대꾸한다. 그동안 선진국들이 물자원조도 제법 베풀었는데, 아프리카 국가 지배층들이 부패한 탓에 그 원조를 헛되이 날려 먹었다고 핀잔을 곁들인다. 그들은 눈앞의 현상만으로 파렴치한 평계를 들이댄다.

　잠깐, 아프리카국가들의 부패와 내전을 살펴보자.

　유럽 국가들은 아프리카 국가가 부패했다고 걸핏하면 닦아세웠지만("너희가 못사는 건 너희 정부 탓이야!"), 뇌물은 주는 놈이 있으니까 받는 놈도 생긴다. 아프리카에서 벌어먹겠다고, 자원 개발의 이권을 챙기겠다고 유럽 자본이 달려들지 않는데 아프리카 정부 관료들이 뒷돈

---

223. 18세기에 어느 영국인은 "리버풀과 브리스톨(영국 도시)의 벽돌 하나라도 아프리카인의 피가 묻지 않은 것이 없다"고 죄스러워했다.

을 받아 챙길 리 없다.

또 부족 간의 내전은 아프리카의 정치가 후진적이라서 자주 터지는 것이 아니다. 민중의 살림이 윤택해지면 부족 간 갈등도 줄어든다. 내전은 빈곤의 결과다. (20세기 후반 들어) 아프리카의 빈곤이 한결 깊어짐에 따라 "우리 부족이라도 더 유리한 살림을 누려야겠다!"며 물과 자원 확보를 둘러싼 다툼이 더 심해졌다. 세계은행과 국제 금융 기구들이 아프리카 국가들에 빚을 갚으라고 닦달해대는 바람에 농촌의 삶이 거덜나고, 그래서 생존의 벼랑 끝에 몰린 사람들이 서로 살아남으려고 다툰 것이 내전의 주된 원인이다.

중2 사회책에는 '세계화와 농업 생산의 기업화(자본화)'라는 항목이 있다. 아프리카에서 세계화의 본질은 농업의 자본화이고, 유럽 자본의 뒷배를 보아주는 국제 금융 기구('세계은행')의 목표는 이것이다. 농촌이 자본의 놀이터로 바뀌면서 살 길 잃은 농민들이 도시 빈민가로 쫓겨났다. 그런데 교과서는 세계화가 제국주의와 긴밀한 연관이 있다는 것을 꿰뚫어 보지 못한다(않는다). 지금의 유럽 제국주의(신식민주의)는 굳이 영토 점령이 필요하지 않기 때문에 마치 세계화가 평화적으로 진행되는 것 같은 거짓된 겉모습을 띤다.

'세계화'는 구조 조정("공공 부문을 줄여라!"), 무역 자유화, 사유화私有化, 지적 재산권을 수단으로 부려 쓴다. 그 담당 기관은 세계은행과 IMF 따위다. 그것들이 어디 눈물이 있다고 아프리카를 살리려는 갸륵한 마음으로 구조 조정을 밀어붙일까. 유럽 자본이 벌어먹을 터를 닦아두려는 게 그들의 뻔한 속셈이지!

또 전쟁은 얼핏 보면 아프리카인끼리 싸우는 내전처럼 보인다. 유럽 열강은 식량 원조니 인도주의적 돌봄이니 마약과의 전쟁이니 하는 그럴싸한 구호 뒤에 제 몸을 숨겨서 내전을 저희 멋대로 쥐락펴락한다.

최근에는 유럽이 경제 침략(세계화)만으로 모자라 노골적인 군사 침략(제국주의)까지 곁들이기 시작했다. 프랑스가 대표적인 나라다. 식민지 시대에 아프리카에서 단물을 많이 빨았던 프랑스는 근래에 중국이 아프리카 국가들에 뒷돈을 많이 대줘서 환심을 사자 제국주의 종주국으로서 위기감을 느꼈다. 아프리카 국가들을 보란 듯이 휘어잡으려고 서아프리카(중앙아프리카공화국, 코트디부아르, 말리)에서 잇따라 군사 개입에 들어갔다.[224] 미국과 유럽이 2011년 리비아의 카다피 정권을 난폭하게 무너뜨린 것도 다 저희에게 뻗대고 맞서는 민족주의 세력을 아예 제거하겠다는 꿍꿍이속에서다.

> **덧대기**
> 리비아의 지도자 무아마르 카다피는 1969년에 정권을 잡았을 때만 해도 미군기지 철수, 외국인 재산의 국유화 등을 내걸고 패기 있게 유럽 제국주의에 맞섰다. 그러나 2003년 미국의 이라크 침략에 겁을 먹어 핵무기 개발을 포기하고 미국 앞에 납작 엎드렸다. 그랬는데도 아프리카 국가들의 연합을 꾀한 것 따위로 유럽 열강에 미운털이 박혔다. 미군의 아프리카 사령부를 리비아에 두겠다는 미국의 요청을 퇴짜 놓아서 미국의 심기를 건드렸다는 설도 있다. 2011년에 미국·영국·프랑스·이탈리아가 합동 작전을 벌여서 그를 권력의 자리에서 내쫓고 죽였다. 쿠데타를 벌인 세력이 미국 정보기관의 지원을 받았다는 사실이 나중에 밝혀졌지만 유럽 언론 가운데 그것을 문제 삼은 언론은 없었다. "이미 기정사실이 된걸, 뭐!"[225]

서구 제국주의는 애당초 아프리카인들이 자주 발전의 길을 열어갈 기회를 앗아가버렸다. 자기들이 단물(농산물 수탈, 자연 자원 약탈)을 빨

---

224. 2013년 초 말리에서 이슬람 반군이 기세를 떨치자 프랑스군이 (꼭두각시 정부 대신에) 직접 반군을 토벌했다. 프랑스는 서아프리카의 우라늄과 석유를 계속 차지하는 데에 불안을 느낀 것이다.
225. 북한은 자기들이 핵무기를 포기해서는 안 될 이유로 리비아의 사례를 든다. 자기를 방어할 수단을 갖지 못한 약소국은 언제든 그런 꼴을 겪는다는 것이다.

아먹기 좋게 아프리카의 농업 구조를 바꿔버렸고, 이제 단물을 다 빨아먹었으니까(아프리카의 농산물이 불필요해졌으므로) 자연 자원의 약탈에 들어가는 돈 빼고는 무역과 자본의 거래를 끊어버린다. 아프리카 경제는 세계 경제에서 거의 따돌림을 당하고 있다. 그렇다고 지금 아프리카가 세계 경제와 상관없이 굴러가고 있는가?

이제는 거꾸로 유럽이 저희 농산물을 아프리카에 팔아먹는다. "아프리카의 농업이야 망하건 말건!" 또, 아프리카 민중 대부분이 일자리를 잃고 실업 상태의 빈민으로 살아가는 것은 유럽 자본주의가 딴 대륙의 민중을 부려 먹는 데에 큰 도움을 준다. 일자리를 구하려고 아우성치는 아프리카 민중이 많다는 것은 아시아와 중남미 민중의 품값을 떨어뜨리는 데에 큰 구실을 하기 때문이다.[226] "너희, 품값을 올려달라고? 그럼 우리는 공장을 아프리카로 옮겨 갈 거야!" 아프리카의 가난이 우리와 상관없는 일이 아니라는 얘기다.

아프리카가 살아나려면 어떤 길을 개척해야 할까? 자본주의를 두둔하는 마지막 논리는 "조금만 더 기다려봐! 자본주의가 발달해서 생산력이 커지면 언젠가 후진국(또는 빈곤층)도 잘살 수 있어!" 하는 사탕발림이다. 150~200년 전까지는 그렇게 믿어볼 구석도 없지 않아 있었다. 경제가 커지는 한, 빈곤층도 떡고물을 조금 얻어먹기는 하니까. 그런데 사태가 너무나 분명해진 21세기에 와서까지 그런 핑계를 대는 것은 염치없는 짓이다. 자본주의가 지구를 다 들어먹게 된 요즘, 후진국의 밑바닥 사람들에게 '잘될 구석'은 병아리 발톱만큼도 없다. 지금은 인류 문명의 멸망까지 염려해야 할 시대가 아닌가?

226. 2011~2012년 한진중공업 노동자들이 정리해고에 맞서 치열하게 싸웠다. 한진중공업은 품값이 더 싼 필리핀의 수빅 만에 조선소를 짓고, 부산에 있는 조선소를 폐쇄하려고 했던 것이다. 유럽과 한국의 노동자들도 자본이 품값 싼 나라로 옮겨 가게 되면 임금 하락 압박에 직면하게 된다.

노동하는 여성의 처지에서 제3세계 민중의 삶을 연구해온 실비아 페데리치는 세계 자본주의와 단호하게 결별하는 것만이 아프리카의 활로(!)라고 못 박는다. 아프리카의 남성 농민들은 돈 한 푼 더 움켜쥐는 맛에 (유럽에 내다 파는) 상업적 농업에 포섭되어 일해왔다.[227] 가족의 생계에 더 책임을 느끼는 여성들은 텃밭 하나라도 더 가꾸는 데에 매달렸다. 아프리카는 지금 식량 자급이 가장 절실한 때가 아닌가? 아프리카의 농민들은 지금 도시 빈민가에서 미래 없는 삶을 이어가고 있지 않은가? 그들이 농촌으로 되돌아가, 플랜테이션 농업이 아닌 자급자족의 농업을, 자본주의 경제가 아닌 공동체 경제를 꾸릴 때라야 아프리카에는 (민중 대부분이) 사람답게 살아갈 길이 가까스로 열린다.

인류는 어느 길을 개척해야 할까? 그동안 인류 대부분은 아프리카의 존재를 잊고 살아왔다. 자본주의가 얼마나 위력적인 문명을 건설했는지, 자본가들이 자랑해대는 얘기가 2, 3세기 동안 귀가 따갑도록 세상을 뒤덮었더랬다. 아프리카와 인도 아대륙(방글라데시, 파키스탄, 네팔 포함)과 중남미의 헐벗은 민중을 깜깜히 잊어버리고서 세상을 본다면 근대 자본주의 문명에 감탄할 구석도 있겠다. 하지만 아프리카와 아시아 민중이 서 있는 자리에서 세상을 내다보면, 인류의 근대사는 암흑의 터널 속으로 줄곧 빨려 들어간 시절이었다. 그것은 청사靑史, 푸른 희망의 역사가 아닌 캄캄한 '흑黑역사'다. 자본주의 문명이 얼마나 폭력과 야만으로 얼룩졌는지, 왜 인류가 자본주의 체제에서 벗어나 딴 길을 찾아야 하는지, 아프리카를 봐야 제대로 보인다. 세상에는 진리의 순간이 있을뿐더러 '진리의 장소'도 있다. 거기가 바로 아프리카다.

227. 콩고 킨샤사에는 1990~2000년대에 '백인병'에서 벗어나게 해주겠다는 갖가지 사이비 주술(미신)이 판쳤다. 백인병이란 '돈 있는 놈만 사람'이라는 끔찍한 이데올로기를 가리키는 말이다. 자본주의로부터 빼앗길 대로 빼앗긴 아프리카 민중들은 '돈(곧 자본) 없이 살아갈 세상'을 꿈꾸고 있다.

아프리카가 일어설지, 역사의 공백을 딛고 스스로 주인이 되는 역사를 과연 써내려갈 수 있을지, 우리는 알지 못한다. 하지만 분명한 것은, 아프리카가 자기의 역사를 끝내 창조하지 못할 때 인류의 앞날에 짙디짙고 불그죽죽한 핏빛 경고등이 켜진다는 사실이다. 우리 인류는 일찍이 시험대 위에 올라 있다. 쿠오바디스 도미네Quo vadis, domine?[228]

덧대기

"아프리카의 미래가 우리의 미래"라는 말은 세계가 따로따로 굴러가지 않음을 애써 강조한 말이다. 우리 가까운 동네만 봐서는 세상이 거꾸로 보인다. "너희, 아프리카 민중의 피를 빨아먹고 그렇게 배를 불린 거잖아! 이 체제, 정말 사악한 것 아닌가?" 프랑스 철학자 사르트르가 말하기를, 선善은 자기 양심을 깨우는 것이고 악惡은 자기 안락을 돕는 것이랬다. 이 세계의 자본을 지배하는 사람들(사르트르의 정의로는 악마들)은 세계가 하나의 전체라는 사실을 한사코 숨기려고 한다. 세계 민중이 모두 손에 손을 잡고 세계 자본주의의 심장부인 월가로 몰려가서 외치는 것을 막아야 하기 때문이다. 세상과 인간의 변혁을 추구하는 문학예술이 '총체성'을 사활의 개념으로 삼는 까닭도 이와 관련된다. "나무를 보려면 숲(현실 전체, 총체성)부터 보라"는 얘기는 아마 앞으로 또 1, 2세기는 줄곧 외쳐야 할 구호이리라.

228. 시엔키에비치의 소설 『쿠오바디스』에 나오는 말로, '주여, 어디로 가시나이까?'라는 뜻이다.

삶의 행복을 꿈꾸는 교육은 어디에서 오는가? 미래 100년을 향한 새로운 교육

혁신교육을
실천하는
교사들의
필독서

▶ 교육혁명을 앞당기는 배움책 이야기

혁신교육의 철학과 잉걸진 미래를 만나다!

 핀란드 교육혁명
한국교육연구네트워크 총서 01 | 320쪽 | 값 15,000원

 일제고사를 넘어서
한국교육연구네트워크 총서 02 | 384쪽 | 값 13,000원

 새로운 사회를 여는 교육혁명
한국교육연구네트워크 총서 03 | 380쪽 | 값 17,000원

 교장제도 혁명
한국교육연구네트워크 총서 04 | 268쪽 | 값 14,000원

 새로운 사회를 여는 교육자치 혁명
한국교육연구네트워크 총서 05 | 312쪽 | 값 15,000원

 혁신학교
성열관 • 이순철 지음 | 224쪽 | 값 12,000원

 행복한 혁신학교 만들기
초등교육과정연구모임 지음 | 264쪽 | 값 13,000원

 서울형 혁신학교 만들기
이부영 지음 | 320쪽 | 값 15,000원

 혁신교육, 철학을 만나다
브렌트 데이비스 • 데니스 수마라 지음
현인철 • 서용선 옮김 | 304쪽 | 값 15,000원

 혁신교육 존 듀이에게 묻다
서용선 지음 | 292쪽 | 값 14,000원

 미래교육의 열쇠, 창의적 문화교육
심광현 • 노명우 • 강정석 지음 | 368쪽 | 값 16,000원

 대한민국 교사, 어떻게 가르칠 것인가?
윤성관 지음 | 320쪽 | 값 15,000원

 아이들을 어떻게 가르칠 것인가
사토 마나부 지음 | 박찬영 옮김 | 232쪽 | 값 13,000원

 교사, 선생이 되다
김태은 외 지음 | 260쪽 | 값 13,000원

 다시 읽는 조선 교육사
이만규 지음 | 750쪽 | 값 33,000원

 대한민국 교육혁명
교육혁명공동행동 연구위원회 | 152쪽 | 값 5,000원

▶ 평화샘 프로젝트 매뉴얼 시리즈

학교 폭력에 대한 근본적인 예방과 대책을 찾는다

학교 폭력 어떻게 만들어지는가
문재현 외 지음 | 300쪽 | 값 14,000원

아이들을 살리는 동네
문재현 • 신동명 • 김수동 지음 | 204쪽 | 값 10,000원

학교 폭력, 멈춰!
문재현 외 지음 | 348쪽 | 값 15,000원

평화! 행복한 학교의 시작
문재현 외 지음 | 252쪽 | 값 12,000원

왕따, 이렇게 해결할 수 있다
문재현 외 지음 | 236쪽 | 값 12,000원

▶ 비고츠키 선집 시리즈

발달과 협력의 교육학 어떻게 읽을 것인가?

생각과 말
레프 세묘노비치 비고츠키 지음
배희철 • 김용호 • D. 켈로그 옮김 | 690쪽 | 값 33,000원

어린이의 상상과 창조
L.S. 비고츠키 지음 | 비고츠키연구회 옮김
280쪽 | 값 15,000원

도구와 기호
비고츠키 • 루리야 지음 | 비고츠키연구회 옮김
336쪽 | 값 16,000원

비고츠키 생각과 말 쉽게 읽기
비고츠키 교육학 실천연구모임 지음
316쪽 | 값 15,000원

어린이 자기행동숙달의 역사와 발달 I
L.S. 비고츠키 지음 | 비고츠키연구회 옮김
564쪽 | 값 28,000원

비고츠키와 인지 발달의 비밀
A.R. 루리야 지음 | 배희철 옮김
280쪽 | 값 15,000원

어린이 자기행동숙달의 역사와 발달 II
L.S. 비고츠키 지음 | 비고츠키연구회 옮김
552쪽 | 값 28,000원

▶ 창의적인 협력수업을 지향하는 삶이 있는 국어 교실

우리말 글을 배우며 세상을 배운다

중학교 국어 수업 어떻게 할 것인가?
김미경 지음 | 332쪽 | 값 15,000원

이야기 꽃 1
박용성 엮어 지음 | 276쪽 | 값 9,800원

토론의 숲에서 나를 만나다
명혜정 엮음 | 312쪽 | 값 15,000원

이야기 꽃 2
박용성 엮어 지음 | 294쪽 | 값 13,000원

▶ 교과서 밖에서 만나는 역사 교실

상식이 통하는 살아 있는 역사를 만나다

전봉준과 동학농민혁명
조광환 지음 | 336쪽 | 값 15,000원

통하는 공부
김태호·김형우·이경석·심우근·허진만 지음
324쪽 | 값 15,000원

남도의 기억을 걷다
노성태 지음 | 344쪽 | 값 14,000원

팔만대장경도 모르면 빨래판이다
전병철 지음 | 360쪽 | 값 16,000원

즐거운 국사수업
김은석 지음 | 352쪽 | 값 13,000원

빨래판도 잘 보면 팔만대장경이다
전병철 지음 | 360쪽 | 값 16,000원

즐거운 국사수업 32강
김남선 지음 | 280쪽 | 값 11,000원

김창환 교수의 DMZ 지리 이야기
김창환 지음 | 264쪽 | 값 15,000원

즐거운 세계사 수업
김은석 지음 | 328쪽 | 값 13,000원

영화는 역사다
강성률 지음 | 288쪽 | 값 13,000원

한국 고대사의 비밀
김은석 지음 | 304쪽 | 값 13,000원

친일 영화의 해부학
강성률 지음 | 264쪽 | 값 15,000원

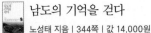
아이들이 주인공이 되는 주제통합수업
이윤미 외 지음 | 268쪽 | 값 13,000원

광주의 기억을 걷다
노성태 지음 | 348쪽 | 값 15,000원

▶ 살림터 참교육 문예 시리즈

영혼이 있는 삶을 가르치는 온 선생님을 만나다!

꽃보다 귀한 우리 아이는
조재도 지음 | 244쪽 | 값 12,000원

선생님이 먼저 때렸는데요
강병철 지음 | 248쪽 | 값 12,000원

성깔 있는 나무들
최은숙 지음 | 244쪽 | 값 12,000원

서울 여자, 시골 선생님 되다
조경선 지음 | 252쪽 | 값 12,000원

아이들에게 세상을 배웠네
명혜정 지음 | 240쪽 | 값 12,000원

행복한 창의 교육
최창의 지음 | 328쪽 | 값 15,000원

▶ 정의로운 세상을 여는 인문사회 과학

사람의 존엄과 평등의 가치를 배운다

밥상혁명
강양구·강이현 지음 | 298쪽 | 값 13,800원

좌우지간 인권이다
안경환 지음 | 288쪽 | 값 13,000원

도덕 교과서 무엇이 문제인가?
김대용 지음 | 272쪽 | 값 14,000원

민주시민교육
심성보 지음 | 544쪽 | 값 25,000원

자율주의와 진보교육
조엘 스프링 지음 | 심성보 옮김 | 320쪽 | 값 15,000원

민주시민을 위한 도덕교육
심성보 지음 | 496쪽 | 값 25,000원

민주화 이후의 공동체 교육
심성보 지음 | 392쪽 | 값 15,000원

교과서 밖에서 배우는 인문학 공부
정은교 지음 | 276쪽 | 값 13,000원

갈등을 넘어 협력 사회로
이창언·오수길·유문종·신윤관 지음 | 280쪽 | 값 15,000원

오래된 미래교육
정재걸 지음 | 392쪽 | 값 18,000원

동양사상과 마음교육
정재걸 외 지음 | 356쪽 | 값 16,000원

수업과 교육의 지평을 확장하는 수업 비평
윤양수 지음 | 316쪽 | 값 15,000원

▶ 남북이 하나 되는 두물머리 평화교육

분단 극복을 위한 치열한 배움과 실천을 만나다!

10년 후 통일
정동영·지승호 지음 | 328쪽 | 값 15,000원

선생님, 통일이 뭐예요?
정경호 지음 | 252쪽 | 값 13,000원

▶ 출간예정

근간
응답하라 한국사 1·2
김은석 지음

근간
파랑새를 찾아 떠나는 북유럽 교육 기행
정애경 외 지음

근간
독일 교육은 왜 강한가?
박승희 지음

근간
강화도의 기억을 걷다
최보길 지음

참된 삶과 교육에 관한
생각 줍기